KB159317

사랑이었고 사랑이며
사랑이 될 것

사랑이었고 사랑이며 사랑이 될 것

사랑에 대한 다섯 가지 판타지의 역사

초판 1쇄 인쇄 2022년 10월 18일
초판 1쇄 발행 2022년 10월 25일

지은이 바버라 H. 로젠와인
옮긴이 김지선
펴낸이 이영선
책임편집 차소영

편집 이일규 김선정 김문정 김종훈 이민재 김영아 이현정 차소영
디자인 김회량 위수연
독자본부 김일신 정혜영 김연수 김민수 박정래 손미경 김동욱

펴낸곳 서해문집 | 출판등록 1989년 3월 16일(제406-2005-000047호)
주소 경기도 파주시 광인사길 217(파주출판도시)
전화 (031)955-7470 | 팩스 (031)955-7469
홈페이지 www.booksea.co.kr | 이메일 shmj21@hanmail.net

ISBN 979-11-92085-62-3 03100

사랑이었고 사랑이며 사랑이 될 것

사랑에 대한 다섯 가지 판타지의 역사

바버라 H. 로젠와인 지음
김지선 옮김

서해문집

피비

선한 양치기여,

이 젊은이에게 사랑이 무언지 가르쳐다오

실비우스

사랑은 오로지 환상이고

오로지 열정이고 오로지 소망이고

오로지 흠모이고 의무이고 복종이며

오로지 겸손함이고 인내이고 조바심이죠

피비에 대한 내 사랑 역시 그렇답니다

윌리엄 셰익스피어, 《뜻대로 하세요》, 5막 2장

일러두기

✧ 특별한 언급이 없는 한 모든 날짜는 서기이며, 모든 성경 인용문은《뉴옥스퍼드 주석 성경 개정판The New Oxford Annotated Bible: New Revised Standard Version with the Apocrypha》에서 인용한 것이다.

✧ 옮긴이가 독자의 이해를 돕기 위해 부연 설명을 단 데에는 옮긴이주임을 명시했다.

차례

머리말

처음부터 사랑에 관한 책을 쓰려던 건 아니었다. 열성적인 프로이트주의자 집안에서 자라온 내 배경을 감안하면 쓰고 싶었어야 맞는지도 모르겠다. 프로이트는 에로스에 대해 많은 이야기를 했으니까. 하지만 결국 중세 역사가가 되겠다고 마음먹은 것은 대학에서 만난 뛰어난 스승, 레스터 리틀의 마법 같은 영향력 덕분이었다. 이는 내가 자라온 환경을 감안하면 기묘한 결정이어서, 아무래도 부모님께 그런 결정을 내린 이유를 설명할 필요가 있었다. 나는 당시 우리 집에서 쓰이던 관용어구를 빌려 이렇게 말했다. 역사란 당대를 살아가는 사람들이 무의식에 품고 있는 판타지의 "발현 내용"이라고. 달리 표현하자면 이렇게 말하고 있었던 것이다. 역사란 보고된 꿈이며, **진정한** 서사는 그 뒤에 숨어 있다고. 내가 그 진정한 서사를 찾아낼 거라고. 진심이었다. 그때 나는 프로이트의《꿈의 해석》에 빠져 있었다.

하지만 얼마 지나지 않아 열아홉 살, 그것도 라틴어라고는 아직 한 글자도 모르던 열아홉 살짜리에게 그것이 얼마나 무모한 계획이었는지를 깨닫게 됐다. 나는 라틴어를 배우고, 원전을 읽고, 중세 역사(그렇다, "발현 내용"), 특히 중세 수도원 생활을 연구하면서 수십 년을 보냈다. 하지만 내가 연구하는 역사적 사실들 '뒤'에 놓인 무언가를 이해하려는 욕망은 여전했다. 초기 중세 시대 수도사들 중 가장 이름을 떨친 클뤼니파 수도사들은 왜 교회에서 찬송가를 부르는 일에 가장 많은 시간을 바쳤을까? 사회 전 계층에 걸쳐 신실한 평신도들이 이 수도원에 토지를 기부하게 만든 동기는 무엇이었을까? 성스럽고 침해할 수 없는 원이 클뤼니파 재산을 둘러싸고 있다는 교황의 언명 뒤에는 어떤 공간 개념이, 또 어떤 폭력 개념이 존재했을까? 내 연구의 밑바탕을 이룬 것은 인류학과 사회학, 민족지학이었다. 비록 프로이트를 완전히 잊지는 않았지만, 그에 대한 관심은 점차 옅어졌다.

당시 사랑에는 관심이 없었다. 아니, 적어도 연구 주제로는 생각해보지 않았다. 어렸을 때는 당연히 사랑에 관심이 있었다. 정말이지 친한 동성 친구가 있었고, 짝사랑에 빠진 적도 있었다. 크나큰 아픔을 준 형편없는 남자친구들도, 짧은 시간이었지만 크나큰 기쁨을 준 좋은 남자친구들도 사귀었다. 하지만 대학 초년생 때 지금은 남편이 된 톰을 만났고, 졸업하자마자 결혼해 쌍둥이인 프랭크와 제시카를 낳았다. 난 별 깊은 생각 없이 내 세대의 구호를 입에 올리곤 했다. "전쟁이 아닌 사랑을 하자." 하지만 당시엔 미처 몰랐던 것이 있으니, 사랑이 전쟁보다 훨씬 복잡하다는 사실이었다.

결국 내 초점은 다른 곳으로 옮겨 갔다. 내가 관심을 갖게 된 건 감정의 역사였다. 1995년, 동료 중세학자인 섀런 파머에게서 '분노의 사회적 구성'을 주제로 한 미국역사학협회 대회 중 한 세션의 사회를 맡아달라는 부탁을 받은 것이 계기였다. 논문들과 잇따른 토론들에 귀를 기울이고 있는데, 감정의 역사가 "발현 내용" 뒤의 아직 탐구되지 않은 자료로 가는 하나의 길이 될 수 있겠다는 깨달음이 찾아왔다.

확실히 이 분야는 새로운 연구에 활짝 열려 있었다. 당시 감정사에서 주요한 패러다임은 사회학자 노르베르트 엘리아스의 "문명화 과정"이었다. 엘리아스는 중세를 충동과 폭력이 지배하는 시대, 사회화 이전의 유아적 시대로 정의했다. 초기 근대 절대주의 체제가 부상하고, 충동을 통제하고 감정을 억제하기를 강조하면서 막을 내린 것이 중세의 전부라고도 했다. 나는 엘리아스의 중세관이 잘못됐음을 알았다. 어쩌면 그가 이후 시대들에 대해 가진 시각도 잘못된 게 아닐까 하는 의심이 들었다. 하지만 어떻게 해야 독자적인 접근법을 찾을 수 있을지 확신이 서지 않았다.

그래서, 문헌 독해를 시작했다. 역사적 사료든, 감정 이론이든, 새로이 등장하는 감정사 방법론이든, 닥치는 대로 찾아 읽었다. 중세를 넘어 여러 시대에 여러 집단이 따르고 실천했던 감정적 규범과 가치들의 엄청난 다양성은 내게 충격으로 다가왔다. 마침내 이들 집단을 살펴볼 한 가지 방법이 떠올랐다. 나는 특정한 감정, 목표, 감정적 표현의 규범에 대해 같거나 비슷한 가치 판단을 공유한 집단(이들은 동시대를 살아가는 경우가 잦았고, 또 자주 사회적 공동체와 동일했다)을 '감정적 공동체'로 명명했다. 이런 공동체들은 때로는 서로 겹쳐지거나 서로를 모방하며, 대체로 시간에 따른 변화를 겪는다. 그렇더라도 연구자 입장에서 보면 그들은 일관성 있는 집단으로 연구할 수 있을 만큼 충분한 공통점을 갖고 있다.

그때까지도 딱히 사랑에 관심이 있는 건 아니었다. 각각의 감정적 공동체가 사랑을 어떻게 다뤘는지에 관심을 가졌을 뿐. 나는 그들이 무엇을 혹은 누구를 사랑했는지, 사랑에 어떤 가치를 두었는지, 사랑을 어떻게 표현했는지 궁금했다. 하지만 이런 질문들은 내가 다른 모든 감정에 제기했던 질문과 동일했다. 어떤 감정은 특정한 감정적 공동체 내에서 어떻게 표현됐고, 어떻게 칭송받았고, 또 어떻게 폄하됐는가. 다른 무엇보다 내가 하고 싶었던 건 특정한 시간 범위에 공존했던 감정적 공동체를 추적해, 시대가 변하면서 새로운 감정들이 전면에 등장하고 다른 감정들은 뒤로 물러나는 방식과 과정을 살펴보는 것이었다.

해서, 분노의 사회적 구성에 관한 미국역사학협회 대회에 패널로 참가한 결과물로 중세의 분노를 다룬 논문 모음집을 한 권 엮어 내기는 했지만[1] 어떤 개별적 감정들에는 이렇다 할 관심이 없었다. 그런 연구에 대한 필요성과 관심이 존재한다는 건 알게 됐지만 말이다. 내가 중세 초기의 감정적 공동체들에 관한 글을 쓰고 있던 바로 그 순간에도, 조안나 버크가 공포의 역사를 다룬 책을, 대린 M. 맥마흔이 행복에 관한 책을 냈다.[2] 하지만 그들은 감정적 공동체에 대해서는 관심이 없었다. 버크는 현대사와 우리(주로 영어 사용자) 문화가 공포를 이용하거나 오용하는 방식을 다뤘고, 맥마혼이 관심을 가졌던 것은 서구의 감정이 아닌 서구의 행복관이었다.

마침내 한 가지 방법이 떠올랐다. 우선 시야를 넓히고 긴 시간 범위를 다루는 글을 쓸 필요가 있었다. 이는 서기 600년부터 1700년까지의 감정적 공동체를 다룬 책을 씀으로써 이뤄냈다.[3] 이제야 비로소 한 가지 감정을 오랜 기간에 걸쳐 살펴보는 책을 쓸 준비가 된 셈이었다. 내가 택한 감정은 분노였다. 분노는 미덕인 동시에 죄악이라, 이를테면 기쁨에 비해 더 흥미롭게 여겨졌다. 책의 얼개는 태도를 기준으로 짜였다. 예컨대 어떤 감정적 공동체는 분노를 혐오했고, 어떤 공동체는 분노를 죄악시했다. 하지만 분노를 (제한적인 의미에서) 미덕으로 보는 공동체 또한 존재했다. 또 어떤 공동체는 분노가 '자연스러운' 감정이기 때문에 근본적으로 도덕이 개입할 여지가 없다고 주장했다. 마지막으로 (더 최근에는) 활력과 폭력을 일으킨다는 점에서 분노를 찬미하는 공동체도 있었다.[4]

그런 다음에야 비로소 나는 사랑에 눈을 돌렸다. 사랑 또한 열이면 열 다 의견이 엇갈리는 감정이었다. 분노보다도 한층 더 어렵고 모순적인 감정이 바로 사랑이었다. 사랑에 관한 수많은 모순적인 진실, 신화, 밈, 속담을 보라.

사랑은 좋다.

사랑은 아프다.

사랑은 벼락처럼 때린다.

사랑은 시간과 인내심이 필요하다.

사랑은 자연스럽고 꾸밈없다.

사랑은 도덕심을 고취하며 사회의 기둥이다.

사랑은 사회적으로 파괴적이며 반드시 길들여져야 한다.

사랑은 영원하다.

사랑은 다양성이다.

사랑의 완성은 성교다.

최고의 사랑은 성교와 무관하다.

사랑은 속세를 초월한다.

사랑은 모든 것을 요구한다.

사랑은 아무것도 요구하지 않는다.

이 모든 생각과 고찰, 태도는 유혹적이다. 다들 자기 말이 맞다고 우긴다. 처음에 사랑의 역사를 어떻게 써야 할지 도무지 갈피를 잡지 못한 것도 무리가 아니었다. 사랑은 그 자체로 많고도 다양한 의미를 아우르는 것을 넘어, 다른 수많은 감정들과 관련되어 있다. 기쁨, 고통, 경이, 혼란, 자부심, 모욕감,

수치심, 평온함, 분노. 사랑의 동기 역시 다양하다. 통제하고 싶고, 지배당하고 싶고, 유혹하고 싶고, 욕망의 대상이 되고 싶고, 보살피고 싶고, 젖 물리고 싶은 소망들. 처음에는 적대적으로 보이는 행위들, 심지어 정복과 전쟁까지도 정당화하는 데 이용될 수 있는 것이 사랑이다.

하지만 많은 자료를 읽어나가다 보니 점차 그 밈들 중 일부가 하나로 수렴된다는 것을 깨달았다. 비록 모습과 맥락은 달라진다 해도, 사랑의 판타지와 서사는 몇 번이고 거듭해서 재등장했다. 주위를 둘러보자 그것들은 바로 지금까지도 현대 서사들, 즉 텔레비전 속에서, 소설 속에서, 영화 속에서 끈질기게 명맥을 이어나가고 있었다. 가족과 친구들의 삶 속에서도 그랬다. 나는 이런 오래고 끈질긴 사랑의 판타지들이 나와 내 사랑하는 사람들이 서로에게 품는 기대에 어떻게 지속적인 영향력을 발휘하는지 깨닫기 시작했다.

나아가 이런 판타지들의 목적이 점차 선명하게 와닿기 시작했다. 그것들은 사랑을 배제한다면 도저히 이해할 수 없을 경험, 욕망, 감정에 체계를 세우고 정당성과 합리성을 부여하는 서사였다(지금도 그렇다). 우리 집안에서 존경받는 권위자인 프로이트 박사는 일찍이 성인에게서 나타나는 신경증 증상들은 오랫동안 억눌려온 유아기 판타지가 발현된 것이라고 했는데(예컨대 그가 그리스 신화를 차용해 오이디푸스 콤플렉스라고 불렀던 것과 같은 복잡한 감정들 말이다), 이 또한 동일한 발상을 담고 있었다.

하지만 스토리텔링이 사람들의 감정을 설명하고 조직하고 다스리기 위한 한 방식이라는 사실은 굳이 프로이트에 호소하지 않고도 충분히 이해할 수 있다. 전형적인 서사는 단지 아이들이 따라 하고, 창조하고, 그 후 (아마도) 행동으로 옮기게 하는 것만이 목적이 아니다. 우리는 예컨대, 사회학자 앨리 혹실드의 연구를 통해 전형적인 서사가 성인들에게도 얼마나 중요한 역할을 하는지를 목격할 수 있다. 비록 혹실드가 사랑에 대해서는 언급하지 않았더라도. 혹실드가 미국의 정치적 우파 지지자들을 연구했을 때, 그가 인터뷰한 이들 중 한 명이자 유순한 사람이었던 마이크 셰프는 이렇게 말했다. "저는 임신 중지 합법화에 반대하고, 총기 소지 자유화에 찬성하고, 우리가 옳다고 믿는 바대로 삶을 살아갈 자유를 지지합니다." 하지만 혹실드는 그들이 내세운 정치적 불만의 이유를 곧이곧대로 받아들이지 않고 (혹실드 자신의 표현에 따르면) "깊은 서사", "그럴싸한 이야기—상징의 언어로 표현되는, 감정이 들려주는 서사"를 찾아 나섰다.[5] 마이크와 뜻을 같이하는 남자들의 깊은 서사는 뭐랄까 이런 식이었다. 우리는 오래전부터 주로 백인 남자들, 즉 우리 자신과 같은 이들로 이루어진 줄에 서서 '아메리칸 드림'의 차례가 돌아오기를 인내심 있게 기다리고 있었다. 그 꿈은 진보를, 경제적 향상을, 더 큰 기회를 약속했다. 우리는 줄에 서기 위해 고생했고 또 오랫동안 고되게 노력했다. 하지만 침입자들이, 흑인을 비롯한 유색인들, 이민자들이 새치기를 해 우리 앞으로 끼어들었다. 이 깊은 서사에서는 분노, 수치심, 적의, 자부심 따위가 모두 하나로 응어리져 합리화됐다. 바로 이것이 내가 판타지라고 부르는 것이다.

L. E. 앵거스와 L. S. 그린버그 역시 밑바탕에 깔린 이러한 판타지를 인지하고 있었다. 이들은 사람들이 자신의 감정과 정체성을 이해하기 위해 사용하는 서사에 개입하고 그것을 바꾸는 심리치료 방식을 주장했다. 이로 P. 애스켈래이넨과 동료 연구자들이 '서사가 어떻게 인간 뇌에 영향을 미쳐 지각, 인지, 감정, 의사결정을 조형하는가'를 이해하기 위해 신경 영상을 촬영하는 이유 역시 동일하다. 이는 조앤 디디온이 쓴 놀라운 에세이의 서두를 설명해준다. "우리는 살기 위해 자신에게 이야기를 들려준다."[6]

서구의 상상, 수많은 상상 가운데 하나일 뿐인 그것이 사랑의 판타지를 몇 가지 만들어냈지만, 그렇다고 해서 사랑이 과거에도 지금도 미래에도 변하지 않는다는 것은 아니다. 분명 몇몇 서사는 지속성을 보여주었다. 그렇다 해도 그 형태는 늘 변화를 겪었고, 이런 의미가 사라지는가 하면 저런 의미가 생겨나기도 했다. 그것들은 문화적 레퍼런스 역할을 했고, 또 어느 정도는 여전히 **전율**이 일게 하지만 동시에 늘 새로워질 필요가 있다. 매디 다이가 그린 《뉴요커》 만화를 떠올려보라.[7] 곤경에 빠진 여자와 당황한 용, 갑옷을 입고 손에 검을 든 기사가 등장하는 이 그림의 시각적 이미지가 나타내는 서사('기사가 숙녀를 구하러 왔다')는 너무도 친숙한 나머지 거의 우리 DNA에 뿌리내린 듯하다. 이러한 서사는 디즈니 영화와 유치한 몽상에 재활용된다(엄밀히 말해 그 형태는 결코 옛날과 같지 않지만). 하지만 자막은 그림이 불러일으키는 기대를 무너뜨린다.* 농담의 핵심은 이 기사가 현대 남성이라는 것이다. 그는 별 열의 없는 태도로 용을 죽이기에 앞서 위기에 처한 여성에게 가족계획이며 재정적인 철학을 묻는다. 이 농담에 우리가 짓는 웃음은 어쩌면 쓴웃음에 가까울지도 모른다. 사랑은 자기희생을 함의한다는 생각, 사랑은 무조건적이거나 응당 무조건적이어야 한다는 생각은 오늘날까지도 통용되는 이상으로 남아 있기 때문이다. 철학자 사이먼 메이는 "인간의 사랑은 오로지 신의 사랑만이 맡고 있던 역할을 빼앗았지만 그러기 위해 막대한 대가를 치러야 했다"고 고찰했다.[8] 이 판타지는 인간의 사랑에 불가능한 것을 원한다. 그럼에도 불구하고 일부 사회에서는 그것을 요구하고 기대한다.

하지만 모든 사회에서 그런 것은 아니며, 거기에 사랑의 감정적 공동체들이 놓여 있다. 어떤 이들은 '진정한 사랑'을 그리스도의 대가 없는 자기희생을 본뜬 것으로 보지만, 어떤 이들은 인간을 지상을 넘어서는 영역으로 데려가는 황홀한 경험으로 이해한다. 어떤 이들은 여전히 또 다른 영속적인 사랑의 서사를 고수한다. 이러한 판타지들, 그리고 그것들이 시간의 흐

* [옮긴이주] 여기서 언급되는 만화 아래에는 다음과 같은 대사가 적혀 있다. "제가 이 용과 싸워 그대를 구하기 전에 우선 몇 가지 여쭤봐도 될까요? 어, 가족계획은 어떻게 되세요? 장래 희망이 뭔가요? '자택'은 어디 있나요? 재정적인 철학이 있으신가요?"

름에 따라 겪는 변화가 이 책의 얼개를 이룬다. 우리가 서구 전통 속의 다면적인, 실로 만화경과도 같은 사랑의 역사를 일별할 수 있는 것은 오직 그들의 **뒤엉킨** 역사 덕분인데, 그들은 늘 어느 정도 서로에게서 영향을 받았기 때문이다. 또 우리가 어느 한 서사나 다른 서사에 아무리 고집스럽게 매달리더라도 나머지 모두를 손쉽게 접할 수 있기 때문이기도 하다.

오늘날의 몇몇 과학자들과 달리 나는 사랑이 **무엇이라고** 주장할 생각이 없다. 많은 철학자들과는 반대로 나는 사랑이 무엇이어야 하는지에 대해 별 생각이 없다. 지식사학자들과도 다르게 나는 단순히 사랑에 관한 지난 이론들(그런 이론들 중 일부가 내 논의에 포함되기는 하지만)을 살펴보고 싶은 것도 아니다. 나는 오늘날 사람들이 사랑을 무엇이라 생각하는지, 과거 사람들은 사랑이 무엇이라 생각했는지를 이해하고 싶고, 그 서사 속에 여성들을 포함시키고 싶다. 나는 '실제' 인물들과, 그들이 자신의 사랑을 어떻게 이야기했는지를, 더불어 우리가 정교하게 만들어내고 붙드는 사랑의 판타지에 흔히 뼈대 역할을 하는 창작물들을 나란히 언급하고 싶다.

나는 이 책에서 사랑에 관해 지금까지 이어져오고 있는 다섯 가지 서사를 다뤘다. 1장에서는 한마음이라는 서사에 대해, 이어 2장에서는 사랑의 초월성('사랑은 우리를 더 높은 곳으로 데려가줄 것이다')이라는 서사에 대해 썼다. 3장에서는 의무에 반하여 자유로서의 사랑을 다뤘으며, 4장에서 진정한 사랑이 집착이라는 서사에 반론을 제기한다면 5장에서는 진정한 사랑이 충족 불가능하다는 서사에 반론을 제기한다. 각 장은 제각기 다른 사랑의 양상과 경험에 초점을 맞추는데, 이들 모두 서구 전통에서 오랜 역사를 지니고 있다. 겹치는 부분이 어느 정도 있기는 하지만 한마음은 우정과, 초월성은 신의 사랑과, 의무는 결혼을 비롯해 장기적인 성적 관계와, 집착은 짝사랑과, 충족 불가능성은 방랑과 주로 관련된다고 말해도 될 것이다.

여기서 주제별로 나뉜 실타래들을 하나로 엮으면 다채로운 빛깔을 띤 태피스트리가 완성된다. 이 태피스트리가 아직 완성되지 않은 것처럼 보인다면 그것은 사랑의 판타지가 늘 변화하고 수정되고 새로 만들어지는 과정 중에 있기 때문이다. 바로 사랑 자신이 그러하듯이.

한마음

Like–
Mindedness

희비극적인 텔레비전 드라마 〈인라이튼드〉의 초기 에피소드에서, 주인공인 에이미 젤리코는 친구 샌디를 기뻐 어쩔 줄 몰라하며 맞이한다. 두 사람이 나란히 걸으며 이야기를 나눌 때, 에이미는 친구에게서 영혼의 동반자를, 또 다른 자아를 찾았다고 느낀다. 친구에게는 무엇이든 숨김없이 털어놓을 수 있고, 친구는 곧바로 이해한다. 아니, 사실 말을 할 필요조차 없다. 그래도 친구는 에이미의 생각과 감정을 이해할 것이기 때문이다. 불행히도 끝에 가서 에이미는 그것이 진실이 아님을 알게 된다. 친구에게는 에이미의 생각과는 동떨어진 다른 목적이 있었던 것이다.[1]

좌절된 희망, 낙심. '또 다른 나'를 찾고 싶어하는 에이미의 바람은 샌디에게 뿌리를 둔 것이 아니었다. 샌디는 그저 아무나에 불과했고, 에이미는 그저 잘 알지도 못하는 사람에게 자신의 희망을 투사한 것뿐이었다. 에이미가 그런 희망을 '타고 난' 것도 아니고, 소울메이트를 찾으려 하는 것이 인간(혹은 여성) 심리의 선천적인 특성도 아니다. 하지만 다른 자아를 찾는다는 에이미의 판타지는 〈인라이트드〉 각본 작가들이 처음 발명한 것이 아니다. 그들은 서구 사랑의 전통에 오랫동안 뿌리 내린, 매혹적이고 위안을 주지만 때로는 실망도 주는 판타지의 편린들을 밑바탕으로 삼았다. 소울메이트를 찾는다는 이상은 오랜 시간에 걸쳐 깨지기도, 변종을 낳기도, 무성하게 자라나기도, 기이한 부정을 겪기도 하면서 조금씩 쌓아 올려졌다.

이러한 이상은 이미 호메로스의 《오디세이아》에 등장한 바 있는데, 여기서 한마음은 절대적인 합의를 암시한다. 호메로스(어떤 한 인물이었다고도 하고, 다양한 구전 전통을 조화시켜 엮는 임무를 맡은 위원회였다고도 하는데, 어느 쪽이든 간에 기원전 8세기경에 저술 활동을 했다)는 트로이를 무너뜨린 후 이타카로 돌아오는 오디세우스의 기나긴 귀향 이야기를 들려주었다. 호메로스의 이야기에서는 기본적으로 흐름과 움직임이 주인공이다. 배가 항해하고, 발이 묶이고, 표류한다. 파도가 부서진다. 폭풍이 휘몰아친다. 남자들이 달리고, 숨고, 돼지로 변한다. 마침내 주인공이 자신의 고정된 중심으로 돌아가기 전까지. 오디세우스에게 그것은 자신이 뿌리 깊은 올리브나무 몸통을 가운데 놓고 붙박여 지은 부부 침대다. 20년간 부재했던 오디세우스와 20년간 비통해했던 아내 페넬로페는 그 침대에서 "열정적인 사랑(philótes)을 마음껏 나눴다"(23:300).[2]

필로테스philótes, **필로스philos**, 그리고 **필리아philia**는 강한 애정을 나타내는 고대 그리스어다. 비록 일각에서는 호메로스에게서 찾아볼 수 있는 것은 오직 '의무'일 뿐 사랑과 우정을 바탕으로 한 자발적 연대는 전혀 없다고 말하지만, 그런 주장은 타인이 '또 다른 나'가 되는 '한마음' 개념 앞에서 힘을 잃는다. 필로스의 왕인 네스토르는 고향을 떠난 지 오래된 아버지의 소식을 듣기 위해 필로스를 방문한 텔레마코스(페넬로페와 오디세우스의 아들)에게 일종의 한마음을 말한다. 늙은 왕은 이렇게 말한다.

> 고귀한 오디세우스와 나는 그곳에 나가 있는 내내[트로이와 싸우며]
> 의회에서나 모임에서나 서로 맞서지 않았네
> 한마음으로, 좋은 계획과 기민한 판단으로
> 아르고스[그리스 군대]에게 가장 좋은 방책을 자문하곤 했지.(3:126-9)

네스토르는 텔레마코스에게 존중과 애정을 보여주며 온갖 환대를 아낌없이 베푼다. 그럼에도 네스토르가 오디세우스와 '한마음'이라는 것은 우리가 앞서 에이미에게서 본, 자신의 모든 희망과 꿈을 친구와 공유한다는 감각과는 명백히 다르다. 네스토르가 말한 것은 정치적 합의였다. 둘은 동일한 계획을, 군대에 대해서도 동일하게 현명한 의견을 갖고 있었다. 이는 제한된 한마음이다. 그럼에도 그것은 후손에까지 확장되는 애정을 낳았다.

젊고 아름다운 나우시카 공주의 바닷가에서 조난 당한 영웅 오디세우스가 자신을 환대해준 공주에게 건넨 조언을 이야기하면서, 호메로스는 한층 심오한 한마음을 묘사한다. 나우시카는 오디세우스에게 매혹되어 그를 남편으로 맞고 싶어한다. 하지만 오디세우스는 고향으로 돌아가겠다는 결심에 흔들림이 없다. 그리하여 그는 나우시카에게 자신을 내주는 대신 축복을 빌어준다.

> 신들이 그대 가슴이 열망하는 모든 것을 내려주시길
> 남편, 집 그리고 한마음, 이는 소중한 선물이라
> 한마음인 두 사람, 남편과 아내가 함께 집을 지키는 것보다
> 더 위대하거나 좋은 것은 세상에 없을지니.(6:180-4)

"한마음인 두 사람이 함께 집을 지킨다"는 것이 오디세우스가 생각한 결혼의 기반이었고, 이에 비하면 네스토르와 오디세우스의 관계는 흐릿한 그림자에 불과하다. 한 남자와 한 여자만이 같은 마음으로 함께 집을 지킬 수 있었다. 오디세우스와 페넬로페는 **에클루온ekluon**[*]이었다. "두 사람은 서로에게 귀를 기울이고 주의를 쏟았다."[3] 하지만 둘의 한마음 역시 살

* [옮긴이주] 귀 기울여 듣다, 혹은 귀 기울여 듣는 사람이라는 의미가 있다.

을 맞대는 사랑 행위가 중심에 놓인 육신의 관계라는 점에서 에이미의 경우와 퍽 달랐다. 동시에 두 사람은 전적인 조화와 합의를 통해 공통 목표를 추구하는 실리적 관계이기도 했다. 고향으로 돌아온 오디세우스는 아내와 사랑을 나눈 후 페넬로페에게 이렇게 말한다.

> 하지만 이제 갈망하던 부부 침대에 마침내 누웠으니
> 당신은 여기 집 안에 있는 내 재산을 돌보시오
> 오만방자한 구혼자들이 축낸 가축은[그들이 오디세우스의 궁전에서 페넬로페에게 구애했으므로]
> 대부분은 내가 약탈로써 채울 테고
> 나머지는 그리스인들[오디세우스의 동포들]이 줄 것이오
> 우리 마구간의 빈자리가 모조리 채워질 때까지!(23:354-8)

어쩌면 우리 중 집착적 사랑에 대한 판타지(4장에서 자세히 살펴볼 것이다)를 품은 이들은 이 대목에서 다소 김빠진 기분을 느낄지도 모른다. 이 남자는 20년 동안이나 아내와 떨어져 있었으면서도 곧 약탈을 위해 다시 집을 떠나겠다고 말하고 있다. 하지만 호메로스가 말하는 한마음의 맥락에서, 이는 완벽하게 합리적이다. 부부는 성적인 단위인 만큼이나 경제적이고 정치적인 단위로서 "집을 지키기 위해" 최선책을 함께 추구하기 때문이다.

이 사랑과 한마음에 관한 고대 판타지에서 결정권을 쥔 쪽

은 남자다. 오디세우스는 페넬로페에게 "집 안에 있는 재산을 돌보라"고 지시한다. 페넬로페도 정말 한마음일까? 오디세우스는 나우시카에게 결혼의 핵심에 관해 말했다. 과연 나우시카도 그런 생각에 동의할까? 여기서 남성 특권은 너무나 잘 짜 맞추어져 있어서 아마 호메로스는 의식하지도 못했을 것이다.

✧

하지만 그로부터 4세기 후 플라톤은 사랑에 빠진, 특히 성애적 사랑에 빠진 사람들 간의 권력 차를 민감하게 인지했다. 플라톤이 살던 당시 아테네에서 에로스는 무엇보다도 남색과 연관됐다. 남색은 소아성애와 자주 혼동되지만 같은 것이 아니다. 남색은 소년이 더 나이 든 남자에게서 지적·군사적·도덕적 교육을 받아야 한다는 필요성을 바탕으로 정당화되는 관계였다. 남자아이에게 미덕을, 도시국가 시민으로서 가져야 할 자질과 지식을 전한다는 개념이었다. 여기에는 물론 성교가 포함됐지만, 보통 삽입까지는 가지 않았다. 소년은 다소 수줍음을 타는 태도, 심지어는 저어하는 태도를 보이는 것이 바람직했다. 구애자이자 사랑을 주는 쪽은 더 나이 든 남성이어야 했다. 플라톤은 이런 구성에 존재하는 권력 차를 명확히 보았다. 이는 플라톤이 《법률》(플라톤의 마지막 대화 중 하나)에서 왜 정사가 아닌 **순결한** 우정을 사회적·정치적 화합의 기반으로 삼았는지를 이해할 수 있다.[4] 성교가 관여하면 양쪽 중 어느 한쪽이 지배권을 쥘 테고, 이는 꽃피우는 시민의식에 필요한 평등주의를 무너뜨릴 것이다. 《법률》에서 플라톤은 국가에 바위처럼 단단한 기반 역할을 할 한마음이 성애 없는 우정에서 비롯된다고 주장했다. 플라톤은 정치적으로 동등하고 서로의 안녕을 중시하며 무엇보다도 상호 간에 평생 동안 미덕을 추구한다는 점에서 한마음인 이들을 염두에 두고 있었다. 거기에 한마음인 부부의 자리는 존재하지 않았다. 결혼이라는 결합의 쓰임새는 오로지 재생산과 성욕 해소에만 머물렀다.

하지만 플라톤은 다른 대화록에서 성애 관계에 내재하는 듯한 불평등성이라는 문제에 대한 해법을 간략히 제시했다. 그중 가장 강력한 주장은 《향연》에서 볼 수 있다. 향연symposium이라는 제목은 고대 그리스 도시국가에서 흔히 열렸던 남자들만의 모임(심포지아symposia)에서 따온 것으로, 이런 모임에는 피리 부는 소녀들과 많은 포도주, 좋은 대화가 함께했다. 《향연》은 소크라테스를 비롯해 이전 세대의 여러 전문가들을 (가상으로) 한자리에 불러 모았다. 이들은 피리 부는 소녀들을 내보내고, 음주를 즐기는 대신 사랑의 신인 에로스를 찬양하는 즉흥 연설을 돌아가며 하기로 결정한다. 이 가운데 플라톤이 희극 작가 아리스토파네스에게 부여한 연설은 정사가 성적 관계에 초래하는 불평등 문제를 '나머지 반쪽'에 대한 탐색을 통해 해결한다.

아리스토파네스가 말하기를, 태초에 인류는 완벽하게 둥근 공 모양이었다. 타인을 필요로 하지 않았으며, 전적으로 자족

안젤름 포이어바흐Anselm Feuerbach가 그린 〈플라톤의 향연〉(1869).

적이었다. 그들은 (어떻게 보면) 한 몸 안의 둘이었다. 남자 둘이나 여자 둘일 수도 있었고, 남자 하나와 여자 하나일 수도 있었다. 저마다 두 얼굴, 두 성기, 네 다리, 네 팔을 가졌다. 풍차 돌기 방식으로 아주 빨리 움직일 수 있었던 그들은 자부심이 너무도 컸던 나머지 "감히 신이 되고자 했다."(190b)[5] 제우스는 이 눈 뜨고 볼 수 없는 오만방자함에 대한 벌로 그들을 반으로 쪼갰고, 아폴로는 쪼개진 그들 고개가 다른 쪽, 즉 그들 자신의 잘려나간 반쪽을 보게 하고 잘린 곳을 꿰맸다. 그런 다음 "배와 배꼽의 주름 몇 개"만 놔두고 잘린 단면을 매끈하게 다듬었다(191a). 이는 가장 불행한 해법이었으니, 각 반쪽들은 나머지 반쪽을 찾아 다시 하나가 되려 애쓰며 평생을 보냈다. 그들은 다른 어떤 것도 생각할 수 없었고, 그리하여 모두가 죽어갔다. 아무도 번식을 하지 않았다. 신들은 인간으로부터 마땅히 받아야 할 경배를, 제물을 받지 못했다.

제우스는 다른 해법을 떠올렸다. 모든 성기를 앞쪽으로, 그러니까 잘린 단면으로 옮겼다. 그리하여 "남자가 여자를 안을 때 남자는 씨를 뿌릴 것이고 아이가 생길 것이다. 하지만 남자가 남자를 껴안을 때는 적어도 성교의 만족감은 얻을 수 있을 것이다."(191c) 그리고 "한 여자에서 잘려나간" 여자들은 "좀 더 여자들에게 관심을 갖는 경향이 있다."(191e) 비록 모두가 자신의 나머지 반쪽을 찾으리라는 확실한 보장은 없었지만, 아리스토파네스는 그들이 서로를 만났을 때 느끼는 기쁨을 강조했다. "놀라운 일이 일어난다. 둘은 사랑에 압도되어 분별을 잃는다." 그 후 그들은 "삶의 마지막까지 함께한다."(192c) 아리스토파네스의 이야기에서 한마음인 사랑은 모든 사랑 가운데서도 유일하고도 진정한 사랑으로 제시된다. 섹스는 가장 덜 중요한 부분이었다. "두 연인이 함께 있을 때 그토록 깊고 크나큰 기쁨을 느끼는 이유가 단순히 성교 때문이라고는 … 아무도 생각지 않을 것이다." 사랑은, 좀 더 정확히 말하자면 영혼을 찾기를 갈망하는 영혼이었다. 연인들은 "심지어 단 한 순간도 서로 떨어지기를 원하지 않는다."(192c) 그들은 이상적인 그리스 밀집 장창 보병대(팔랑크스)처럼 기꺼이 "하나로 녹아들려" 할 것이다(192e). 아리스토파네스는 둘로 나뉜 하나라는 개념을 통해 성적 불평등이라는 문제를 해결했다. 만약 두 사람이 원래는 서로의 반쪽이었다면, 성교에 있어서도 양쪽이 정확히 같은 권력을 행사할 수 있을 것이다.

만찬에서 아리스토파네스에게 정면으로 반박한 이는 아무도 없었다. 그렇지만 그들 각각이 자신의 판이한 사랑관을 열정적으로 이야기하는 모습을 보면 성평등에 관한 아리스토파네스의 급진적인 주장이 고대인들이 갖고 있던 편견과 마찰을 일으키지는 않았을까 하는 궁금증이 들 법도 하다.

플라톤 이후 세대에서는 확실히 그랬다. 우리는 이를 플라톤의 제자였지만 훨씬 더 정연하고 실리적이며 세속적이었던 아리스토텔레스(기원전 322년 사망)를 통해 확인할 수 있다. 아리스토텔레스는 '또 다른 자아'라는 개념을 남성 친구들, 그중에서도 자신이 최고로 꼽는 유형의 친구들(이들은 동등한 미덕을 가졌다는 이유로 가까워졌다)로 제한했다. 아리스토텔레스는 그보다 격이 낮은 우정에 대해서도 명확히 인지하고 있었다. 상대방에게 호의를 기대하거나 단순히 함께 어울리기를 즐기는 이들 간에 존재하는 우정 말이다. 이는 어느 정도까지는 좋은 우정이었다. 아리스토텔레스는 **필리아**라는 단어, 즉 일반적인 의미에서의 사랑으로 그 모두를 일컫는다. 하지만 최고의 우정, 아리스토텔레스가 "완벽한" 우정이라고 말하는 것은 미덕을 갖추고 서로에게 최고를 바라는 남자들에게만 해당된다. 미덕은 손에 넣기 힘들다. 그것은 요컨대 이성의 인도 아래 한 인간으로서 완벽한 가능성을 계발한다는 뜻이다. 처음부터 미덕을 갖춘 채 태어나는 인간은 없다. 자유민으로 태어나 적절한 양육과 교육을 받은 남성들만이 그렇게 될 희망이 있었다. 더욱이 미덕 있는 사고와 행동은 어떤 상황에서든 몇 번이고 반복 실천해야만 습관의 경지에 이를 수 있었고, 오로지 그것만이 진정한 미덕의 표지였다. 따라서 미덕 있는 남자들은 드물었다. 혹 그들이 완전한 우정(이렇게 발전하기까지는 시간이 걸렸다)에 다다르면, 그들은 함께 모든 시간을 보내고 미덕을 추구하며 "즐거움과 괴로움"을, 다양한 승리와 좌절을 나누고 싶어 한다(1171a5).[6] 이는 비록 몹시 고될지언정 즐거운 소명이었다. 이성이 아직 덜 계발된 아이들은 그런 우정을 목표로 삼기엔 일렀다. 여성들은 오직 우월한 이성을 가진 남성, 예컨대 아버지나 남편에게서 가르침을 받는 한에서만 그렇게 될 가능성이 있었다. 여기에 개개인의 개성을 함양한다는 생각은 없었으니, 미덕을 추구함에 있어 친구들의 목표는 모두 동일했다. 아리스토텔레스가 "친구는 또 다른 자신이다"라고 주장할 수 있었던 것은 그런 의미에서였다(1170b).

아리스토텔레스가 자기 아이들이 가장 좋은 것을 누리기를 바라고, 그들의 기쁨과 슬픔을 공유하고, 자손을 위해 자기 자신과 자신의 욕망을 희생하는 어머니들에 대해 고찰한 것은 사실이다. 그런 어머니들은 자식들에게 "완벽한" 친구와 **흡사하되** 완전히 같지는 않았다. 완벽한 우정은 호혜성을 요구하는데, 아이들은 절대 똑같이 보답할 수 없기 때문이다. 하지만 남편이라면 그럴 가능성이 있다. 그렇다면 남편과 아내는 한마음일 수 있을까? 그렇다. 다만 오디세우스와 페넬로페가 '마음이 맞았던' 식으로만 가능하다. 비록 두 사람은 서로의 거울상이 아니었지만, 페넬로페는 집을 보살피고 오디세우스는 축난 재산을 다시 채우기 위해 약탈에 나섰다. 그리하여 아리스토텔레스는 다음과 같이 인정했다. "[남편과 아내의] 우정은 유용성과 쾌락 모두를 포함하는 듯하다. 그건 또 어쩌면 미덕 있는 우정일 수도 있다. 그들이 점잖다면."(1162a20-5) 이는 아리스토텔레스가 결혼한 부부를 한마음에 가장 가깝게 표현한 것이었다.

이처럼 고대 그리스인들은 여자가 다른 남자

나 다른 여자와 한마음이 될 가능성이 있음을 마지못해 수긍했다. 하지만 로마의 웅변가이자 정치가이자 윤리학자였던 키케로(기원전 43년 사망)의 진지한 저술에 '또 다른 자아' 개념이 등장했을 때, 여자들은 거기서 엄격하게 배제됐다. 그렇다면 사랑에 관한 현대의 판타지 중 하나를 구성하는 역사적 파편들을 다루는 이 논의에서 굳이 키케로를 거론할 이유가 있을까? 이는 어느 정도 키케로가 사랑과 자기 반사self-mirroring에 대한 특정한 기대 사이의 관계를 《우정론》에서 너무도 명확히 밝힌 탓에, 그걸 모른 척하기가 도저히 불가능하기 때문이다. 또 한편으로는 키케로의 저술이 끝없이 발굴되다시피 해서 온갖 경우와 맥락에 맞게 재구성된 금언이 되어버렸기 때문이다. 마지막 이유는 우리가 키케로의 성차별주의를, 설혹 마지못한 것이라 해도, 용서할 수 있기 때문이다. 키케로는 정치적 영역(여기에 로마 여성들의 자리는 전혀 존재하지 않았다)과 분리된 우정을 상상할 수 없었다. 하지만 대다수 로마 **남성들** 역시 아무런 정치적 역할을 맡지 못한 것이 사실이다. 심지어 키케로가 활동했던 공화정 후기에도 그랬다. 오직 상류층 남성들(그리고 키케로 자신 같은 소수의 신분 상승자들)만이 정치에 관여할 수 있었다. 이 때문에 키케로는 우정 역시 "부와 권력이라는 축복을 넘치도록 받은" 상류층 소수 남성의 특권으로 만들어버렸다. 이후 그는 앞서 말한 축복에 한 가지를 더 덧붙였다. "특히 미덕이라는." 이로써 우정의 문턱은 훨씬 더 높아졌다(14.51).[7]

키케로에게 우정이란 오로지 강직한 도덕성을 가진 어떤

남성(이것만으로도 만만찮은 조건이다)이 흠모할 만한 다른 남성을 직접 만나거나 그에 관한 풍문을 들었을 때에만 시작된다. 이제 그 강직한 남자는 칭찬할 만한 미덕의 모범을 향해 응당 "사랑과 뜨거운 애정"을 느낀다. 자신의 이상과 가까워지기를 열망한다. 태양빛을 갈구하는 식물처럼 더 가까워지려 몸을 기울인다(9.32). 운이 좋다면 "긴밀한 사이"로 발전할 수 있을 테고, 그리하여 흠모하는 이와 흠모받는 이가 서로를 살뜰히 돌보고 많은 일을 함께할 때, "영혼이 느끼는 사랑의 첫 충동에 동참한다면 경이로운 빛과 선의의 위대함이 … 솟아날 것이다."(9.29) '선의goodwill', 라틴어로 benevolentia인 이 단어는 영어에서는 욕망과 무관하다. 그렇다면 라틴어가 지닌 열정을 어느 정도 담고 있는 이탈리아어로 바꿔 생각해보자. 티 볼리오 베네ti voglio bene, "나는 당신을 사랑합니다." 이는 우리가 가장 소중한 친구에게, 부모에게, 자식에게 느끼는 종류의 사랑이다. 다정하고 따뜻한 이 감정은 한편으로 일련의 불안을 초래하기도 하는데, 우리는 사랑하는 사람들에게 뭔가 좋지 않은 일이 생기면 신경 쓰고 걱정하고 슬퍼하기 때문이다.

우리는 키케로가 스토아 학파인 만큼 대체로 우정이라는 정서를 못마땅하게 여기리라고 생각할지도 모른다. 키케로는 감정을 달갑잖고 불편한 것, 정신을 교란시키는 것이라 비판했으니 말이다. 하지만 우정만큼은 예외였다. 키케로는 우정의 편에 서서 감정을 옹호하는 달변을 펼쳤다. 심지어 이렇게 대담하게 선언할 정도였다. 애정이 없다면 "남자는 가축이나 돌과" 다를 바 없다(13.48).

자신의 저서 《우정론》에서 키케로는 (자신보다 몇 세대 앞선 인물이었던) 라엘리우스를 모범이자 대변인으로 삼았다. 라엘리우스는 위대한 장군이었던 스키피오 아프리카누스와 친구였고, (키케로의 묘사에 따르면) 그 우정의 따뜻한 광휘 속에 몸을 녹였다. 스키피오가 세상을 떠난 후에도 라엘리우스는 "우리의 우정을 회상하며" 위안을 얻었다. 그는 자신이 행복한 남자였다고도 생각했다. 삶을 "스키피오와 함께 보냈기" 때문에. "나는 공적이고 사적인 관심사를 그와 공유했다. 한집에서 한 지붕 아래 살았고 함께 해외 [군사] 원정을 떠났으며 우정의 정수 그 자체에서 오는 즐거움을 누렸다. … 정치와 목적의식과 의견에 있어 가장 완벽한 합의를 이뤘다."(4.15)

이런 말을 보면 네스토르가 오디세우스와의 우정에 관해 말한 것이 떠오른다. 하지만 라엘리우스와 스키피오의 우정은 더 강력했으니, 두 남자는 실제로 함께 살았고 내밀한 기쁨과 슬픔을 공유했기 때문이다. 그 함께함에 성교도 포함됐을까? 가능할 법한데, 이 주제를 세심하게 연구한 크레이그 윌리엄스가 시사하듯이, 로마의 자유민 남성들은 동성을 향한 욕망을 문제시하지 않았고, 특정한 경우에는 동성 간 행위를 못마땅해하지도 않았기 때문이다.[8] 하지만 《우정론》에서 라엘리우스는 친구들 간 동등함의 필요성에 관해 꽤나 유난스럽게 군다(19.69). 만약 두 남자가 성관계를 맺었다면 둘 중 하나만이 "남성적인", 즉 삽입하는 역할을 맡았을 것이다(당시 로마인들이 이 문제를 놓고 이해한 바와 마찬가지로). 그러니 라엘리우스가 말한 "완벽한 합의"에 성교가 포함됐을 것 같지는 않다.

그러나 거기에 확실히 포함된 것이 있었으니, (키케로의 말을 빌리자면) 한 친구가 "말하자면 제2의 자아인" 절대적인 한마음이다. 우리는 자신에게 관심이 있기 때문에 자신을 사랑하며, 우리의 관심이 향하는 타인에게 이끌리게 된다. 한 인간이 "마치 둘이 거의 하나가 되듯이! 자신의 영혼과 하나로 섞여들 수 있는 영혼을 가진 타인을 찾기 위해 자신의 이성을 사용하는 까닭이"(21.80-1) 바로 여기에 있다.

이는 아리스토파네스의 말과 다소 비슷하게 들릴지도 모르지만, 키케로가 말하는 "섞여듦"은 성관계와 아무런 관련이 없고, 여기서 강조되는 "이성"은 아리스토파네스식 사랑의 경험과 궤를 전혀 달리한다. 무엇보다 아리스토파네스의 경험은 쾌락적이었지만 키케로의 경험은 고통에 가까웠다. 이는 어느 정도 그들을 둘러싼 맥락 때문이다. 《향연》에서 플라톤은 희극 작가를 자신의 대변인으로 삼았다. 하지만 키케로는 현실의 친구들과 자신의 위태로운 정치적 지위를 염두에 두고 있었다. 그도 그럴 것이 《우정론》을 저술하고 있을 때조차 키케로는 로마 정부의 지배권을 놓고 경쟁하던 옥타비아누스와 안토니우스 중 누구를 지지해야 할지 고민 중이었다. 그는 옥타비아누스를 택했지만, 두 독재자 지망생은 서로 손을 잡기로 하면서 동시에 각자의 이전 "친구들"과 가족들을 희생시키는 데 합의했다. 키케로는 "추방되어" 사형 선고를 받은 사람들 중 하나였다. 그런 상황에서 자신의 목숨을 구하기보다 모든 면에서 자신과 타인의 영혼의 "섞여듦"을 추구하는 것은 무척 용감하거나 아니면 무척 어리석은 짓이었다. 키케로가 한 친구와의 우정이 과연 얼마나 멀리까지 갈 수 있을지에 대해 염려한 이유가 바로 여기 있었다. 친구가 요구한다고 해서 그릇된 짓을 할 정도까지는 아니라고, 키케로는 말했다.

키케로식 우정이 서글픈 가장 큰 이유는 너무 많은 기대를 걸머진 나머지 그 모두를 달성하기가 거의 불가능했기 때문이다. 키케로는 자신이 《우정론》을 헌정한, 어릴 적부터 친구인 아티쿠스와 간절히 함께하고 싶어했다. "우려스럽고 당혹스러운 일들이 많지만, 내 말을 들어줄 이가 곁에 있기만 하다면, 산책 한번 나가서 대화를 나누는 것만으로도 전부 쏟아내고 치워버릴 수 있을 듯한 기분이 드네." 하지만 아티쿠스는 "곁에서 들어줄" 수 없었다. 그는 저 멀리 그리스에 있는 자신의 널따란 영지에서 한량으로 살아가기를 더 좋아해서 이탈리아에는 거의 머물지 않았다. 키케로는 그 빈자리를 애통해했다. "그대의 말과 조언은 내 걱정과 영혼의 골칫거리를 자주 덜어주곤 했지. 내 공적 삶의 동반자이자 내 모든 사적 우려를 털어놓는 친구, 내 모든 말과 계획을 공유하는 그대는 어디 있는가?"[9] 우정은 막대한 기쁨을 가져다주었다. 하지만 여기서 우리는 종종 우정이 어떻게 슬픔과 갈망을 불러오는지를 볼 수 있다.

접착제로서의 신

기독교도들에게 폄하 대상이 된 것이 바로 위와 같은 사랑의 고통이었다. 그들에게는 더 낫고 더 영구적인 사랑의 대상이 있었으니, 바로 하나님이었다. 기독교가 로마제국 국교가 된 후인 서기 4세기 말에, 속세에 매인 키케로식 우정은 이상의 자리를 유지할 수 없었다. 키케로의 정치적 경력 역시 마찬가지였다. 로마에는 이제 황제라는 단일한 지배자가 있었다. 전에는 도시국가의 정책을 토론하러 광장을 찾곤 했던 남자들이 이제는 주교 좌석에 앉아 자신들이 목회자로서 해야 할 의무에 관해 고찰하거나 공의회에서 까다로운 신학적 질문들에 대답하고 있었다.

히포Hippo*의 주교이자 서구 역사상 가장 위대한 교부였던 아우구스티누스(430년 사망)는 키케로의 《우정론》을 익히 알고 있었다. 실제로 기독교로 개종하기 전 아우구스티누스에게는 키케로의 거푸집에서 찍어낸 듯한 친구가 있었다. 어린 시절부터 함께한 소울메이트이자 열정을 공유한 친구, 헤어진다는 것은 상상도 못 할 친구였다. 친구가 젊어서 죽었을 때 아우구스티누스가 보인 반응은 라엘라우스의 조용한 회고와는 전혀

* [옮긴이주] 오늘날 알제리 동북부 항구 도시인 안나바Annaba의 옛 이름으로, 초기 기독교 공의회의 중심지였다.

달랐다. 그는 슬픔으로 제정신이 아니었다. "절대 죽지 않을 것처럼 사랑했던 남자가 죽었는데 다른 사람들이 살아 있을 수 있다는 게 놀라웠다." 아우구스티누스는 "친구의 다른 자아였던" 자신이 여전히 살아 있다는 사실을 믿을 수 없었다. 못내 죽음을 갈구할 정도였으니, "내 영혼과 친구의 영혼이 두 육신으로 나뉜 하나의 영혼이었다고 느꼈기 때문이다. … 반쪽짜리 존재로는 살고 싶지 않았다."(4.6)[10]

사랑의 슬픔을 알게 된 아우구스티누스는 고통을 달래기 위한 한 가지 탁월한 해결책을 발견했다. 사랑이 '진짜였음'을 부정하는 것이었다. 자신이 누렸던 우정은 가짜였으니, "서로에게 매달리는 사람들이 당신을 통해 하나로 결합되지 않는 한, 진정한 우정은 존재할 수 없기 때문입니다."(4.4) 여기서 '당신'이란 하나님이다.

아우구스티누스는 우정이 삼위일체여야 한다고 공언했다. 그는 라엘리우스가 그러했듯이 미덕을 갖춘 한 남성이 성품이 같은 다른 남성에게 이끌리는 것에서 우정이 시작된다는 데 동의했지만, 그가 생각한 "미덕 있는 남자"란 **하나님에 의해** 다른 기독교도에게 이끌리는 기독교도였다. 하나님이 두 남자를 하나로 이어주는 접착제다. 기독교 신앙 때문에 고통받은 남자에 대한 이야기를 전해 들은 아우구스티누스는 이렇게 말한다. "나는 그 사람과 하나 되기를, 그 사람에게 내 존재가 알려지기를, 그 사람과 우정으로 묶이기를 염원합니다. … 나는 그에게 다가가 말을 걸고, 대화를 나누고, 그에 대한 내 애정을 표현하고 … 그리하여 그에게 나를 향한 동일한 애정이 생겨나고 표출되기를 소망합니다."(9.11)[11] 하지만 만약 이 남자가 하나님에 관해 잘못된 생각을 갖고 있다면? 아우구스티누스의 사랑은 이를 견디지 못한다. 요컨대 여기서 '한마음'의 정의는 '한 믿음'으로 좁혀진다. 이것이 정체성 정치의 시작이다. 아우구스티누스의 경우, 이는 (만약 필요하다면) 자신과 믿음을 같이하지 않는 이들을 대상으로 무력을 행사한다는 뜻이다. 아우구스티누스는 이를 "엄격함과 함께하는 사랑"이라며 옹호했다.[12] 우리는 2장에서 이 문제를 좀 더 자세히 살펴볼 것이다.

이후 약 천 년간 유럽 대부분의 지역에서 (비록 많은 예외가 존재하기는 했지만) 가톨릭 기독교가 확고히 자리 잡았음을 생각하면 아우구스티누스의 시대는 '과도기적'이었다고 할 수 있다. 사람들은 친구를 사귈 때 상대가 같은 신앙을 가졌으리라는 데 상당한 확신을 가질 수 있었다. 도시 중심지가 생겨나고, 새로운 학교들이 지어지고, 고전 모범들이 새롭게 발 디딜 자리를 얻은 11세기와 12세기에, 사랑이란 '다른 자아'를 찾는 것이라는 생각이 대중적으로 널리 퍼졌다. 이는 남성 교사들과 학생들이 주고받았던 편지를 통해 확인할 수 있는데, 그들이 맺었던 관계는 짐작건대 그리스 남색에서 성애가 제거된 형태였던 듯하다. 한 교사가 자신이 가르치는 학생에게서 받은 편지에 열정적인 말로 적어 보낸 답장이 그 전형적인 예시다. "그대의 삶과 상황은 곧 내 삶과 상황과 다를 바 없으니, 활짝 열리고 기대감에 쫑긋 선 내 귀에 그대가 잘 있다는 소식이 들어오자마자 내 영혼에 기쁨이 … 번집니다." 앞으로 보게 되겠지만, 다른 수많은 중세 판타지들에서 매우 강렬한 존재감을 보이는 성애적 언어는 이 담론에도 등장한다. "그대의 육신이 날 풍요롭게 할 때 [내 기쁨은] 얼마나 커지고 얼마나 충만해지는지, 그리고 나는 기쁨에 겨워 그대를 껴안고 그대와 이야기하며 기쁨에 어쩔 줄 몰라 마음속으로 춤을 춥니다!"[13]

남녀 관계에서도 이와 비슷한 정서가 팽배했다. 생베르탱의 수도사였던 고셀린(11세기 말에 활동)이 쓴 《격려와 위로의 서》는 자신이 영적 자문을 해주던 이바라는 젊은 수녀에게 직접 말하는 듯한 문체로 쓰여 있다.[14] 두 사람은 지금 멀리 떨어져 있고(여자는 프랑스에, 남자는 영국에) 남자는 "내 유일한 영혼에게" 보내는 글을 적어 내려간다. 두 사람의 특별한 관계에 대한 공증인은 다름 아닌 그리스도라고, 고셀린은 주장한다. "두 사람 사이의 이 비밀은 오로지 순결한 소박함과 순수한 사랑만을 제물로, 그리스도를 중재인으로 삼아 봉인됩니다." 고셀린은 이바에게 자신의 생각과 감정에는 "불명예스러운 점"이 전혀 없음을 단언했다. 일부 논평가들은 고셀린이 무고한 척하기 위해 지나치게 확언했다고 주장하지만 말이다. 어쨌든 분명한 점은, 고셀린이 아리스토파네스가 처음 기틀을 잡은 후 아우구스티누스가 정교하게 가다듬은 판타지에 수를 놓고 있었다는 것이다. 즉 그리스도는 고셀린과 이바를 "육신으로" 갈라놓았지만, 머지않아 천국에 가면 하나님은 "두 사람 안에 나뉘어 있던 영혼을 다시 하나의 영혼으로 돌려놓을 것이다." 완벽하게 둥근 공 모양이었던 인간이 처음 반으로 쪼개질 때 그러했듯이, 고셀린은 애통해하며 흐느낀다. 하지만 그는 자신의 갈망을 기독교화한다. 이는 자신의 '소울메이트'를 위한 것이다. 고셀린과 이바의 자손 역시 기독교화되는데, 고셀린은 이렇게 쓴다. 비록 자신은 이바에게 자식을 주지 않았지만 대신 그리스도를 향한 욕망을 주었다고. (여기서 우리는 다음 장에서 탐구할 초월의 전조를 어렴풋하게나마 볼 수 있다. 단순히 육신이 아니라, 그보다 더 위대하고 더 높은 무언가를 재생산하는 것이다) 영혼을 뜻하는 **아니마anima**라는 단어가 여성형임을 이용해 고셀린은 이따금 자신을 이바의 어머니로 지칭하며 자신의 관심이 딸에 대한 어머니의 '모성'인 것처럼 묘사한다. 하지만 딸인 이바는 작별인사도 하지 않고 서둘러 영국 수녀원을 떠남으로써 어머니인 고셀린을 실망시켰다. 이 "사려 깊지 못한" 행위는 고셀린을 잔인하게 상처 입혔다. 《격려와 위로의 서》에서 고셀린은 비탄에 잠겨 이바를 책망한다. 그러면서도 이바가 영국 수녀원에서 겪었던 것보다 더 엄격한 은둔의 삶을 찾아 프랑스로 떠난 점에 대해서는 칭찬한다. 그는 이바의 뛰어난 미덕을 감안해 두 사람이 천국에서 결합하게 되기를 신에게 탄원한다. 결합이라는 매혹적인 판타지는 이 세계에서 실현되지 않을지라도 기독교는 다음 세상에서 그 결실이 맺어지리라는 희망을 제시한다.

열정적인 스승과 제자들, 수사와 수녀들 사이에 이처럼 불꽃이 튀기고 있었으니(수많은 맥락에서), 키케로의 《우정론》이 시대에 걸맞게 개작되었다는 것도 놀라운 일은 아니다. 《영적인 우정》은 리보Rievaulx에 있는 영국 시토 수도회 수도원장이었던 앨러드(1167년 사망)의 후기 저작이었다. 앨러드는 《우정론》을 모델로 삼은 이 책에 직접 등장해 다른 몇몇 수사들과 "그리스도 안에서의" 진정한 우정에 대해 열정적인 토론을 나눈다(1.8).[15] 보수적인 미국 대법원장처럼, 앨러드는 '원래 의도original intent'*를 출발점으로 삼았다. 창조주의 최초 계획은 무엇이었는가? 앨러드에게 이는 명확했다. 하나님은 세상을 처음 만드셨을 때 당신의 통일성을 거기 새기셨다. 따라서 돌멩이 하나까지도 "독존하지" 않고 한 흐름 안에서 하나로 어우러져, "일종의 동료애"를 명확히 보여준다(1.54). 돌멩이 하나가 그럴진대 하물며 인류를 사회적 존재로, 타인을 사랑하는 존재로 창조하실 때에는 얼마나 진실하셨겠는가! 하지만 에덴동산에서 추락하면서 인류는 두 무리로 나뉘었다. 세속적인 이들은 탐욕스럽고 이득에 집착하는 사랑을 한다. 이와 대조적으로 의로운 이들은 심지어 원수마저 사랑해야 함을 이해한

* [옮긴이주] 법률적인 맥락에서 '원래 의도'란 사법부가 헌법을 그 틀의 이해에 따라 해석해야 한다는 개념이다.

다. 그렇다 해도 그들은 친구들을 위해 한층 더 귀중한 사랑의 자리를 남겨둔다.

> 그대 자신과 하듯 거리낌 없이 말할 수 있는 상대, 아무런 두려움 없이 어떤 잘못도 털어놓을 수 있고, 아무런 부끄러움 없이 영적인 진보를 드러낼 수 있고, 심장의 모든 비밀을 털어놓을 수 있고, 그대 계획을 모조리 털어놓을 수 있는 상대다. 과시에 대한 두려움이나 의심에 대한 공포 없이 그렇게 영혼과 영혼이 연결 지어지고 둘이 하나가 되는 것보다 더 큰 즐거움이 어디 있겠는가?(2.11)

우리와 타인을 하나로 이어주는 "영혼"은 그리스도로부터 온다. 그리스도는 "우리가 친구에게 느끼는 사랑"을 불어넣는다(말 그대로 집어넣는 것이다)(2.20). 이 심원한 과정에서 다음 단계는 그리스도가 우리에게 스스로를 우리 친구로서 기꺼이 내놓는 것이다. 우리는 그리스도에게 우리 영혼을 결합시킨다. 이는 육신의 결합이 아니고(우리가 교회에서 타인과 평화의 입맞춤을 나눌 때처럼), 심지어 영적인 결합도 아니며(우리가 우리의 인간 친구를 사랑할 때처럼), 지적인 결합이다. "지상의 모든 애착이 누그러지고 모든 세속적인 생각과 욕망이 가라앉는다."(2.27)

키케로만이 아니라 성경 역시 이런 생각을 장려했다. 사무엘상 20:17에 등장하는 요나단과 다윗의 사랑, "한마음과 한뜻이 되어"(사도행전 4:32)라고 묘사되는 첫 사도 공동체의 일원들 사이의 사랑 그리고 "곧 내가 너희를 사랑한 것 같이 너희도 서로 사랑하라. … 너희는 … 곧 나의 친구라"(요한 15:12-17)는 그리스도의 명령을 보라. 키케로가 친구에 대한 사랑 때문에 뭔가 불명예스러운 일을 하게 될 가능성을 염려했다면, 앨러드는 애초에 진정한 우정 속에서라면 그런 일은 불가능하다고 여겼다. 진정한 우정이란 언제나 미덕 있는 사람들 사이에만 존재하는 것이니, 불명예스러운 행위를 요구할 리가 없었다. 물론 어떤 친구는 완벽하지 못할 수 있다. 예컨대 성미가 너무 급하다거나. 이 경우 더 높은 도덕적 원칙에 위배되지 않는 한 우리는 성미 급한 친구의 뜻에 따라주고자 우리의 의지를 살짝 굽힐 수 있다. 이러한 양보 개념, 서로에게 적응해야 할 수도 있다는 생각은 흔히 볼 수 있는 것이 아니다. 어떤 한 사람을 친구로 받아들이고 나면(앨러드가 강조하듯이, 이는 가볍게 결정해서는 안 되는 것이다) 우리는 상대가 우리의 나머지 반쪽이 **아닌** 시기를 참고 견뎌야 한다. 이런 시각을 가지면 상대에게 섣불리 실망할 위험을 피할 수 있다.

여성의 "다른 자아들"

페넬로페는 실제로 오디세우스와 얼마나 한마음이었을까? 이바는 고셀린의 당근과 채찍의 서에 대해 무는 생각을 했을까? 여성들은 다른 자아에 관한 이 모든 주장들을 어떻게 생각했을까?

적어도 엘로이즈에 대해서는 우리가 무언가 말할 수 있을지도 모른다. 엘로이즈는 아벨라르(1142년 사망)의 연인이자 나중에는 아내가 되었다. 두 사람 모두 총명한 지식인으로, 고전 문헌과 성경에 배움이 깊었다. 그들의 연애사는 잘 알려져 있다. 아벨라르는 두 사람이 헤어져 각기 다른 수도원에 몸담은 지 15년쯤 후에 《앙화》를 써 자기 방식대로 이야기하기도 했다. 아벨라르가 말하기를, 그는 칭송받는 철학자였고, 그래서 파리 참사위원 풀베르의 조카딸이었던 엘로이즈의 교육을 마무리 짓기 위해 고용되었다.

스승과 제자는 사랑에 빠졌다(《앙화》에서 아벨라르는 자신은 그저 엘로이즈를 유혹하고 싶었다고 말한다). 엘로이즈는 임신을 했다. 교회가 혼외정사를 금기시했다는 사실, 아벨라르가 신학자로서 성직에 있었다는(따라서 순결을 지킬 것이 요구됐던) 사실을 감안하면 결혼은 아벨라르의 앞날을 망칠 수 있었다. 더 놀라운 것은 엘로이즈가 결혼을 원치 않았다는 사실이다. 엘로이즈는 자유로운 사랑이 아닌 계약과 의무라는 개념에 거부감을 느꼈다. 아벨라르는 해결책으로 비밀 결혼을 제시했다. 하지만 일은 잘 풀리지 않았다. 결혼 후 두 사람은 거의 만나지 않음으로써 비밀을 지켰다. 하지만 두 사람이 결혼한 사실을 알고 있던 풀베르는 아벨라르가 자기 조카딸을 버렸다고 생각하곤 친척을 시켜 아벨라르를 거세했다. 그 후 두 사람은 헤어져 각자

레옹 마리 조제프 빌라데가 그린 〈엘로이즈를 가르치는 아벨라르〉(1841).

수도修道 서약을 했다. 두 사람의 아들인 아스트롤라베는 아벨라르의 누이에게 맡겨졌다.

우리는 두 부분으로 나뉜 두 사람의 서신 모음을 바탕으로 그들의 감정에 대해 많은 것을 알고 있다. 가장 잘 알려진 편지는 아벨라르가 《앙화》를 출간한 이후에 쓴 것이고, 덜 알려진 것은 두 사람의 관계가 진전되던 시기에 주고받은 것이다.[16] 이 편지들에서(주의 깊게 고른 단어들로 이루어졌으며 라틴어 운문이 자주 쓰였는데, 이는 단순히 연인을 감탄시키기 위해서만이 아니라 장래의 출간 가능성을 염두에 둔 듯하다) 두 연인 모두 '다른 자아'라는 비유를 사용했다. 엘로이즈(그녀에게 집중하도록 하자)는 그때까지 주로 남성의 것이던 개념을 자기 것으로 만들어 썼다. 두 사람의 관계가 막 시작되던 시기에 아벨라르에게 보낸 편지 서두가 보여주듯이, 그런 쓰임새들 중 일부는 매우 상투적이었다. "모든 미덕으로 환히 빛나고 벌집보다 더 큰 기쁨을 주는 남자에게. 그의 가장 충실한 사람, 그의 영혼의 나머지 반쪽이 자신을 남김없이 바칩니다."(Newman 97) 엘로이즈는 "그의 영혼의 나머지 반쪽"이다. 여기에 새로운 점은 없다. 그것은 아리스토파네스가 사용한 비유였고, 엘로이즈의 시대에 더 가까운 예를 들자면 (우리가 보았듯) 생베르탱의 고셀린 역시 그러했다. 고셀린은 하나님이 "두 사람 안에 나뉘어 있던 영혼을 하나의 영혼으로" 재창조한다고 썼다. 하지만 엘로이즈의 편지에는 곧 다른 관념이, 한마음에 대한 그녀의 수많은 주장에 독자적인 거푸집을 제공하는 관념이 나타난다. 두 사람이 정확히 같은 것을 소망한다는 사실을 확인받기 위해, 엘로이즈는 아벨라르에게 모든 면에서 복종한다고 맹세한다. 한 편지에서 엘로이즈는 거의 체계적이기까지 한 서술을 보여 준다. 그녀는 키케로를 연상케 하는 우정의 정의에서 시작해, 두 사람 사이의 우정을 완벽하게 빈틈없이 만들려면 어떻게 해야 하는지를 궁리한다. "사랑이 무엇인지, 무엇을 할 수 있는지, 나 또한 이를 직관적으로 고찰해왔습니다. 성품과 관심사—특히 우정을 견고히 하고 서로를 조화시키는 것—에서 우리가 한마음임을 알았으니 나는 모든 면에서 당신을 사랑하고 복종함으로써 당신에게 보답할 겁니다."(Newman 118) 엘로이즈는 두 사람의 "성품과 관심사"에서 한마음을 본다. 이것이 그들 사랑의 기반이다. 여기에는 의무가 따르는데, 의무는 우리가 3장에서 더 자세히 탐구하게 될 개념이다. 하지만 3장에서 다룰 의무는 대체로 특정한 역할 기대에 순응함을 뜻하는 한편, 여기서 의무는 순수한 의지의 지속적인 행사를 뜻한다. "내 심장이 사랑하는 이여, 당신도 아시지요. 진정한 사랑의 의무는 멈춤 없이 지워질 때, 우리가 사랑하는 이를 위해 힘닿는 모든 일을 하고 힘닿는 한도 너머까지 밀어붙이기를 계속할 때에만 비로소 완수됩니다."(Newman 119) 사랑하는 이를 위해 모든 것을 한다? 앨러드는 다소 굽힐 마음이 있었다. 엘로이즈는 "멈추지 않고" 무릎을 꿇을 준비가 돼 있다.

이런 주장은 그저 한가로운 공상에서 나온 빈말이 아니었다. 엘로이즈는 심지어 "자신의 의지"에 맞서서, 자신의 의지를 아벨라르의 의지에 익사시키면서까지 그를 따랐다. 하지만 엘로이즈는 아벨라르와 결혼하기를 원치 않았다. 아벨라르의 '아내'라 불리느니 차라리 아벨라르의 '창녀'라 불리고자 했다. 그래야 "결혼도, 지참금도, 그 어떤 쾌락도 원하지 않으며, 나 자신의 어떠한 목적을 위한 것도 아니라 당신만을" 원한다는 사실을 입증할 수 있을 것이므로(Levitan 55). 그럼에도 결국 아벨라르와 결혼한 것은 그에게 따르기 위함이었다. 아벨라르가 수도 서약을 하라고 말했을 때에도, 엘로이즈 자신은 그러고 싶은 마음이 전혀 없었음에도 불구하고 그에 순응했다. "내가 한때 젊었던 시절에 혹독한 수녀원 생활을 하게 된 것은 종교적인 삶에 대한 어떠한 헌신이 아니었습니다. 그것은 오직 당신의 명령 때문이었습니다. … 나는 하나님에게서 어떠한 보상도 받기를 기대할 수 없으니, 내가 하나님에 대한 사랑으로 한 일은 아직 아무것도 없는 것이 분명하기 때문입니다." 실제로 엘로이즈는 만약 아벨라르가 그리 하라고 했다면 지옥의 맹렬한 불길 속에도 뛰어들었을 거라고 맹세했다. "당신이 분부를 내렸다면, 나는 당신을 따라 불카누스*의 불길 속에라도 들어갔을 겁니다. 한순간의 망설임도 없이, 내가 먼저 갔을 것입니다."(Levitan 60-1)

하지만 엘로이즈는 자신의 자아를 아벨라르의 자아 속에 익사시키는 데 만족하지 않고 상대에게도 동일한 것을 기대했

* [옮긴이주] 로마 신화에서 불과 대장일을 관장하는 신의 이름이다.

다. 그리고 아벨라르의 마음이 자신과 같지 않다는 데 지독히 실망했다. 엘로이즈가 수녀원에 들어가 "슬픔을 이기지 못해 날마다 무너졌을" 때, 아벨라르는 한 번도 엘로이즈를 달래주려 하지 않았다. "그럼에도 [엘로이즈는 아벨라르를 질책하며 이렇게 말했다] 당신이 내게 [수도회에 속한 여성들을 위로한 모든 교부들보다도] 더 큰 빚으로 묶여 있음을, 혼인 성사에 따라 내게 의무를 지고 있음을, 나아가 누구에게나 분명하다시피 내게 더 큰 은혜를 입었음을 알고 계실 겁니다. 내가 헤아릴 수 없는 사랑으로 내 심장에 늘 당신을 담아왔기 때문이지요." 이것이 아벨라르가 엘로이즈에게 진 빚이다. "무엇보다 내가 당신의 명령을 그토록 완전히 따랐으니" 빚은 아벨라르 혼자만의 것이다 (Levitan 54-5).

여기에 "한마음인 두 사람이 함께 가정을 꾸리는 것보다 더 위대하거나 좋은 것은 없다"라는, 오디세우스가 나우시카에게 빌어준 축복의 함정이 있다. 그런 한마음에 도달하려면 희생이 필요하다. 이 사실을 키케로는 알았다. 불명예가 시작되는 곳에서 우정은 끝나야 함을 경고했을 때, 그는 사실상 어떤 사랑은 결국 파경에 이를 수 있다는 사실을 기꺼이 받아들였다. 앨러드는 기독교에 바탕을 둔 우정에서는 어느 쪽도 상대에게 절대 불명예스러운 행위를 저지르거나 요구하지 않을(혹은 그럴 수 없을) 거라 생각했지만, 때로는 그저 관계를 유지하기 위해 성미 급한 친구에게 맞춰줄 필요가 있음을 인정했다. 이제 아벨라르의 "친구"인, "성품과 관심사"가 너무나도 유사한 엘로이즈를 보자. 그녀는 그 같은 닮은꼴을 지키기 위해 일생을 바쳤다. 어떠한 대가든 마다하지 않고서. 오디세우스가 말한 더 위대한 것, 더 좋은 것은 없었을까? 엘로이즈라면 오디세우스에게 찬동했을 것이다. 맞다, 엘로이즈는 자신과 자신의 수녀원 공동체에 무심하다는 이유로 아벨라르를 질책했다. 엘로이즈는 아벨라르가 자신의 책무를 나누어 지기를 원했다. 끝에 가서 아벨라르는 엘로이즈에게 귀 기울이고, 그녀가 관장하는 수녀원의 종교 자문 역할을 수락했다.

모든 면에서 아름다운, 오디세우스적인 완벽한 합의의 꿈은 오직 양쪽 모두가 많은 자기희생을 치를 때에만 가능하다고 엘로이즈는 생각했다. 그리고 아마 그것이 호메로스의 관점이었을 것이다. 《오디세이아》는 아내가 가정을 온전히 유지하기 위해 최선을 다하는 동안 남편은 집으로 돌아오기 위해 고군분투하는 이야기라고 볼 수 있다. 오직 두 사람 모두 제 몫을 다했을 때만 부부는 마침내 한마음 결합을 완성할 수 있다.

✧

아벨라르와 엘로이즈가 맞닥뜨린 딜레마는 16세기에 중세 교회가 다양한 교파로 산산조각 난 뒤에야 끝났다. 순결을 지키는 것은 프로테스탄트 교회에서 그 고매한 지위를 잃었고, 야심만만한 젊은 남자들은 전쟁터에 싸우러 나가거나 (비슷한 대안으로서) 아프리카로, 아메리카로, 아시아로 떠나 정착, 교역, 정복 같은 공격적인 사업에 몸담았다. 형편이 넉넉한 경우라면 (키케로 같은 부유한 로마인들이 한때 그랬듯) 부동산 사업에 열중하면서 남는 시간에 글을 썼다. 그렇다면 젊은 여성들은? 결혼했다. 아니면 (앞으로 보게 되겠지만) 작가가 되겠다는 포부를 안고 독신을 유지했다.

이것이 미셸 드 몽테뉴(1592년 사망)가 에티엔 드 라 보에티를 만났을 당시의 세계다. 몽테뉴는 훗날 두 사람의 우정이 유일무이한 것이었다고 썼다. 그 같은 우정은 "3세기에 한 번"도 존재하기 힘들 만큼, 설명할 수도 없을 만큼 너무도 드문 것이었다고 썼다.[17] 우정은 정말이지 완벽해서 두 사람의 의지는 하나로 합쳐졌다.

> 그것은 어떤 한 가지 특별한 이유 때문이 아니다. 두 가지도, 세 가지도, 네 가지도, 천 가지도 아니다. 우리의 모든 의지를 사로잡아 서로의 의지로 익사시켜버리게 만든 것, 굶주림과도 같이 자신을 잊고 한 점으로 수렴하게 만든 것의 본질이 무엇인지 나는 알지 못한다.

둘은 너무도 강하게 융합되어 "원래 한쪽에만 속했던 것은 하나도 남지 않았다. 그만의 것이나 나만의 것은 아무것도 없었다." 몽테뉴는 라 보에티와 자신의 경험을 일반화하면서 이렇게 썼다. "그런 친구들의 결합은 진정 완벽하여 … 그들 사이의 어떤 분리나 구분을 말하는 모든 단어를 혐오하고 기피하게 만든다. 혜택, 의무, 감사, 요구, 고마움 같은 것들 말이다." 각자가 가진 모든 것은 상대에게 속한다. "의지, 생각, 의견, 재산, 아내, 자녀, 영예, 그리고 삶." 아내와 자녀라고? 이는 우리가 앞서 본 모든 것을 뛰어넘는다. 이런 구석을 보면 두 사람이 "두 육신으로 나뉜 하나의 영혼"이라는 몽테뉴의 생각은 거의 시시하게 여겨질 정도다.

몽테뉴와 라 보에티는 프랑스 남서부의 같은 지방 출신이었다. 똑같이 부유했고, 잘 교육 받았으며, 몇 년간 보르도 고등법원에서 법관으로 함께 근무했다. 하지만 두 사람의 우정은 짧은 기간밖에 지속되지 못했다. 라 보에티가 젊어서 세상을 떠나서였다. 충격을 받은 몽테뉴는 "자신을 사랑에 빠지게 만들어" 결혼했고, 곧 (자신이 밝힌 이유에 따르면) 연구에 몰두하며 조용히 살고자 법원을 그만두었다.[18] (하지만 뜻대로 되지 않았던 건지 아니면 몽테뉴 자신이 원하지 않았던 건지, 어느 쪽이든 간에 프랑스에서 종교 전쟁이 일어나던 격동기에 공무로 불려나가는 일이 잦았다) 몽테뉴는 자기 삶과 경험에 대한 산문을 쓰기 시작했다. 그건 아마도 친구에게 쓰던 편지들의 대체물 같은 것이었으리라. 이렇게 쓰인 산문들을 처음 책으로 묶어 낼 때, 몽테뉴는 라 보에티에게 바치는 찬가인 〈우정에 대하여〉가 놓일 위치를 신중하게 고민한 끝에 책 한가운데 바로 앞부분에 실었다.

〈우정에 대하여〉 서두에서 몽테뉴는 당대 화가들을 모방하고 싶었다고 썼다. 화가들은 벽에 그림을 걸 자리를 정한 뒤에 매혹적이고 그로테스크한 액자를 선택했다. 그와 같이 〈우정에 대하여〉는 아주 특별하고 핵심적인 작품인 《자발적 복종》(라 보에티가 젊은 시절에 쓴 글로, 자유에 대한 호소를 담고 있다)에 대한 담론의 액자 노릇을 할 터였다. 이 담론은 이중으로 의미심장한데, 그것이 "우리 첫 만남의 매개체"였기 때문이다.[19] 라엘리우스가 스피키오의 미덕에 대해 전해 들었을 때 처음 끌림을 느낀 것과 매우 유사하게, 몽테뉴는 《자발적 복종》을 통해 라 보에티의 존재를 처음 알게 됐다. 자신의 산문 모음집이 전부 자화상이라고 했던 몽테뉴의 주장을 바탕으로 미루어 보면, 그는 자신과 친구의 산문을 함께 소개함으로써 가장 확실한 방식으로 라 보에티의 지위를 '또 다른 자아'로 확립하고자 했던 듯하다.

하지만 몽테뉴는 계획을 끝까지 밀어붙이지 않았다. 〈우정에 대하여〉 맨 마지막에 이르면 그는 방향을 바꾸어, 라 보에티의 선동적인 글을 출간하기에는 시기가 적절치 않다고 쓴다. (실제로 교회도 군주제도 우호적인 시선을 보내지 않았을 것이 분명하다) 대신 그는 친구가 쓴 소네트 몇 편을 실었다. 몽테뉴의 산문집, 즉 《수상록》 초판에는 라 보에티가 쓴 소네트 29편이 1부 가운데에 실린 〈우정에 대하여〉에 이어 '산문'으로 들어갔다. 하지만 이 소네트들은 나중에 들어내졌고, 그리하여 책의 핵심이 있었어야 할 부분에는 빈 공간만 남았다.

일부 학자들은 몽테뉴의 말을 곧이곧대로 받아들여서는 안 된다고, 《자발적 복종》과 소네트 모두 몽테뉴가 쓴 것이라고 주장한다.[20] 그렇다면 실로 완벽한 합의라는 판타지에 완벽하게 걸맞은 장식물일 것이다. 마치 저자가 누구인지는 중요하지 않다는 듯 자신의 글을 친구의 글로 내놓다니. 하지만 (대다수 학자들을 따라) 제아무리 의뭉스러운 몽테뉴라도 거기까지 가고 싶지는 않았을 거라고 가정해보자. 이렇게 되면 라 보에티에게 익사당한 몽테뉴의 "사로잡힌 의지"에 대한 찬양은 친구가《자발적 복종》에서 주장한 바와 부조화를 이루는 것처럼 보인다. 그 글은 의지의 자유를 칭송하기 때문이다.

몽테뉴에게 헌정한 라틴어 시에서 라 보에티는 이렇게 썼다. "우리 우정은 이미 보기 드문 완벽함에 도달했다. [… 비슷한 것끼리 서로 접목하듯이] 따라서 이는 영혼의 결합이다."[21] 하지만 라 보에티는《자발적 복종》에서는 접목의 위험성을 강조한다. 어떤 나무에 적합하지 않은 가지가 접붙는 일이 일어날 수 있기 때문이다. 그러면 완전히 엉뚱한 열매가 맺히고 말 것이다. 키케로가 그랬듯 라 보에티 역시 뒤틀린 우정에 대해, 거짓된 충실함 때문에 잘못된 길로 들어서는 우정에 대해 염려했다. 그가 말한 진정한 우정이란 성스럽고, 자연스럽고, 합리적인 것이었다. 하지만 만약 친구들이 서로 경험하는 신뢰와 "동반 성장"이 공적 영역으로 옮겨 간다면, 이 모든 것은 너무도 쉽게 독재자에 대한 아부로 변질될 수 있다. 그럴 경우 "재산, 아내, 아이, 영예, 그리고 삶"을 공동으로 소유하는 몽테뉴의 이상은 끔찍한 죄악이 된다. "헤아릴 수 없이 많은 사람들이 따르는 것이 아니라 섬기며, 통치되는 게 아니라 독재 당할 것이다. 재산도, 관계도, 아내도, 아이도, 심지어 자신들의 삶도 갖지 못할 것이다." 독재자는 괴물이 되어버린 '다른 자아'다. "그대가 직접 주지 않았다면 그대를 감시할 그토록 많은 눈을 그가 어디서 얻었겠는가? 그대가 직접 주지 않았다면 그대를 때릴 그토록 많은 손을 그가 어디서 얻었겠는가?"[22] 《자발적 복종》에서 사랑은 손쉽게 가장되고 쉽사리 오해된다. 우리는 우리 자신을 속여 나와 상대가 한마음이라고 믿을 수 있다. 실상 자신은 상대에게 굽실거리는 하인임에도.

만약 몽테뉴가 정말로 자신의 산문집에서 《자발적 복종》을 〈우정에 대하여〉 뒤에 두려 했다면, 그 의도는 완벽한 관계에 대한 자신의 이야기를, 신중하게 배치한 경고를 통해 보완하려는 것이었으리라. 하지만 결국 몽테뉴는 그 대신 사랑 소네트를 몇 편 실었다. 이 시들은 훈계라는 동일한 목적을 수행했는가? 그렇다. 소네트들은 사랑이라는 이름의 '독재자'에게 이리저리 휘둘리며 정신 못 차리는 한 시인의 이야기를 들려준다. 사랑이 주는 희망에 부푼 시인은 자신을 부추기면서도 퇴짜를 놓는 한 귀부인을 쫓아다니지만, 이 희망이 맞을 결말은 완전히 산산조각 나는 것뿐이다.[23] 여성들과의 관계는 늘 불완전하다. 그리하여 〈우정에 대하여〉와 그 뒤에 실린 글은(자유에 대한 담론이든 사랑에 관한 시든) 한가롭게 한마음 사랑을 전적으로 찬양하려는 것이 아니라 오히려 그것의 가능성과 위험을 탐색하기 위한 쌍두마차였다.

여성과의 우정에 도사린 함정에 대해 몽테뉴는 그 누구도 다른 자아가 될 수 없다고 명확히 진술했다. "여성의 범속함은 이 성스러운 연대에 필요한 교감과 유대감에 걸맞지 않다."[24] 하지만 말년에 이르러 《수상록》 개정판을 준비하는 동안, 몽테뉴는 자신의 산문 〈추정에 관하여〉에 삽입된 별지에 이러한 견해를 철회함을 밝혔다. 마리 드 구르네를 진정한 친구로 명명함으로써.

구르네가 《수상록》을 처음 접한 건 1584년이었지만 몽테뉴를 직접 만난 건 그가 세상을 떠나기 겨우 4년 전인 1588년이었다. 몽테뉴는 자신보다 마흔 살 가까이 어린 구르네에게서 (철회문에 밝혔듯) "언젠가 가장 좋은 것들, 무엇보다도 우리가 여성에게는 아직 시기상조라고 생각했던 가장 성스럽고 완벽한 우정을 맺을 수 있을 거라는" 희망을 발견했다.[25] 몽테뉴가 죽은 뒤 《수상록》 개정판 발간 준비를 맡게 된 것도 구르네였다. 1595년에 나온 이 개정판에는 철회문이 실려 있었고, 일부 학자들은 구르네가 그걸 썼다고 생각했다. 그렇지만 우리에게 더 중요한 사실은 구르네 자신이 '다른 자아'로서의 여성이라는 이상을 고수했다는 것이다. 《수상록》 개정판을 위해 쓴 서문에서, 구르네는 자신과 몽테뉴의 우정은 몽테뉴와 라 보에티의 우정에 견줄 만했다고 적었다. 구르네는 오직 자신만이 "그 위대한 영혼(ame)을 속속들이 알았다"고 단언했으며, 몽테뉴가 구르네의 생각(ame)*이 "자신의 것과 비슷하다"고 여겼다며 으스댔다. "우정이란," 이어지는 구르네의 선언은 마치 몽

* [옮긴이주] 저자가 ame를 따로 붙인 이 두 단어는 각각 soul과 mind다.

테뉴의 메아리처럼 들린다. "이중의 삶이다. 친구가 된다는 것은 [자신이] 두 배로 확장된다는 뜻이다."[26]

거울 비춤

자아의 '배가'는 고대 그리스인인 아리스토파네스에게는 신이 내린 명령이었다. 중세 사상가인 앨러드에게는 그리스도의 영적 옮겨 부음의 결과였다. 기나긴 종교 전쟁의 세기를 살았던 몽테뉴는 "나는 설명할 수 없고 숙명 지워진 힘을 알지 못한다"라며 한 발 물러섰다.[27] 그러나 17세기와 18세기의 계몽 사상가들은 그런 설명을 용납할 수 없었다. 그들은 도덕성에서, 사회에서, 정치적 삶에서 **과학자** 역할을 하고 싶어했다.

스코틀랜드 철학자 데이비드 흄(1776년 사망)이 다른 인간 존재와 공명하고자 하는 우리의 경향을 고찰한 목적 역시 그러했다. 뉴턴이 물리 세계의 법칙들을 발견한 데서 영감을 받은 흄은 **인간** 본성의 법칙을 파악하는 데 일생을 바쳤다. 다른 과학자들과 마찬가지로 실험(흄의 경우에는 사고 실험이었지만)을 하고, 개별적인 특수성이 결여된 보편 인간을 상정하면서 추상적인 개념을 다뤘다. 아리스토텔레스의 운동 법칙은 갈릴레오와 뉴턴에 의해 뒤집혔다. 둘은 (아리스토텔레스와 달리)

완벽하게 매끈한 공은 완벽하게 납작한 표면 위를 영원히 구를 거라고 상정했다. 비록 그런 공과 표면은 실재하지 않지만 말이다. 흄이 가정한 '인간 정신' 역시 단순화되었다. 가장 기본적인 요소들로 축소되었고, 어떤 특정한 맥락에서도 뜯겨 나왔다.

질량을 가진 모든 물체가 서로에게 이끌리는 중력 법칙과 동일하게, 흄은 우리가 타인의 감정과 생각(심지어 우리 자신의 감정과 생각에서 동떨어져 있더라도)을 느끼도록 이끄는 한 가지 법칙을 밝혀냈다. 그는 그것을 공감sympathy이라 일컬었다. 타인의 표정, 행동, 자세를 통해 우리는 그들이 어떻게 느끼는지를 안다. 그들의 감정을 "파악"하고 직접 느낀다. 사람들이 우리로부터 멀리 떨어져 있고 예절이나 도덕관념이 크게 다를 때, (비슷한 상황에서의 중력처럼) 우리의 공감은 미미하다. 하지만 우리가 우리와 매우 비슷한 사람들과 함께 있을 때 공감이 갖는 효과는 강력하다. 우리가 우리에게 소중한 사람과 가까이 있을 때, 우리는 그들의 감정을 "더없이 강하고 생생하게" 느낀다(2.1.11.6).[28] 선량하고 인정 있는 사람은 "친구의 아무리 작은 근심이라도" 더없이 예민하게 감지할 수 있다. 흄은 자신을 예로 들면서 이렇게 말했다. "내 심장은 [내 친구와] 동일한 열정을 느끼고, 그런 따뜻한 감정에 의해 데워진다." 이런 감정들은 무척 즐겁고 "내 안에 그것을 불러일으키는 모든 사람에 대한 애정을 일깨운다." 그 즐거움이 흄과 친구의 경우에서처럼 강력하다면, 그것은 곧 "사랑 자체"다(3.3.3.5).

달리 말해서 공감(오늘날의 쓰임새와는 전혀 다른)은 한마음에 일종의 스펙트럼을 만들어낸다. 그 스펙트럼 한쪽 끝에는 서로를 모르고 그리 비슷하지 않은 사람들 사이의 공감이 있는데, 이는 상당히 미약하다. 반대쪽 끝에는 우리와 가깝고 비슷한 사람들 사이에 존재하는 매우 강력한 공감이 있다. 하지만 그렇다고 해서 우리가 잘 아는 모든 사람이 우리에게 사랑을 일깨우지는 않는다. 오히려, 우리에게서 "사랑과 존경"을 끌어내는 것은 그들의 "미덕과 지식, 기지, 식견, [그리고] 좋은 유머감각"이다. 그 밖에 아름다움 같은 흠모할 만한 자질들 역시 그렇다(2.2.1.4). 타인이 또 다른 자아라는 감각은 어느 정도 기본적인 조건이다. 이는 사랑의 필수적인 **배경**이다. 하지만 상대가 사랑할 만한 자질들을 갖고 있지 않는 한, 이는 사랑이 아니다.

사랑은 독자적으로 존재할 수 있지만, 라디컬 분자*가 그러하듯이 자주 다른 감정들과 결합한다. 보통은 박애benevolence(이 단어는 키케로에게 대단히 중요했다)가 끼어드는데, 때로는 "생식을 위한 육신의 갈망" 즉 성교와 결합하기도 한다(2.2.11.1). 이런 수많은 감정들을 통해 하나로 모이는 이들이 지극히 한마음이라는 추론은 이치에 맞다. 흄은 오디세우스가 말한 결혼의 축복을 설명하기 위한 과학적 이론을 하나 제시했다.

* [옮긴이주] 짝지어지지 않은 홀전자를 가진 분자를 말한다. 전자가 짝지어지지 않았기 때문에 매우 불안정해 반응성이 높다.

오늘날 그 이론은 '감정이입empathy'에 관한 연구에서 이어지고 있다. 감정이입은 원래 예술작품을 감상하는 사람이 작품에 자신의 감정을 투사하는 경향을 가리켰지만, 심리학자들과 정신과 의사들이 이 단어를 가져다 타인의 감정을 느끼는 능력이라는 뜻으로 전용했다. 1991년, 이탈리아 파르마의 신경심리학자들은 원숭이에게서 '거울 뉴런'을 발견했다. 이 뉴런은 원숭이들이 어떤 동작을 직접 할 때만이 아니라 다른 원숭이가 그 동작을 하는 걸 **관찰할** 때도 활성화됐다. 이처럼 거울 뉴런은 처음에는 운동 기능의 미러링과만 연관됐지만, 일부 과학자들은 그것이 감정이입에도 관여한다고 주장했다. 신경과학자 마르코 이아코보니는 다양한 연구를 통해 "거울 뉴런 영역들, 섬,* 편도체[뇌의 영역들]가 얼굴에 나타나는 감정적 표현을 관찰할 때와 모방할 때 모두 활성화되었으며, 모방하는 동안 더 높은 활동성을 보였"음이 밝혀졌다고 보고했다.[29] 심리학자 얀 로스토프스키는 더 대담한 주장을 펼쳤다. 거울 뉴런이 "특히 사랑에 기반을 둔 가까운 상호 인간관계에서 무척 주요한 역할을 한다"는 것이다. 그리고 마치 네스토르와 오디세우스 간 한마음의 과학적 토대를 발견하기라도 한 것처럼 이렇게 말한다. "[거울 뉴런은] 공동 사업을 하는 데 … 실로 중요한 이런 복잡한 상호 인간관계에서 인내와 성공[을 보장하도록 돕는다]."[30]

* [옮긴이주] 회백질 조직의 얇은 끈으로 측두엽과 하두정피질을 분리한다.

그렇지만 결국 다른 자아라는 판타지는 다른 사람의 감정을 느끼는 **보편적** 소질보다는 같은 마음인 누군가를 **찾아낸다**는 생각에 기반한다. 만약 타인의 의도와 감정을 볼 때 우리의 거울 뉴런이 자극받는다면, 우리가 아무나 붙잡고 사랑에 빠지지 않도록 막아주는 것은 무엇인가? 설상가상으로 그 논리를 끝까지 밀어붙이면, 사랑에 대한 거울 뉴런 이론은 뉴런이 먼저 활성화되는 쪽이 사랑하는 상대의 감정과 의도를 결정한다고 주장하는 것이 된다. 이때 사랑의 불평등성은 인간에게 내재된 조건이 될 것이다.

공유된 베개

19세기 중반 이전까지 동성 친구들의 우정은 '로맨틱'할 수는 있었지만 그걸 '동성애적'이라고 하지는 않았다. 심지어 성교가 아주 배제되지 않는 경우에도 그랬다. 17세기 존 핀치와 토머스 베인스의 묘비에는 다음과 같은 감상적이고도 감탄 어린 비문이 쓰여 있다. "삶을 함께했으며 죽음을 맞아서도 헤어지지 않았다."[31] 핀치와 베인스가 맺었던 것과 같은, 우정(아마도 성애적인)과 형제애가 반반씩 섞인 관계는 19세기 초 미국에서 대단히 흔했다. 훗날 미국 국무장관이 된 대니얼 웹스터(1852년 사망)는 젊은 시절 제임스 허비 빙엄을 가리켜 "내 심장의 유일한 친구, 내 기쁨과 슬픔과 애정을 함께 느끼고 가장 내밀한 생각을 함께 나누는 유일한 사람"이라고 말했다. 아무래도 키케로와 몽테뉴를 읽은 게 분명하다. 당대에 일부 남성들은 더 깊은 친밀함을 드러냈다. 앨버트 도드는 친구인 앤서니 핼시와 종종 베개를 함께 썼다는 이야기를 했다. "그러고는 함께 잠들면 어찌나 달콤하던지. 사랑하는 그를 내 품에 안은 채 그의 팔을 내 목에 감고, 그의 얼굴에 달콤한 입맞춤을 하고!" 도드는 스스럼이 없었다. 그것이 '괴상한 queer' 관계이기는커녕 오히려 자기 계급 남성들에게는 정상적인 것이었기 때문이다. 한편으로는 어릴 적 경험(형제는 종종 같은 침대를 썼으니까)과, 다른 한편으로는 여자애나 어린 여자에게 느끼는 이른바 '풋사랑'의 연장선상에 있었기 때문이기도 하다. 남자들이 '불알친구'에게 자신이 좋아하는 여자에 관해 이야기하는 것은 무척 전형적이었다. 심지어 웹스터가 친구에게 보낸 서한에서 보듯 "네 작은 침대는 폭이 딱 좋고, 우리는 함께 법정에 설 테고, 마치 쪼개지 않은 호두와 다름없는 가까운 사이가 될 테니, 우리가 다시 함께 어울린다면"[32] 얼마나 이상적일까 하는 생각을 할 때조차 그랬다.

웹스터는 "위대하고 이상적인 우정과 은근한 남색의 속삭임 사이의 선"을 절대 넘지 않았다.[33] 그에게 성기를 통한 성애는 선을 넘는 것이었고, 이는 오늘날 일부 감정적 공동체에서도 여전히 치명적인 것으로 남아 있다. 소설(과 영화) 〈브로크백 마운틴〉에서는 궁핍한 삶에 익숙한 두 젊은 남자가 어느 긴

여름에 양 치는 일을 맡아 처음 만난다. 두 남자는 이야기를 나누고 식사를 같이하고 "서로의 의견을 존중한다. 둘 모두 예상치 못했던 말동무가 생겨 기뻐한다."[34] 두 남자는 점차 두 육신으로 나뉜 하나의 영혼(근대 이전의 사상가들이라면 이렇게 말했을 것이다)이, 이내 그 이상의 관계가 된다. "그들은 한 번도 섹스를 입 밖에 내지 않았다. 그저 그게 일어나게 했다." 침묵은 이를 용인 가능하게 한다. "난 동성애자가 아니야." 한쪽이 말했다. "나도 아니야." 다른 쪽이 말했다. 두 남자는 평생을 헤어졌다 만났다 하면서 한쪽이 맞아 죽을 때까지 함께했다. 두 남자는 서로를 '친구'라고 불렀다. 꼬리표를 잊으면 우리는 두 남자가 서로를 사랑했다고 말할 수 있을지도 모른다. 그들은 "하나 안의 둘"이었다. 그럼에도 둘 다 결혼했고 자식을 두었다.

웹스터 역시 그랬다. 차이점은 웹스터가 또래 남성들 대부분이 그랬듯이 열정적인 동성 우정을 포기했다는 것이다. 그것도 분명 후회 없이 말이다. 아마 웹스터는 처음부터 그렇게 되리라는 것을 예상했을 것이다. 심지어 빙엄과 함께하는 삶을 열망할 때조차, 한편으로는 자신들의 다정한 대화가 "거의 어린애 같다"고 느꼈으니까.[35]

하지만 웹스터의 시대를 살았던 여성들은 "어린애 같은" 우정을 포기하지 않았다. 세라 버틀러 위스터와 지니 필드 머스그로브를 떠올려보자. 두 사람은 10대 때 처음 만나 평생을 가깝게 지냈다. 상황 때문에 어쩔 수 없이 헤어져야 했을 때는 열정적인 편지를 주고받았다. "나는 [다음 주에] 완전히 혼자일 거야." 세라의 편지다. "널 간절히 원하는 내 마음은 이루 말할 수가 없어." 한편 지니가 쓴 편지는 이렇게 시작한다. "친애하는 소중한 세라! 내가 널 얼마나 사랑하는지, 그리고 내가 얼마나 행복했는지! 넌 내 삶의 기쁨이야." 둘 모두 상대가 늘 자신에게 행복을 빌어주기를 바랐지만, 지니의 다음 편지에서 보듯 때로는 상대에게서 확신을 얻고 싶어했다. "다음번 편지에서는 내가 네게 가장 소중한 사람이라는 걸 확실히 알려줬으면 해. … 네가 말하는 걸 한 번 더 듣고 싶어. … 그러니 한 장의 반의반은 나에 대한 애정과 내 소중함을 표현하는 말들로만 채워줘."[36] 역사가 캐럴 스미스로젠버그는 세라와 지니 같은 수많은 여성들을 연구했다. 비록 그들 모두 중산층 출신이기는 했어도 살아온 환경과 지역적 배경은 제각기 다양했다. 그들 중 거의 모두가 결국은 아내이자 어머니가 됐지만, 그럼에도 유년기 집에서 결혼 후의 집으로 순조롭게 옮겨 가기 위해 그들은 다른 여성들에게 실질적으로, 또 감정적으로 의지했다. 그들은 성인이 되어서도 열정적인 우정을 포기하지 않았다.

하지만 21세기에는 자립에 대한 욕망이 '제2의 자아'를 찾는 기쁨을 넘어설 수 있다. 나폴리를 배경으로 한 엘레나 페란테의 소설에서, 레누와 릴라는 어린 시절이던 1950년대에 가난한 동네에서 처음 만난 이래 어른이 되어서도 친구로 지낸다. 화자는 이제 60대가 된 레누다. 이야기는 어린 시절의 담력 시합으로 시작된다. 릴라가 뭔가 위험한 일을 먼저 시작하면 레누는 "쿵쿵대는 심장을 안고" 그 뒤를 따른다. 하지만 가장 겁나는 모험에서 릴라가 레누의 손을 잡았을 때, "이 몸짓은 우리 사이의 모든 것을 영원히 바꿔놓았다."[37] 두 사람은 떨어질 수 없는 관계인 동시에 적대적인 관계가 되어, 크고 작은 방식들로 경쟁한다. 릴라는 자신의 탁월함과 오만함으로 레누에게 굴욕을 주고, 레누는 릴라를 우러러보며 따라잡으려 애쓴다. 두 소녀 모두 서로를 사랑하는 동시에 미워했다. 어른이 된 후, 릴라는 사적인 글들이 든 상자를 레누에게 맡긴다. 레누는 (절대 읽지 말라는 당부를 받았음에도) 그것을 읽고, 몇몇 단락들을 외우고, 심지어 "속은 기분이 드는" 와중에도 릴라에게 감탄한다. 결말에 이르면 레누는 "릴라가 내 위에 그리고 내 안에 존재하는 느낌을 더는 견딜 수 없어서" 아르노 강에 상자를 던져버린다. 여기서 우리는 두 영혼의 뒤섞임을 보지만, 레누에게 그것은 견디기 힘든 무엇이었다.

✧

〈인라이트든드〉에서 에이미 젤리코는 자신과 샌디가 최고의 친구라고 생각하며 이렇게 말한다. "친구란 나를 진실로 이해하는 사람, 나를, 내 모든 면을 보는 사람, 심지어 나도 몰랐던 나 자신을 내게 보여줄 수 있는 사람이다. … 새로 찾은 내 동류다." 이는 다른 자아에 대한 판타지다. 에이미와 샌디가 공항에서 만났을 때, 두 사람은 서로를 꼭 끌어안고 마치 아리스토파네스가 묘사한 인류의 원형처럼 팔다리를 맞추어 춤을 춘다. 하지만 이 에피소드 마지막에 이르러서 에이미는 샌디에게 이렇게 토로한다. "넌 나를 거의 몰라. … 네가 나에 관해 절대 알지 못할 것들이 있어. 내가 너에 관해 절대 알지 못할 것들이 있는 것과 마찬가지로."

호메로스에게 한마음이라는 개념은 군사 전략이나 가정을 꾸리는 것 등 공동 사업과 관련이 있었다. 두 음악가가 이중주를 하듯, 친구들과 배우자들은 각자 자신이 맡은 역할을 수행하면서 조화를 이룬다. 한편 권력이라는 노골적인 문제를 무시할 수 없었던 플라톤은 완벽한 융합을 신화를 통해 제시하고자 했다. 하지만 아리스토텔레스에 이르러 우정은 비록 드물고 경이롭긴 하나 다시 현실적인 문제로 돌아왔다. 친구들은 서로의 다른 자아인데, 무엇보다도 이성적 존재로서 가진 역량을 함께 계발하기 때문이다. 이는 미덕에 대한 아리스토텔레스의 정의이기도 하다.

그리고 이는 몽테뉴의 시대에 이르기까지 '다른 자아'를 찾는 기본 틀 역할을 했다. 비록 미덕이라는 개념은 곧 기독교화되지만 말이다. 그 후 엘로이즈 같은 이들은 "품성과 관심사에서의 닮음"의 중요성에 대해 매우 개인적인 입장을 취했다. 하지만 흄과 이후 사람들의 저술에서 미덕에 대한 기독교적 정의는 다수 대중과 동떨어진 무언가가 된다. 이후 '다른 자아'에 대한 판타지는 새로운 발판을 찾아야 했다. 거울 뉴런은 한마음을 자연적인 기본 조건으로 만드는 듯했다(지금도 그렇다). 마침내 여자들은 동등한 운동장에서 남자들을 만났다. 거울 뉴런은, 극단까지 밀어붙이면, 인간의 모든 것, 즉 행위, 의도, 목표, 감정 등을 타인이 느낄 수 있다는 의미에서 전체주의를 연상케 할 것이다. 하지만 이때 그 타인의 '자아'에는 무슨 일이 일어나는가? 심지어 라 보에티와 "두 육신으로 나뉜 하나의 영혼"의 즐거움을 누린 몽테뉴조차 거기에는 의혹을 품었다. 그리하여 그는 친구의 글을 가장해 그 의혹을 드러냈다.

어찌 됐든 거울 뉴런은 우리 심리의 한 부분일 뿐이다. 종종 우리 인간이라는 고집스러운 존재들은 과학적으로 보이는 뇌회로의 법칙을 따르는 것조차 거부하곤 한다. 가령 폭탄에 양다리를 잃은 아프가니스탄의 한 택시 운전사는 많은 사람들에게서 무시를 받았다고 말했다. 그들은 다리를 잃은 감정을 함께 느끼지 않는다(운전사를 볼 때 머릿속 거울 뉴런은 활성화될지라도). 반대로, 손가락질하며 경멸하고 싶어한다.[38] 〈인라이트튼드〉에서 에이미는 샌디와 같은 생각을 가진 척하지만, 결국에는 자신의 기만을 인정한다.

아리스토파네스의 신화는 오늘날에도 굳건히 자리를 지키고 있다. '쌍둥이 불꽃'이라는 오컬트 개념에서도 그 믿음을 어렵잖게 볼 수 있다. "천지가 창조되었을 때 우리 각자에게는 한 힘의 근원을 공유하는 쌍둥이 불꽃이 존재했다"라는 믿음이다.[39] 한마음 판타지는 이제 조화로운 합의 아래에서의 공동사업이라는, 원래의 좁은 의미를 떠났다. 플라톤이 남녀 시민 모두를 결합하는 평등주의적 이상으로 간략하게 제시했던 그것은 곧 로마와 기독교 집단 내의 '남성 기득권 집단'의 특권으로 (대체로) 방향을 틀었다. 흄이 '공감'으로, 몇몇 과학자들이 감정이입으로 보편화한 그것은 오늘날에도 그 맥을 잇고 있다. 그런 역사를 감안하면, 한마음을 한 번쯤 더 돌아봐도 좋을지 모른다. 우리는 어떤 유형의 한마음을 뜻하거나 원하는가?

초월

Transcendence

1967년 빌보드 리듬 앤드 블루스 차트에서 1위를 차지한 재키 윌슨의 '(당신의 사랑은 나를 끌어올리네) 높이 더 높이'는 우리를 고양시키는 사랑의 위력을 표현한다. 더 높이, 더 높이. 이 부분을 노래할 때, 윌슨의 목소리는 성층권에 닿을 듯한 가성으로까지 높아진다. 그가 평소 쓰는 인간적인 수준의 테너로는 도저히 다다를 수 없는 것이다.[1]

하지만 왜 '더 높이'인가? 왜 사랑은 우리를 땅에 붙들어 매지 않는가? 왜 우리를 뿌리내리게 하지 않는가?

이것이 내가 사랑의 '초월적 판타지'라 부르는 것이다. '진정한 사랑'은 우리를 고양시켜 일상적인 수준 너머로 데려가리라는 관념이다. 우리는 이를 마크 샤갈의 〈생일〉(1915)에서 볼 수 있다. 그림에서 두 연인(실은 샤갈 자신과 약혼자인 벨라)은 황홀한 입맞춤에 몰두해 소박한 아파트의 붉은 바닥 위로 둥실 떠오른다. 나중에 샤갈과 결혼한 벨라는 그 눈부신 순간을 이렇게 묘사했다. "당신은 천장으로 솟구쳤어요. … 그 후 우리는 화려하게 꾸며진 방 위를 둥둥 떠서 날았지요. 창밖에서 한 조각 구름과 파란 하늘이 우리를 불렀어요. 밝게 칠해진 벽들이 우리 주위를 소용돌이쳤어요. 우리는 꽃이 핀 들판 위로, 덧문이 내려진 집들 위로, 지붕들, 정원들, 교회들 위로 날아갔지요."[2]

사랑은 초월한다. 사랑은 우리를 따분한 일상 너머로 끌어올린다. 평범한 방은 열정적인 두 연인이 뛰어넘는 한계이자 배경이 된다.

하지만 사랑이 왜, 그리고 어떻게 이런 일을 하는지를 보여주는 플라톤의 《향연》에서는 윌슨과 샤갈이 예찬하는 종류의 초월이 경시된다. 그것은 그저 훨씬 좋고 훨씬 높은 것으로 향하기 위한 출발점일 뿐이다. 그리고 바로 그 지점, **인간의** 사랑을 넘어선 사랑에 바로 서구 사상과 전통의 무게가 놓여 있다.

엄밀히 따지자면 플라톤은 《향연》에서 직접 말하지 않는다. 플라톤이 존경해 마지않는 소크라테스조차 무대 중앙을 차지하지 않는다. 정확히 말해서 소크라테스는 여사제인 디오티마의 입을 빌려 말한다. (소크라테스가 말한 바에 따르면) 디오티마는 소크라테스에게 이 문제를 너무도 어렵고 복잡하게 강론한 나머지 그가 이해할 수 있을지조차 확신하지 못한다. 다른 모든 등장인물들이 주장하는 바와 달리, 디오티마는 사랑(**에로스**)이 신이라는 것을 부정한다. 사랑은 정령daemon이고, 정신spirit

이며, 인간과 신을 잇는 일종의 중개인이다. 사랑의 어머니는 욕구(늘 무언가를 갈구하고 있는)의 정령이고, 아버지는 수완의 정령이다. 하여 사랑은 제 어머니처럼 늘 자신에게 필요한 것들, 즉 지혜, 아름다움, '좋음good' 같은 것들을 갖고자 애쓰고, 또 제 아버지처럼 늘 그것을 얻을 영리한 방법을 찾아낸다. 사람들이 "사랑에 빠졌다"고 할 때 그 진정한 의미는 **에로스**로부터 영감을 받아 "좋음을 영원히 소유하고" 싶어한다는 것이다(206a).[3] 인간에게 이를 이룰 방법은 하나밖에 없으니, 자신들이 원하는 좋음을 '낳는' 것이다. 그리하여 디오티마는 사랑의 목적에 대해 이렇게 이른다. "아름다움을 낳는 것이다. 육신으로든 아니면 영혼으로든."(206b) 여기서 아름다움을 일컫는 플라톤의 단어, **칼론kalon**은 육체적으로도 윤리적으로도 좋은 모든 것을 일컫는다. 오직 사랑만이 인간들에게 "좋음을 **영원히**" 소유할 가능성을 준다. 아이는 "언젠가 죽을 수밖에 없는 존재인 인간이 불멸성 대신 가진 것"이다(207a).

디오티마가 말하는 '아이'는 다른 이들이 일상적으로 쓰는 의미의 '아이'와는 다르다. 디오티마는 이렇게 말한다. 임신은 누구나 한다. 즉 모두가 무언가를 낳는다. 그러나 그들이 미래에 낳게 될 아이에게 삶을 주려면, 말하자면, 그들은 사랑해야 한다. "육체적으로" 잉태한 남자는 여자를 사랑하고 아들이나 딸을 낳을 것이다. 디오티마가 이어 말하기를, 하지만 그것은 영원히 지속될 내세를 얻는 최고의 방법이 아니다. 아이들은 병에 걸려 죽을 수도 있다. 설혹 살아남더라도 그들 자신의 아이를 낳지 않을 수도 있다.

이는 여자가 하는 말치고는 무척 기묘하게 들린다. 고대 그리스에서 여성의 영역은 가정이었고, 주된 역할은 아이를 낳는 것이었다. 하지만 이 허구의 여성은 평범하지 않다. 디오티마는 사제이므로 성관계를 삼가는 것, 따라서 생식도 삼가는 것이 의무다. 그렇다면 디오티마가 언젠가는 죽고 말 인간 아이를 낳는 것보다 더 나은 해법을 제시하는 것도 이해할 법하다. 디오티마의 말에 따르면, 어떤 아이들은 영혼으로부터 태어나기 때문이다. 육신이 임신한 것이 아닌, 이처럼 영혼이 임신한 이들은 "아름답고 고귀하고 잘 구성된 영혼", 그들을 "미덕에 대한 개념들과 논쟁들로 즉시 넘쳐나게"(209b-c) 만들 누군가를 찾으려 할 것이다. 디오티마는 연하 연인의 도덕적 수양을 책임지는 아테네식 연인을 염두에 두고 있는 듯하다. "미덕에 대한 개념들과 논쟁들"은 딸이나 아들을 낳는 것보다 더 좋은데, 개념은 죽는 일이 거의 없기 때문이다. 하지만 여기에조차 약점은 있으니, (플라톤이 대화에서 계속 보여주듯이) 개념과 논쟁은 거의 늘 옆길로 새거나 불완전한 상태로 남는다는 것이다.

따라서 연인들은 아름다운 영혼에서 멈추지 않을 것이다. 그것은 결국 타인에게 속한 것이므로. 그들은 위로 오르는 길을 밟아야 한다는, "사랑의 사다리"를 올라야 한다는 깨달음을 얻을 것이다. 그 첫 계단은 아름다운 육신에 대한 사랑이고, 그들은 분명 거기에 발을 올릴 것이다. 하지만 거기서 곧 다음 계단으로 옮겨 갈 것이다. 모든 아름다운 육신은 서로 동일하기 때문이다. 플라톤은 심지어 본성과 성품에서도 개인차의 중요성을 부인하고 있다. 이는 마치 달에서 인간 존재를 내려다보는 듯한 관점이다. 그리고 정확히 그것이 플라톤의 의도였다.

연인들은 육신의 아름다움을 넘어 한참 더 높이, 법률과 지식을 비롯해 도덕적으로 가치 있는 모든 것을 찾게 될 곳으로 올라가야만 하기 때문이다. 사다리의 발판들(육신에서 영혼으로, 법률로, 개념으로)은 사랑의 올바른 순서를 나타낸다. 하지만 최종 목표에 도달하려면 연인들은 그 모든 것을 뒤에 남겨두어야 한다. 최종 목표란 "그 본질이 경이롭도록 아름다운 무언가"이다. 이 무언가는 "늘 **현재**일 뿐, 절대 미래도 과거도 아니랍니다. … 이는 다른 어디에도, 다른 무엇에도 존재하지 않지요. 동물에도, 지상에도, 천국에도, 다른 어떤 무엇에도 있지 않아요. 그저 그 자체로서 혼자 존재할 뿐입니다."(211a-b) 마침내 연인들은 궁극의 사랑하는 대상과 "함께하고"(여기서 플라톤은 성교에도 쓰이는 용어를 사용한다) 그것과 "함께" "참된 미덕"을 낳는다(212a). 사랑은 따라서 모든 흠결과 일시적인 아름다움과 필멸성을 지닌 한 인간을 "인간의 살결이나 피부색을 비롯해 필멸의 다른 어떤 그럴싸한 허섭스레기에도 오염되지 않으며, 절대적인, 순수한, 불순물 없는 아름다움 그 자체"로 이끈다(211e). 디오티마는 이렇게 말을 맺는다. 만약 누군가가 불멸이 될 수 있다면, 이 높은 곳까지 사랑을 따라간 연인일 거라고.

디오티마는 어떻게 "필멸의 허섭스레기"라는 말을 할 수 있을까? 이는 고대 세계의 일반적인 가정들에 대놓고 맞서는 무척 강한 표현이다. 고대에 유아의 죽음은 삶의 변치 않는 진리였고, 따라서 누구에게나 결혼해 인구 증식에 기여할 것이 요구됐다. 필멸인 아이들을 갖는 것은 대단히 존중받는 탁월한 업적이었다. 분명 남자는 자제력을 발휘하고 지나치게 많은 성관계를 갖지 않는 것이 적절하게 여겨지기는 했다. 의사들의 말에 따르면, 너무 잦은 성교는 남성의 영혼에서 활력을 앗아가기 때문에. 하지만 어떤 남자도 부부의 침대를 거부해서는 안 됐다. 재생산은 필수적인 일이었고, 거기에 성적 흥분이 동반하느냐 아니냐는 중요하지 않았다.

재생산에 대한 명령은 플라톤 시대로부터 거의 천 년이 지나 로마 제국이 지중해를 포위하고 사방으로 촉수를 펼칠 때까지도 힘을 잃지 않았다. 고대 그리스에서 그랬듯 로마 사회에서도 결혼과 재생산은 필수적인 사회적 의무로 간주됐다. 일반적으로 감정과는 무관한 이유로 이루어진 계약 관계라 해도, 결혼은 안정적이고 행복하고 조화롭고 평화로우리라고, 그리고 물론 사랑이 있으리라고 기대됐다. 여기서 시인 루크레티우스(기원전 약 55년 사망)가 묘사한, 근래 별세한 어느 가장을 추모하고자 모인 문상객들의 조사弔詞를 들어보자.

문상객들은 말한다. "그대 가정은 두 번 다시 그대를 마중하는 기쁨을 누리지 못할 것이다. 가장 좋은 아내는 두 번 다시 귀가한 그대를 반기지 못할 것이다. 그대가 아끼던 아이들은 두 번 다시 그대의 첫 입맞춤이라는 보상을 놓고 다투지 못할 것이며 이루 말로 표현할 수 없는 심오한 기쁨으로 그대의 심장을 두드리지 못할 것이다."[4]

이것은 틀림없이 전형적인 감상이었을 테고, 따라서 루크레티우스가 에피쿠로스 학파식으로 조롱하기 딱 좋았다. 죽은 사람은 아무것도 느낄 수 없다고, 루크레티우스는 지적했다.

3세기 무렵 이 사회에 상당히 깊숙이 침투해 있던 기독교는 이런 고대의 가치들을 전복하기보다는 더 높고 절대적으로 초월적인 사랑 아래에 집어넣었다. 비록 디오티마가 약속한 바와는 달랐지만. 아닌 게 아니라 결과적으로 그리스도는 디오티마가 말한 **에로스**의 자리를 차지했으니, 기독교 사상에서 연인이 불멸의 지위에 오르는 데 중재자 역할을 한 것은 대체로 그리스도였기 때문이다.

산발적인 박해가 일어나던 상황에서 수많은 기독교도들은 처음에 순교를 그리스도의 발자취를 좇아 영생을 얻는 방법으로 여겼다. 순교의 초월적 가능성을 명확히 보여준 예는 성 페르페투아였다. 약 200년경에 기독교도로 개종한 지 얼마 안 된 젊은 어머니였던 페르페투아는 제국의 억센 손아귀에 붙들려 처형을 기다리는 동안 자신이 겪은 일들을 글로 남겼다. 감옥으로 면회를 온 아버지는 딸의 마음을 돌리고자 간곡히 설득한다. "네 형제들을 생각하렴. 네 어미와 네 이모를 생각하렴. 너 없이는 살지 못할 네 아들[젖도 못 뗀 갓난아기]을 생각하렴."[5] 하지만 페르페투아의 눈은 천국에 못 박혀 있다. 그녀 앞에는 실제로 그녀 자신만이 볼 수 있는 사다리가 놓여 있었다. 비록 이 사다리는 (디오티마의 것과는 달리) 폭이 좁고 가장자리가 날카로운 "검들, 창들, 갈고리들, 칼들, 단검들"로 이루어져 있어서 "부주의하게 올라가거나 위쪽을 잘 보지 않으면 살점이 조각조각 찢겨 철제 무기들에 꿰이게" 되어 있었지만 말이다. 실제로 페르페투아는 "위를 바라보았다." 그리고 "예수 그리스도의 이름으로" 사다리를 올라갔다. 사다리 꼭대기에서 "드넓은 정원과 머리가 하얗게 센 … 양치기 옷차림을 한 덩치 큰 남자가 양젖을 짜고 있는 것을" 보았다(고 전했다). 바로 그가 그리스도였다. 하얗게 센 머리는 요한계시록 1:13-14를 반영한다. "나는 예수 그리스도 같은 이를 보았다. … 그의 머리와 머리카락은 흰 양털처럼, 눈처럼 희었다." 그는 페르페투아에게 맛있는 치즈를 주었고, 흰옷을 입은 수천 명의 사람들이 페르페투아를 반겼다. 이 환영을 본 직후, "신의 뜻을 받들어" 페르페투아는 자기 아이에게는 더는 젖이 필요하지 않다고, 그래서 아이를 남겨두고 떠날 수 있었다고 적었다.

천사들이 "오르락내리락하고"(창세기 28:12) 있던 야곱의 사다리와 디오티마의 사랑의 사다리는 페르페투아의 환영에서 하나로 뭉뚱그려졌다. 페르페투아의 사다리에서 새로운 점은 그것을 오르는 데 따르는 비통한 감정적 고통이었다. 그리고 그 결과는 위험하지만 궁극적으로는 황홀한 상승이었다. 천사들이 수월하게 오르내리던 야곱의 사다리는 오르는 데 아무런 노력도 필요치 않았다. 비슷하게, 디오티마가 제시한 사다리를 오르는 연인은 원래의 "아름다운 육신"을 세속적인 존재의 다른 모든 허울과 함께 뒤에 남겨두고 문제없이 떠날 수 있었다. 그러나 페르페투아의 사다리 오르기는 그처럼 태평하지 못했다. 아무리 페르페투아가 항상 위를 올려다보고 있다 해도, 사다리의 날붙이들은 육신과 정신의 고통을 상징했다.

페르페투아는 자신이 단지 가족과 모성(로마 가정의 안주인이라는 바로 그 정체성에 핵심적이었던)만이 아니라 성별 또한 초월하게 될 것임을 이해했다. 그녀는 자신을 갈가리 찢어발기려 하는 사나운 야수들과 함께 경기장에 있는 환영을 보았다. "그리고 나는 발가벗겨졌고, 남자가 되었습니다." 남자의 몸으로 "역겹게 생긴 한 이집트인과 몸싸움을 해야 했습니다." 이윽고 적을 무찌른 페르페투아는 승자가 되어 로마 군중에게서 환영받았다. 그는 "삶의 문*을 향해 의기양양하게 걸음을 떼어놓는" 순간 잠에서 깨어났다. 하지만 그 순교에 대한 해설서를 쓰면서 거기에 페르페투아의 '일기'를 삽입한 익명의 동시대인은 성전환을 암시하는 내용이 아무래도 마음에 들지 않았

* [옮긴이주] 고대 로마에서 검투사들이 지하 터널을 지나 콜로세움으로 들어가던 문.

던지, 페르페투아가 순교하던 날 여명이 밝아오고 모든 죄수들이 기쁨에 차 원형 경기장으로 행진할 때, "페르페투아는 그리스도의 아내이자 하나님의 신부로서, 빛나는 얼굴과 차분한 발걸음으로 그 뒤를 따랐다"고 덧붙였다.

그로부터 한 세대 후, 기독교가 제국 구석구석 스며들기 시작하고 박해가 종식을 앞둔 시점에서 새로운 유형의 순교가 윤곽을 드러냈다. 순결이었다. 이는 심지어 초기 기독교의 맥락에서도 자연스럽지 않은 무언가였다. 기독교는 결코 물질 세계와 인간 육신을 완전히 부정할 수 없었다. 그것은 육신의 형상을 한 신성이라는 개념에, 물을 포도주로 바꿀 만큼 인간의 결혼식에 관심이 있고 사도들에게 저녁 식탁 위에 놓인 빵과 포도주가 자신의 육신이며 피라고 말한 신에 뿌리를 두었기 때문이다. 하지만 다른 한편으로 그리스도는 십자가에서 고난을 겪었고, 점차 육신을 부정하는 것이 기독교도로서(적어도 영향력 있는 성직자들과 그들의 말에 귀를 기울인 사람들로서는) 삶을 영위하는 가장 좋은 방식으로 여겨지게 됐다. 사제이자 성서 해석학자였던 오리게네스(253년 사망)는 플라톤의 《향연》을 잘 알았고, 그 자신이 플라톤주의자였다. 그럼에도 오리게네스는《향연》에 등장하는, (그가 지적한 바에 따르면) 음식을 입안 가득 욱여넣고 포도주를 벌컥벌컥 마시면서 이루어지는 **에로스** 논의를 조롱했다. 그는 성경의 아가雅歌를 해석하면서 육욕을 영적 사랑과 구분하고, 디오티마의 사다리에서 첫 발판을 완전히 건너뛴다. 비록 육신에 묶여 있을지언정 영혼은 이 세계에 살지 않는 "속사람inner man"은 사랑에 의해 "지상으로부터 저 높디높은 천국으로" 이끌린다.[6] 속사람은 "육욕의 죄악에 몸을 던져 오만함의 험지로 추락하는" 부류가 아니다. 오리게네스를 비롯한 많은 이들은 순결을 천국과 지상을 비끄러매는 매듭으로 이해했다. 디오티마의 첫 발판, 즉 아름다운 육신에 대한 사랑은 이런 기독교도들에게 단순한 실수를 넘어서는 큰 잘못이었다. "육신을 사랑하는 자는 영혼의 사랑을 얻지 못하리라." 오리게네스 같은 기독교도에게 다른 인간 존재와 입맞춤을 나누며 황홀경에 빠져 도시 위를 둥실둥실 떠다닌다는 것은 상상도 할 수 없는 일이었다. 그가 아가를 영적으로 해석한 것은 조금도 놀랍지 않다. 유대인 해석학자가 그것을 하나님과 이스라엘 사이의 대화로 이해했듯이 오리게네스는 그것을 그리스도와 교회가, 말씀과 인간 영혼이 함께 부르는 사랑의 이중창으로 만들었다.

4세기 말 기독교가 로마제국 국교로 공식 선포됨에 따라 순교자들은 자기희생이라는 선택지를 잃고 말았다. 하지만 그리스도의 괴로운 발자취를 좇으려는 충동은 기도와 내핍이라는 새로운 종교적 움직임으로 이어졌다. 처음에는 종교적 은둔자들(혼자 살거나, 거의 혼자에 가깝게 살았다)이, 이어 수도사들(공동체를 이루어 함께 살았다)이 등장했다. 수도원들은 이런저런 규칙과 관습에 지배되었다. 서기 약 800년 이후로 서구에서 널리 채택된 성 베네딕트 규칙서는 수도원들이 제각각 필요, 관심사, 욕망에 맞게 해석할 수 있는 뼈대를 제공했다. 중세 유럽 수도원들이 누렸던 압도적인 특권과 권력을 감안하면 이 규칙서는 거의 중세 유럽 문명 전체의 시금석 역할을 했을 것이다. 비록 이 규칙서에서는 사랑의 초월적 가능성들이 거의 드러나지 않지만, 그럼에도 존재했다는 사실이 중요한 이유가 바로 거기에 있다. 우리는 '겸손함'이라는 예기치 못한 지시문 아래에서 사랑의 초월적 가능성을 찾게 된다. 그것은 "무릇 자기를 높이는 자는 낮아지고 자기를 낮추는 자는 높아지리라 하시니라"(누가복음 18:14)라는 (상식을 뒤집는) 성서의 주장에서 영감을 받았다. "그러니, 형제들이여." 베네딕트는 이렇게 썼다. "우리가 … 이 현재의 삶에서 겸손함을 통해 천국으로 재빨리 올라가고 싶다면, … 야곱의 꿈에 나타났던 사다리를 세워야 합니다."(7.5-6)[7] 수도사들과 수녀들은 자신의 의지를 부정하고 대신 그 자리에 규칙서와 수도원장(수도원 최고위직), 하나님에 대한 복종을 올려놓음으로써 이 사다리를 한 칸 한 칸 올라갔다. 처음에 베네딕트에게 이 상승을 이끈 감정은 사랑이라기보다는 두려움이었다. 기독교적 시각에서, 아담과 이브가 천국에서 추락했을 때 인류는 사랑하는 하나님에게 등을 돌렸다. 따라서 사다리를 오르는 수도사들과 수녀들은 우선 하나님의 분노를 두려워해야 했다. 하지만 사다리를 한 칸 한 칸 올라가면서 다른 감정들이 합류한다. 고통, 희망, 죄의식, 낮은 자존감. 그러다 마침내 사다리 꼭대기에서 "'온전한 사랑이 두려움을 내쫓는' 하나님의 자애"(1 요한 4:18)에 도달할 것이다. 처음에는 두려움에서 행해진 모든 복종이 이제는 "조금도 애쓰지 않고 마치 습관처럼 자연스럽게, 더는 지옥에 대한 두려움 속에서가 아니라 그리스도의 사랑 안에서"(7.67-9) 행해진다. 수도사는 감정적 탈바꿈을 겪게 될 것이다.

신의 사랑

베네딕트 규칙서에서 "그리스도의 사랑"은 에로틱한 사랑의 대립항으로 세워졌다. 시토회(베네딕트회에서 갈라져 나왔지만 다른 체계에 따라 운영된 수도회로, 12세기 이후에 번성했다)는 종교적 사랑에 처음으로 육신의 날카로운 유동성과 맹렬한 열기를 주입한 축에 속했다. 그들은 하나님을 향해 오르는 과정을 성애적 경험으로 만들었다. 이는 의심할 바 없이 부모들이 자식들을 수도원에 의탁하는, 당시 폭넓게 퍼져 있던 '봉헌' 관행에 대한 시토 수도회의 거부감과 관련이 있었다. 그런 관행과는 대조적으로 시토 수도사들은 시토회의 수많은 수도원들에 입회했을 때 이미 속세의 방식과 성애적 유혹과 가능성을 익히 아는 성인 남성이었다. 그들은 성적 욕망과 불타는 열정, (4장 주제인) 집착적 사랑의 감정들을 문헌을 통해서만이 아니라 직접적인 경험으로도 알았다.

당시 가장 영향력 있는 인물로 손꼽히는 시토 수도원장 성 베르나르(1153년 사망)는 성경의 아가를 상세히 해설하면서 그것을 이용해 속세를 초월한 세계의 즐거움과 감각적 쾌락을 칭송했다. 아가가 하나님과 영혼 사이의 사랑을 찬양한다는 개념을 출발점 삼아, 바라고 갈망하는 육신의 감각들을 영혼에 부여했다.

(규칙서에서 보듯) 멈춘 영혼을 움직이는 불씨, 즉 두려움이라는 동기에서 첫 발을 뗀 영혼은 자아와 세계에 대한 잘못된 사랑을 극복한다. 아가 첫 행의 약속을 열망한다. "내게 입 맞추기를 원하니."(아가 1:2)[8] 하지만 그건 너무 빠르다고, 베르나르는 꾸짖는다. 비록 그대가 아가의 "신부"라 해도 지금은 걸음마 단계일 뿐이고, 아직은 그렇게 높이 올라갈 수 없다고. 디오티마의 사다리는 아름다움의 본질에 관한 잇따른 깨달음을 요구했고, 페르페투아의 사다리는 위험으로 가득해서 목표에 온전히 집중할 것을 요구했다. 이 둘과는 대조적으로 베네딕트 규칙서를 따르는 베르나르의 상승은 자발적 고행을 요구한다. 우리는 말 그대로 바닥에서 시작해야 한다. 쓰디쓴 참회의 눈물을 흘리고 깊은 한숨을 내쉬고 후회로 흐느끼며 신랑의 입맞춤을 받을 준비를 해야 한다. 그 후 "땅바닥에 엎드려 [그리스도의] 발을 붙잡고 그 위에 부드럽게 입을 맞추고 눈물을 뿌리고 그리하여 그 발이 아니라 그대 자신을 씻겨야 합니다. … 하지만 그때조차, 그대는 수치심과 슬픔으로 가득한 얼굴을 감히 들어 올리지 못합니다. '네 죄 사함을 받았느니라'(누가복음 7:48)라는 말씀을 듣기 전까지는."(1.17) 거기다 아직 할 일이 더 남았다. 그대는 좋은 행동으로써 사다리를 계속 올라야

하고, 그리하여(아직은 입술에 입맞춤을 받을 자격이 없으므로) 그리스도의 손에 입을 맞출 수도 있다. 마침내 그대는 "무한한 즐거움"을 누릴 준비가 된다. 입술의 입맞춤, 즉 신이 자신을 영혼에게 드러내는 순간(1.20)이다.

따라서 초월은 심약한 자들이 감히 추구할 수 있는 것이 아니다. 하지만 그 결과는 다산의 축복이다. "입술의 입맞춤"은 어찌나 강렬한지, "신부는 그것을 받자마자 잉태하고 잉태의 비옥함으로 가슴이 둥글어지기" 때문이다. 베르나르는 동료 수도사들에게 그들이 때때로 이런 경험을 누린 적이 있음을 상기시킨다. 제단에 다가갈 때 영혼이 몹시 건조하고 목마른 그들은 하나님 은총이 자신들에게 스며들어 "건조하고 미지근한" 심장에 물을 주는 것을 느낀다. 거기서 쏟아져 나오는 "달콤한 다산의 젖"은 불가피하게 죽음으로 끝날 수밖에 없는 "감각적 열정"의 창백한 쾌락보다 한층 더 경이롭고 훨씬 오래간다(1.58, 60).

그렇다 해도 입맞춤, 잉태, 부풀어 오른 가슴은 어디까지나 최종 목표의 전주곡일 뿐이다. 신랑은 이제 영혼을 자기 침실로 끌어들인다. 베르나르 자신도 "이따금 거기 들어가는 행복을 누렸습니다. 이런! 그런 때는 얼마나 희귀하고, 그 머무름은 얼마나 짧은지요!"(2.38) 그런 기쁨들은 오로지 천국에서만 영원할 수 있다.

향유, 한데 모여 활짝 핀 꽃들, 달콤한 맛을 환기시키는 아가는 노골적으로 관능적이고, 베르나르는 그 성애적 심상을 기꺼이 확장시킨다. 베르나르의 해설에 따르면 하나님의 연인을 얄팍하지만 강력한 속세의 쾌락에서 꾀어낼 방법이 그것뿐이기 때문이다. 베르나르는 상승을 위해 일종의 동종요법을 처방한다. 하나님의 성애는 침대의 그것을 압도한다. 디오티마의 체제에서 영혼은 절대적인 아름다움과 결합하기 위해 필멸인 세계의 모든 타락한 것을 뒤로하고 사다리를 오르지만, 베르나르의 체제에서는 신의 침실에 도달하기 위해 온 세상의 향수들까지 이용한다.

베르나르 같은 중세 신비주의자들은 교육 받은 남성 엘리트 사이에서 그 수가 적지 않았고, 보다 배움이 부족한 이들에게 영향력을 발휘했다. 여성 신비주의자들 또한 그러했으니, 그중 대표 격으로 시인 마르그리트 포레트가 있었다. "사랑은 나를 너무나 높이 이끈다." 포레트의 이 말은 다소 재키 윌슨을 연상시킨다. 하지만 윌슨은 자신에게 특별한 한 여성을 향한 감정을 말했던 반면, 마르그리트가 말하고 있는 것은 자신의 공허함과 감정적 결여다. 마르그리트는 사랑의 여신의 "천국 같은 눈길"을 따라 위로 이끌려가며 자신의 생각과 의지를 잃는 것을 찬양한다.[9] 그는 영혼이 자아의 소멸을 통해 하느님에게로 상승한다고 말한다. 그리하여 영혼은 다름 아닌 하나님 그 자체가 된다. "하나님은 사랑이심이라."

요한 1서 4장 8절은 그렇게 선언했다. 마르그리트의 《소박한 영혼의 거울》에서 영혼은 이렇게 말한다. "나는 다른 무엇도 아닌 사랑이다."

아마도 좋은 집안에서 태어나 교육을 잘 받았음이 분명한 포레트는 베긴회(결혼하지 않고 순결을 지키되 수녀는 아닌 여성들) 소속이었다. 제도권 변두리에 살면서 독실한 삶을 실천한 그녀는 이단으로 유죄 판결을 받고 1310년 말뚝에 묶여 화형 당했다. 프랑스어로 쓰인 포레트의 책은 필사되어 독실한 신자들 사이에서 돌아가며 읽혔고, 라틴어, 영어, 이탈리아어로도 번역됐다. 하지만 이는 인간의 사랑과 신의 사랑에 관해 강물처럼 쏟아져 나온 수많은 중세 시들 중 하나에 불과했다. 우리는 이 장에서는 단테를 통해(4장에서도 다시 다른 것을 통해) 더 깊이 살펴볼 것이다. 포레트는 자신이 접하고 익힌 신플라톤주의 철학 신학, 대중 로맨스, 극장 공연들을 바탕으로 사랑의 여신, 소박한 영혼, 이성, 그리고 그 밖의 의인화된 존재들이 나누는 역동적이고 카오스적이며 이따금은 황홀경에 빠진 대화를 통해 자신의 사상을 전달했다.

태초에, 추락 이전에는 하나님 외에 그 무엇도 존재하지 않았으며 영혼은 하나님의 의지 말곤 아무런 의지도 없었다고 《소박한 영혼의 거울》은 말한다. 하지만 이제 영혼은 많은 경우 "무無보다도 못하고" 스스로 어떤 의지를 가질 때마다 한층 더 쪼그라든다. 하지만 방법이 하나 있다. 영혼은 일곱 단계로 이루어진 상승을 통해 태초의 무로 돌아가 "다른 무엇도 아닌 사랑 그 자체가" 될 수 있다. 평범한 사람들에게는 구원이 존재한다. 그리스도와 그의 교회(성체, 기도, 선행과 더불어)가 그것을 보장한다. 하지만 "영혼spirit의 삶에 죽고 성스러운 삶을 사는 이들"의 영혼soul* 은 이루 말할 수 없을 만큼 더 영광스러운 무언가를 경험한다. "끓어오르는 사랑에서 피어난 꽃 … 우리가 말하는 사랑은 연인들의 결합이다. 연소 없이 계속해서 타오르는 불길이다."

여기서 페르페투아와의 유사성이 드러난다. 위로 올라가는 것은 버겁고, 도착은 형언할 수 없이 경이롭다. (사다리 첫 칸에서) 이러한 상승을 시작하는 건 이미 꽤 진보한 영혼들로, 이들은 선행을 하면서도 한편으로는 "그들 자신보다 더 나은 존재가 있음을" 알기 때문이다. 하지만 영혼들은 "비참함과 슬픔을 느끼기" 시작하며 일부는 도중에 사다리 아래로 추락한다. "옹졸한 심장은 사랑이 부족하여 감히 위대한 일을 해내거나 높이 오르지 못하기 때문이다." (둘째 칸으로의) 상승은 고행을, 희생을, 그보다 더한 것을 요구한다. 사다리를 오르면서 영혼은 자신이 그동안 해온 모든 "좋은 일"에 기쁨을 느끼지만, 이제는 (셋째 칸에서) 그것들을 떠나보내야 한다. 자신을 한층 더 부정하기 위해서. 넷째 칸에는 위험이 도사리고 있는데, 이렇게 높은 곳까지 오른 영혼은 실로 사랑하는 대상을 고찰하는

* [옮긴이주] spirit은 종교에서 말하는 영성에 가까운 것을, soul은 육신에 반대되는 의미로서의 영혼을 뜻한다.

여정이 끝났다고 착각할 수 있기 때문이다. 이는 패착이다. 영혼은 여전히 자신의 의지를 벗어나지 못해 "넘치는 사랑을 자랑스러워하고" 성공에 어지러워한다. 영혼은 (이 다섯째 칸에서) 그것이 아무것도 아님을 깨달아야 한다. "신의 좋으심이 [그분의] 가슴에서 넘쳐흐르는 황홀한 신의 빛을 쏟아낼 때까지." 그제야 비로소 영혼은 용해되어 하나님과 하나가 된다.

이는 상승의 정점으로 보일 테지만, 거기에는 무언가가 더 있다. 하나님에 대한 일별이다. 그것은 마치 "작은 구멍을 통해 보는 것처럼, 불똥처럼 순식간에 사라진다." 여기, 여섯째 칸에서 하나님은 영혼 안에서 당신을 보시지만 영혼 자신은 그것을 보지 못한다. 영혼은 더는 자아를 갖고 있지 않기 때문이다. 일곱째 칸에서 영혼은 몸을 떠난 후 텅 비어 영원한 행복을 누릴 운명인데, 영혼은 "기쁨 속에 헤엄치고 흐르면서 어떤 기쁨도 느끼지 않는다. [영혼은] 기쁨 안에 살고 기쁨은 [영혼] 안에 살기 때문이다." 플라톤에게서도, 규칙서에서도, 심지어 신의 침실에서도, 한 인간의 영혼이 사랑의 결합을 통해 이토록 완벽하게 말소된 적은 없었다.

하지만 이제 지상으로 돌아가서, 젊은 단테 알리기에리(1321년 사망)가 피렌체 거리에서 역시 젊은 베아트리체를 얼핏 보고 혼잣말하는 장면을 떠올려보자. "이제 그대

윌리앙-아돌프 부그로가 그린
〈에로스로부터 자신을 지키는 젊은 여인〉(c. 1880).

의 지복이 나타났다."[10] 단테는 나중에 이렇게 주장했다. 그날 이후로 "사랑은 내 영혼을 지배했다." "사랑은 지배했다," 마치 바깥으로부터 그 무방비한 단 한 순간의 눈길을 통해 단테의 영혼에 들어온 듯이. 이러한 발상은 전통적인 것이었고 또 '첫눈에 반하다'라는 상투적인 표현을 통해 오늘날까지도 지속되고 있다. 그토록 많은 작품에서 사랑이 화살을 쏘는 형상으로 묘사되는 이유가 거기에 있다. 중세 광학 이론에 따르면 눈은 대상을 '포착하는' 광선을 내쏘고/내쏘거나 그 대상이 발하는 빛을 **받아들인다**. 단체는 사랑의 지배를 받기 전에 우선 자신이 사랑하는 대상을 보아야 했다.

"내 머릿속 눈부신 숙녀가 처음 내 눈에 띄었을 때" 단테는 아홉 살이었다. "내 머릿속"이라고 한 것은 단테가 자기 탐구와 시, 철학을 독창적으로 결합한《새로운 인생》을 쓰던 1290년대 초에 베아트리체는 이미 죽은 지 몇 년 후였기 때문일 것이다. 또 어느 정도는 베아트리체가 정말로 단테의 "머릿속"에 있었기 때문이다. 베아트리체는 그녀를 자기 삶의 핵심 테마로 삼기로 작심한 예술가의 창조물이었다. 단테에게 베아트리체는 디오티마의 이야기 속 정령 **에로스**처럼, 욕구와 수완 둘 다를 고양시키는 존재, 특히 탁월하기 이를 데 없는 시 쓰기 능력, 즉 자신의 불멸하는 아이에게 영감을 불어넣는 존재였다.

베아트리체가 실존 인물이었음은 매우 확실하다. 열여덟 살쯤에 어느 명망 높은 가문에 시집을 갔고, 20대에 세상을 떠났다. (한편 단테는 베아트리체보다 몇 년 늦게 결혼했고, 사회적 지위가 더 낮았다) 하지만 《새로운 인생》에 묘사된 베아트리체는 이 세상 사람인 동시에 이 세상 사람이 아니었다. 단테가 베아트리체를 처음 마주쳤을 때 여덟 살이었던 그녀는 그리스도를, 그리스도가 십자가에서 흘린 피를 연상케 하는 붉은색 옷을 입고 있었다. 그로부터 정확히 9년 후에 이루어진 두 번째 만남에서 베아트리체는 흰옷을 입고 있었다. 흰색은 천국의 주인의 색이다. 단테는 3에 3을 곱한 9라는 숫자를 통해 삼위일체를 이해했다. 두 번째 만남에서 베아트리체가 단테를 반겼을 때, 그는 "모든 지복을 보는 듯했다." 이 순간부터 그는 '새로운 인생'의 날짜를 헤아리기 시작했다. 이것이 단테의 정서 교육의 시작이었다.

베아트리체의 환대, '인사salutation'는 동시에 '구원salvation'이기도 했다(두 단어 모두 라틴어 salus에서 왔다). "술 취한 사람처럼" 무기력해진 단테는 자기 방으로 물러났다. 거기서 그는 잠들어 사랑 자체가 나타나 자신의 불타는 심장을 손에 쥐고 "크게 기뻐하는" 꿈을 꾸었다. 사랑의 품 안에는 "나의 숙녀가 잠든 채 천에 싸여 있었다." 하지만 그 후 사랑은

> … 그녀를 깨워 이 불타는 심장을
> 겁먹은 이에게 공손히 먹였다
> 나중에 나는 그가 울면서 고개 돌리는 것을 보았다.

"나의 숙녀"는 베아트리체였다. 이 시는 지금 그리고 여기

서 사랑을 강조한다는 점에서 당대 문학적 전통에 명확히 속해 있었고, 단테는 다른 많은 사랑 시인들에게 보낼 만큼 자신이 쓴 시에 흡족해했다. 이는 단테가 시인들에게 제 이름을 알리고 또 그들로부터 비평을 받아내는 한 방식이었다. 이 꿈과, 꿈에 대한 소네트는《새로운 인생》에서 단테가 사랑을 통해 상승하는 바로 그 출발점에 등장한다. 여기서 모든 것은 단테를 중심으로 이루어진다. 단테의 심장은, 마치 교인들이 성체를 통해 그리스도의 육신을 섭취하듯 베아트리체에게 먹여진다. 그러나 그리스도의 육신과 달리 단테의 심장을 맛보는 것은 베아트리체 혼자다. 단테가 이기적으로 혼자서만 베아트리체를 소유하는 이 단계는 사랑의 사다리에서 첫째 칸이자 가장 아래 칸이다.

하지만 다음 단계에서 단테는 베아트리체의 미덕이 모두에게 미친다는 사실을 인식한다. 사람들은 그저 베아트리체와 한 공간에 있기만 해도 이전보다 나아진다. "베아트리체가 작고한 후 많은 사람들이 이렇게 말했다. '그는 속세의 여성이 아니라, 천국의 가장 아름다운 천사들 중 하나였다.'" 이제 베아트리체는 그리스도의 화신이다. 단테의 동시대인인 성 프란체스코(1226년 사망)는 그리스도를 나환자와 빈자와 친구와 적과 강도와 도둑에게 똑같은 사랑을 쏟아붓는 천상의 존재로 이해했는데, 여기서 베아트리체는 그런 그리스도의 이미지를 떠올리게 한다.

《새로운 인생》을 완성하고 13년쯤 지나서 쓰기 시작한《신

단테이 게이브리얼 로세티가 그린 〈축복받은 베아트리체〉(1864-1870).
단테 알리기에리의 시에 심취했던 로세티는 베아트리체의
초상 외에도 〈단테의 사랑〉 등 단테와 베아트리체를 소재로 한 작품을
여럿 남겼다.

곡》에서 단테의 상승은 완성된다. 베아트리체의 중재 또한 거기에 한몫하는데, "사랑에 감동받아" 천국에서 내려온 베아트리체는 고대 로마 시인인 베르길리우스(기원전 19년 사망)를 소환해 도덕적으로 위험한 길을 가고 있던 단테를 구해주고 지옥에서 죄 지은 자들을 기다리는 공포와 심지어 구원 받은 자들조차 피해 갈 수 없는 연옥의 회개를 보여준다.[11]

지옥에서 천국으로 가는 이 고난의 여행길에서 단테는 용기가 꺾일 때마다 베아트리체의 이름을 떠올리는 것만으로도 능히 앞으로 나아갈 힘을 얻는다. 마침내, 무시무시한 지옥의 구렁텅이에 던져져 연옥의 험준한 바위산을 오른 단테는 베아트리체를 본다. 베아트리체는 강림하는 그리스도처럼 여명과 함께 온다. 단테는 어렸을 때 그러했듯이 다시금 압도된다. "내 안의 모든 피가 한 방울도 남김없이 떨고 있다. 난 고대 불길의 징표를 안다." 하지만 베아트리체는 이제 날카로운 혀를 가진, 반감을 가진 심판이다. 죽은 베아트리체는 단테를 책망하듯이 말한다. 비록 베아트리체는 더 아름다워지고 더 고결해졌지만, 단테는 베아트리체에 대한 사랑으로부터 조금 빠져나왔다. "그리고 진실하지 않은 길을 따라 걸음을 돌렸다."[12] 베아트리체는 슬픔과 회한에 젖은 단테를 연옥과 천국을 가르는 강에 빠뜨려 두 번째 세례를 베푼다. 단테는 베아트리체와 함께 (베르길리우스를 뒤에 남겨두고) 천국의 아홉 구렁을 올라간다. 그 과정에서 단테는 변모를 겪는다. "인간의 단계를 넘어" 신과 같이 된다.[13] 그리고 사다리 마지막 발판에서 모든 것을 한

데 아우르는 "무한한 좋음"을 본다.[14]

플라톤의 마지막 발판도 이와 같았다. 그것은 우주의 모든 아름다운 것을 하나의 영원한 형상으로 드러냈다. 베르나르와 포레트의 최종 순간 또한 결합의 이미지를 제시했다. 베르나르의 경우는 모든 감각에 관련된 것이었고, 포레트의 경우는 자아를 잃고 하나님 존재에 녹아드는 데서 환희를 느끼는 것이었다. 하지만 단테의 사다리는 다른 모든 것과 달랐으니, 사다리 발판들이 맨 아래부터 맨 위까지 실존 여성인 베아트리체에 대한 사랑으로 정의된다는 점에서 그랬다. 그 사랑이 영적인 것이 되어도, 베아트리체를 뒤에 두고 간다는 것은 단테에게 생각조차 할 수 없는 일이었다. 단테는 (플라톤의 디오티마와는 달리) 베아트리체의 아름다움이 다른 이의 아름다움과 비슷하다고는 단 한 순간도, 상상조차 하지 않았다. 베르나르와 포레트가 그랬던 것과 달리 이미 세속적 사랑에 철저히 등 돌린 채 사다리 오르기를 시작하지도 않았다. 세속적 사랑은 단테가 높이, 더 높이 오르는 데 **필수적인** 전제 조건이었다. 만약 그가 재키 윌슨보다 더 높이 올라간다 해도(적어도 몇몇 사람들은 그렇게 말할 것이다), 단테 역시 "100만 명의 여자들 중 단 한 명"에 대한 사랑에서 초월을 발견했다는 사실에는 변함이 없다.

이는 단테가 자신의 저술로 현대 이탈리아어에 얼마나 많은 영향을 미쳤는지를 이해하게 해준다.

아이 양육을 통한 초월

사랑의 목적은 "아름다움을 낳는 것"이며, 인간은 "영혼으로"만이 아니라 "육신으로도" 그렇게 할 수 있다던 디오티마의 이야기를 떠올려보자. 디오티마는 두 선택지 중 후자를 폄하했다. 그녀는 소크라테스에게 참된 불후의 불멸성은 오로지 아름다움의 완벽한 "형상"(신이 거하는 곳)에 흡수됨으로써만 발견할 수 있다고 가르쳤다. 사랑의 초월적 가능성에 대한 고대와 중세의 전통적 개념은 그 시각을 물려받았다. 그런 전통들은 우리가 사랑의 '삶'이라는 개념의 복잡한 기원을 바로 보도록 도와준다.

하지만 그 사상은 엘리트 계층을 대상으로 한 것이었다. 플라톤은 자신의 아카데메이아에 다니는 철학자들을 위해, 페르페투아는 초기 기독교도들 중에서도 소수의 지도자들을 위해 글을 썼다. 베네딕트와 베르나르가 상정한 일차적 청중은 수도사들이었다. 포레트는 "소박한 영혼들"을 위해 썼다(기대할 것이라고는 "오로지" 구원뿐인 "평범한 사람들"을 그가 얼마나 무시했는지 떠올려보자). 단테만이 일반 청중을 위해 썼다(적어도 그 자신의 소망은 그랬다). 하지만 베아트리체에 대한 사랑에 의존하는 단테의 경험은 그 혼자만의 것이었다. 또 하나, 이 모든 상승은 길고 고된 과정이었다. 오직 소수만이 목표에 시선을 유지한 채 사다리의 많은 발판을 모두 오를 수 있었다.

16세기에 시작된 프로테스탄트 개혁은 인간 영혼이 불멸하다는 확신도, 구원을 받으려면 하나님에 대한 믿음이 필요하다는 확신도 바꾸지 않았다. 하지만 사랑의 사다리가 한 인간을 하나님에게로 이끌어줄 가능성은 부정했다. 사람들은 스스로 사다리를 오르기에는 죄악의 구렁텅이에 너무 깊이 빠져 있었다. 오직 믿음만이 그들을 끌어올려줄 수 있었고, 믿음은 하나님의 선물이었다. 하나님은 아래로 손을 뻗어, 말하자면 누굴 구할지를 선택했다. 결과적으로 루터의 개혁은 플라톤의 상승을 거꾸로 뒤집어놓았다. 우리는 우리의 사랑을 하나님에게 전적으로 의탁하며, 타인을 사랑하기 위해 그리스도의 사랑으로부터 지상으로 도로 **내려온다**.

그렇다면 사랑의 방향은 오직 신으로부터 내려온 뒤에야 위로 향할 수 있다. 그 후 신의 사랑은 교회 신자들 사이에서 독려되고 강화되며 (무엇보다도) 가족 안에서 생명을 유지한다. 오리게네스, 수녀와 수사들을 비롯해 그토록 많은 이들이 종교개혁 이전 천 년간 높이 떠받들었던 순결은 이제 무의미한 것이 됐다. 프로테스탄트 지역에서는 수도원과 수녀원이 해체됐다. 성직자들도, 수도사들도, 수녀들도 이제 다른 모든 사람과 마찬가지로 결혼을 해야 했고, 아이를 갖는 것이 당연시됐다. 부모는 아이들을 올바르게 길러냄으로써 그들에게 하나님의 사랑의 유산을 물려줄 것이다. 마르틴 루터가 다른 목사들과 함께 일상적인 논평을 기록한 《좌담집》에는 다음과 같은 구절이 나온다. "부모의 사랑은 신의 사랑을 닮았으며, 인간 심장에 찍힌 신의 사랑의 형상이다. 하나님의 인간 사랑은 (성서에서도 말하듯이) 부모의 자식 사랑만큼 위대하다. 그것은 참으로 크고도 뜨겁다."[15]

이처럼 이 세상 안에서 하나님의 사랑의 주된 접점으로서 가족이 전에 없이 강조됨에 따라 결혼에 대한 조언서와 양육 지침서들이 쏟아져 나왔다. 영국 신학자 리처드 백스터(1691년 사망)는 "자식을 성스럽고 세심하게 키우고자 하는 동기 중" 최우선은 자식에 대한 사랑이라고 말한 바 있다. 그에게 있어 아이들이란 부모라는 나무의 참된 가지이며, 아이들의 신체적·정신적 안녕은 세심하게 보살펴져야 했다. "여러분이 아이들을 사랑한다면, 그들의 지속적인 안녕이 실제로 무엇에 달렸는지를 제대로 보여주어라. 입으로는 아이들을 사랑한다고 말하면서 지옥으로 인도하지 말라."[16] 영국 목사 아이작 앰브로즈(1664년 사망)는 아이를 제대로 양육하는 것이 부모와 자손 모두를 구원하는 길이라고 말했다. 가정교육을 잘 받은 아이들은 자기 아이들에게도 똑같이 할 것이고, 그렇게 세상이 끝날 때까지 계속될 것이다. 그렇다면 최후의 날에, 태만했던 부모들에게는 재난이 있을지어다. "부유한 남자가 심판의 날에 그대에게 맞서 일어서 그대를 규탄할지니."[17]

심지어 많은 집단에서 내세의 중요성이 줄어들 때조차 종교적 호소는 계속됐다. 19세기 중반에 미국에서 발행된《마더스 매거진》은 부모에게 종교적 신실함에 관한 조언을 제공했다. 한 어머니는 다음과 같이 종용했다. "자연 법칙은 사랑이다. 모든 어머니는 자기 아이의 얼굴을 처음 보았을 때 느낀 감정을 기억할 것이다. … 우리는 한때 죽음을 우리 혼자만의 일로 생각했다. 그리고 구원의 로브로 몸을 감싼 채 걱정 하나 없이 위대한 영적 존재 안으로 들어가는 상상을 했다. 하지만 친애하는 친구들이여, 우리는 이제 그럴 수 없다."[18] 달리 말해서, 여자가 아이를 낳으면 그의 삶과 구원은 아이들의 것과 비끄러매였다.

하지만 부모됨의 초월적 가능성과 가족을 강조하기 위해 꼭 구원을 들먹일 필요는 없었다. 아버지들과 어머니들은 이제 사다리를 오르는 게 아니라 또 다른 인간 존재가 유아기, 아동기, 청소년기, 성년기까지 모든 단계를 거치는 동안 천천히, 인내심 있게 거푸집 역할을 해야 했다. 18세기와 19세기에 부모의 죽음은 초월 과정의 한 추가적 단계로 여겨졌다. 그들은 아이들에 의해 계승되고, 아이들은 동일한 미덕을 다음 세대로 전승하고, 그런 식으로 계속 이어질 것이다. 이는 어쨌거나 퍽 솔깃한 판타지였다. 사랑 넘치고 헌신적인 어머니들은 기꺼이 전통을 이어나갈 준비가 된, 감사에 찬 아이들을 만들어냈다. 〈내 어머니〉(1815)라는 시의 감사하는 시인처럼 말이다.

> 아픔과 고통이 날 울릴 때,
> 내 무거운 눈꺼풀을 지켜봐주고,
> 내가 죽을까 두려워 눈물 흘린 사람은?
> 내 어머니.[19]

그 짝인 〈내 아버지〉(1817)도 곧 등장한다.

어머니의 무릎에서 내려와
나는 혼자 첫걸음마를 떼보았다
누가 팔 벌려 날 보호했을까?
내 아버지.[20]

하지만 디오티마가 음울하게 경고했듯, 죽음은 이런 부모들과 아이들의 꿈을 쫓아다니며 괴롭혔다. 영국의 하급 공무원이었던 토머스 라이트(1801년 사망)는 인생에 한 줄기 빛이었던 아들 존을 잃은 후, 아이가 즐겁게 뛰놀고 신나게 재잘대고 자신에게 입을 맞추던 행복한 나날과 그 후 자신의 품에 안겨 숨을 거두던 끔찍한 순간을 회상했다. 그는 자신을 달래며, 이 상실이 하늘의 뜻인지도 모른다고 생각했다.

내 가장 소중한 사랑이여
너는 네 아비가 높이 올라가도록 재촉하려고
도로 거둬졌는가
내 심장을 저 위를 향해 이끌어
나를 천국으로 부르려 함인가[?][21]

비슷한 예로 1770년대에 해나 로버트슨 역시 세상을 떠난 자식을 잊지 못하고 "아홉 아이들은 물론 손주들까지 먼저 보

낸 것"을 한탄하는 심정을 글로 적었다.[22]

라이트와 로버트슨 둘 모두 자기 아이들과 다음 세대를 위해 자서전을 썼는데, 디킨슨풍 고난과 인간의 배신으로 가득한 이들 자서전에서 로버트슨은 이렇게 말한다. [아이들을 통해] "우리는 다시 산다." 그녀의 이야기는 특히 감상적이다. 자신이 영국 왕정을 복고한 왕 찰스 2세의 손녀라고 주장했던 그녀는 평생 동안 갈수록 나빠지는 경제적 형편에 시달렸고, 끝에 가서는 자신을 "미어지는 심장"을 안고 고아가 된 손주를 보살피는 나이 든 할머니로 묘사한다. 로버트슨의 (그녀가 말하기를) 유일한 희망은 어느 귀족 부인의 날개 아래 들어가, 죽은 후 "지상에 보이지 않는" 영혼으로 남아 어린 손주를 지켜보는 것이다. 디오티마가 아이들을 통한 불멸성을 배척한 이유는 아이들이 죽을 수도 있기 때문이었다. 하지만 영혼의 불멸성을 믿는다면 그런 배척은 무의미해진다. 아이가 죽는다 해도 사랑의 초월적 가능성이 사라지는 것은 아니므로.

사이먼 메이는 오늘날 "아이는 사랑할 최고의 대상으로 여겨진다"고 주장한다.[23] 하지만 한편으로는 이렇게 말한다. 이는 엄밀히 말해 아이를 가지는 것이 우리에게 초월적 경험을 제공하기 때문이 **아니라고**. 메이는 사랑을, 우리를 뿌리내리고 터전을 잡게 해주는 사람이나 사물을 발견하는 데

서 오는 기쁨으로 재정의한다. 그것이 우리의 출발점에서 제아무리 멀더라도 아랑곳없이 우리는 그 안에서 우리의 "고향"을 찾는다. 사이먼 메이에게 사랑이 하는 작용은 초월의 **정반대**다. 사랑은 깊이 파고들고, 뿌리를 내리며, 뭐가 됐든 사랑하는 이가 가치를 두는 세계(우리가 발을 디딘 세계일 수도 있고, 우리가 가고 싶은 세계일 수도 있다)의 토양으로부터 자양분을 얻는다. 어느 쪽이든 우리는 그 세계, 그 고향을 우리 존재의 근원으로서 경험한다. 메이의 표현을 빌리자면 오늘날 많은 사람들에게 아이를 가진다는 것은 아직 알지 못하되 너무나도 전망 밝아 보이는 어딘가로 향하는 여행의 첫 단계다. 비록 그 여행이 결코 완벽한 결말에 다다르지 못할지라도. 메이에게 사랑의 판타지는 뿌리내림의 **완성**을 경험하는 것이다.

메이는 우리에게, "고향에 있음"을 느끼고 싶어하는 우리의 요구와 욕망에 강조점을 둔다. 또 다른 철학자 해리 프랑크푸르트 역시 메이와 유사하게 자아에 초점을 둔 주장을 펼친다. 프랑크푸르트의 말에 따르면 사랑은 곧 우리 자신이 중시하는 무언가에 관심을 갖는 것이다. 우리가 자신에게 몰두할 때 (우리 대부분이 그렇듯) 우리는 우리에게 중요하고 우리 삶의 목표에 중요한 것들을 사랑한다. 우리는 사랑할 필요가 있고, 그로부터 우리가 사랑하는 이들의 안녕에 대한 "사심 없는 관심"이 시작된다.[24] 이는 우리 자신(프랑크푸르트는 자기애라는 개념을 긍정적으로 본다)과 우리 아이들에게서 가장 명확히 볼 수 있다. 둘 다 우리가 "우리 본성에 심긴" 생물학적 명령에 따라 사랑하는 대상이기 때문에. 프랑크푸르트의 사랑은 초월적이지 않다. 늘 자신에게로 돌아오기 때문이다. 이는 "의지의 설정값"이다. **우리**의 의지는 양육과 품성에 살아가면서 맞닥뜨리는 (경제적·사회적·환경적·법적) 제약이 더해진 산물이다.

우리와 동시대를 살아가는 이 두 철학자는 사랑이 이 세계와 우리 자신에 관한 것임을 말해준다. 그들은 사랑에 대한 독특한 정의를 제시하고, 기지와 열정 넘치는 주장으로 그것을 뒷받침한다. 그들이 내린 정의는 서로 다르지만 그럼에도 둘 다 사랑을 자연스러운 것, 우리 안에서부터 나오는 것으로 본다. 사랑은 누군가가 바깥에서 우리 심장에 꽂아 넣는 화살이 아니다. 하나님이 우리 안에 부어 넣는 것도 아니다.

하지만 **실제로** 다르게 생각한 사람들이 있었고, 많은 사람들이 여전히 그렇다. 이 책에서 내가 탐구하는 것은 사랑이 무엇**인지**가 아니라, 사람들이 사랑을 어떻게 상상하는지다. 이러한 상상들에서 어떤 것들이 버려지는지, 어떤 것들이 오늘날에도 남아 우리에게 영감을 주거나 (때로는) 우리 발목을 잡는지다. 그렇다고 사이먼 메이와 해리 프랑크푸르트가 주장한, 초월과는 거리가 먼 사랑 개념이 과거의 특정한 감정적 공동체 내에서 진리였고 또 오늘날에도 여전히 (아마도 한층 더 폭넓게) 그렇다는 사실을 부정하는 것은 아니다. 사실 초월의 유혹을 거부하는 것은 이미 호메로스가 오디세우스를 통해 보여준 바 있다. 오디세우스는 자신을 불멸의 존재로 만들어주겠다고 유혹하는 아름다운 여신 칼립소를 떠나, 나이 들고 언젠가는 죽을 아내가 있는 집으로 돌아가기를 택한다. 플라톤의 시대에 사랑의 사다리를 오르는 건 고사하고 자신과 속세를 초월하기 위해 아이를 낳는다고 생각하는 사람은 거의 없었다. 하지만 일부 감정적 공동체에서는 플라톤의 생각이 지배적인 사상이 되어, 기독교 이전과 이후를 막론하고 사람들이 살아가고 느끼고 믿는 방식에 영향을 미쳤다. 중세 유럽 이곳저곳에 흩어져 있던 수도원들에서도 그랬고, 그 바깥에서도 그랬다. 우리가 사랑에 대한 다른 판타지에 희망을 품은 엘로이즈를 통해 보았듯, 중세 시대에 모두가 사랑의 초월성에 대한 상상을 키웠던 건 아니다. 하지만 많은 사람들이 그랬다. 그리고 그것은 종교개혁을 거쳐 19세기까지도 계속해서 사람들에게 영감을 주었다. 다만 당시 그 기원은 플라톤의 "첫 칸", 즉 가족과 자식이었다.

첫 칸으로
돌아가다

그렇다면 오늘날엔 어떨까? 타인에 대한 사랑, 부모의 사랑이 아닌 성적인 사랑은 많은 사람에게 사랑의 초월적 힘의 근원이다. 우리는 상승을 청각적으로 묘사하는 윌슨의 높은 가성에서 그것을 들을 수 있다. 〈웨스트사이드 스토리〉 끝부분에서도 다시 들을 수 있다. 거기서 두 연인, 마리아와 죽음을 앞둔 토니는 희비가 뒤섞인 노래를 부른다. 죽음 이후에도 두 사람을 위한 "장소"가 존재한다고.[25]

하지만 이 개념은 이제 고전적인 미덕 개념이나 하나님과의 결합이라는 기독교적 비전, 또는 (우리는 이를 4장에서 보게 될 것이다) 사랑을 통해 귀족이 되고자 하는 음유시인들의 소망과 결별한다. 그것은 오히려 필연적으로 짧게 이어질 수밖에 없는 성애적 열락의 표현으로 돌아선다. 바로 그렇기에 벨라와 마크 샤갈은 도시 위를 둥둥 떠다닌 이후 "당신은 갑자기 다시 지상으로 내려와, 그대의 그림과 나를 번갈아 보았지요. '아직 할 일이 많지, 응?'"[26] 그 어떤 초월적 사랑도 영원히 지속되지 않는다. 적어도 이 세상에서는. 플라톤조차 이 사실을 알고 있었다. 그는 《향연》에서 소크라테스가 저녁 연회에 가는 길에 "무슨 생각이 떠올랐는지 자신을 잊고 그 속에 푹 파묻혀 계속 뒤처졌다"고 말한다(174d). 이는 아리스토파네스의 희곡 《구름》에 등장하는, 하늘의 바구니에 담겨 둥둥 떠가는 소크라테스에 대한 조롱조 이미지를 장난스럽게 언급한 것이다. 비록 소크라테스가 아름다움의 본질에 대한 고찰에 빠져 있었다 해도, 저녁 연회에 참석한 손님들에게 그 상승에 대해 말하려면 결국 거기서 내려와야 했다. 베르나르 역시 수도사들에게 이야기를 들려주기 위해 신부 침실에서 나와 아래로 내려왔다. 포레트는 자신을 기다리는 완벽한 소멸을 흘끗 보긴 했지만 그것을 온전히 보려면 자신이 죽은 이후여야 하는지라, 그동안 다른 "소박한 영혼들"을 위해 글을 썼다. 토머스 라이트는 오랫동안 아들을 애도하고 천국에서 다시 만날 날을 기다렸지만 결국에는 재혼도 하고 새로운 직업도 가졌다. 사랑에는 분명 우리를 더 높이, 더 높이 끌어올릴 잠재력이 있다. 하지만 그런 순간들이 얼마나 덧없는지를 인식하지 않는다면 우리는 너무 허황된 기대를 품게 될지도 모른다.

의무

Obligation

"사랑은 미안하다고 말할 필요가 없는 거야."

어마어마하게 인기를 끈 에릭 시걸의 1970년대 소설《러브 스토리》에서 제니는 올리버에게 그렇게 말한다.[1] 이 대사는 같은 해 개봉한 영화에서도 재차 등장한다. 고전문학 교수였던 시걸은 오디세우스가 한마음 결혼에 대해 했던 이야기를 생각하고 있었을까? 그건 아니었던 것 같다. 신혼부부인 제니와 올리버는 한마음이 아니었기 때문이다. 사과에 관한 위 대사는 올리버가 제니의 손에서 전화기를 빼앗아 방 건너편으로 던져버린 후, 자신이 저지른 행동을 뉘우칠 때 등장한다. 더 나중에 가면 올리버는 양심의 가책에 괴로워하는 아버지에게 똑같은 말을 건넨다. 비록 부자는 끝내 의견 일치를 보지 못하지만 말이다.

아니, 그렇지만 의미는 '해야 한다having to'는 개념에 있다.*

사랑은 의무를 지운다. 누군가를 사랑하게 되면 내가 하는 모든 행위가 곧 사랑의 행위가 된다. "필요한 것은 오직 사랑뿐." 비틀스는 시걸이 《러브 스토리》를 쓴 것과 비슷한 시기에 그렇게 노래했다.[2] 하지만 이러한 개념은 1970년대에 새로이 발명된 것이 아니었다. 12세기에 아벨라르에게 청혼을 받았을 때 엘로이즈가 보인 반응을 떠올려보라. 엘로이즈는 아벨라르의 "아내"가 되느니 차라리 아벨라르의 "창녀"가 되기를 원했는데, 자신의 사랑에 어떠한 숨겨진 목적도 없고 상대에게 어떠한 의무도 지우려 하지 않는다는 것을 입증하고 싶어서였다. (그러나 앞서 1장에서 보았듯, 엘로이즈는 입 밖으로 내지는 않았지만 아벨라르에게서 자발적이고 무조건적인 사랑이 돌아오기를 바라고 기대했다) 이보다 한층 더 급진적인 예로, 기독교에서 말하는 하나님의 사랑을 생각해보자. 하나님에게는 인류를 사랑해야 할 의무가 전혀 없다. 사실 에덴동산에서 아담과 이브가 저지른 배신을 감안하면 사랑하지 않을 이유만 잔뜩 있었다. 그럼에도 하나님은 두 사람의 죄악에 물든 후손들에게 어찌나 애정을 쏟았던지, 그들을 구원하기 위한 희생양으로 당신 아들을 내려보냈다. 하나님의 사랑은 과거에나 지금에나 이유가 없다.

만약 필요한 것이 사랑뿐이라면, 제니와 올리버의 지극히

* [옮긴이주] 앞서 "사랑은 미안하다고 말할 필요가 없는 거야"라는 대사의 원문은 "Love means not ever **having to** say you're sorry"다.

간단한 혼인 서약, "죽음이 우리를 갈라놓을 때까지 아끼고 사랑하겠습니다"는 완벽하게 이치에 닿는다.

이제 이 두 사람이 12세기경 영국에서 시작되어 그 후로도 오랫동안 지속된 예식에 따라 결혼했다고 생각해보자. 두 사람은 엘로이즈가 거부한 것과 비슷한, 다음과 같은 서약을 했을 것이다. "올리버." 사제는 라틴어로 이렇게 말했을 것이다. "그대는 남편이 아내에게 응당 해야 하듯이 이 여자를 아내로 맞아 사랑하고 존중하며 건강할 때나 아플 때나 떠나지 않고 곁을 지키기를 원하는가? 이 여자를 위해 다른 모든 여자들을 등지고 두 사람이 살아 있는 한 이 여자 한 사람만을 지키겠는가?" 사제는 제니에게도 거의 동일한 질문을 할 것이다. 두 사람은 이렇게 대답할 것이다. "그렇습니다." 그 후 둘은 라틴어로 한 것과 흡사한 약속을 그들 자신의 언어로도 해야 할 것이다. 비록 다음 두 가지 의무를 추가로 서약해야 하는 것은 제니뿐이겠지만 말이다. "침대에서나 식탁에서나 고분고분히 따르고 순종하겠습니다."[3]

여기서 제니와 올리버는 서로 사랑할 의무, 서로를 배타적으로 사랑할 의무가 있다. 더욱이 아내는 남편의 육신 및 생식의 필요를 만족시키겠다고 명시적으로 서약한다.

많은 논평가들은 1960년대와 1970년대가 이 모든 것을 바꿔놓았다고, 오래전부터 태동하던 것을 온전한 열매로 맺어냈다고 생각한다. 바로 의무를 제외한 사랑이다. 21세기의 관점에서 많은 사람들은 이를 달갑잖은 사태 전환이라 생각한다.

지그문트 바우만은 이를 일컬어 누구에게도 고착되지 않는 "유동적 사랑"이라 했다.[4] 장-클로드 카우프만은 그것이 즐거운 사랑의 종말을 알린다고 생각한다.[5] 스테파니 쿤츠는 그것이 관계를 박살 냈다고 주장한다.[6]

여기에는 명시적인 서약을 하는 것에서부터 필요한 건 사랑뿐이라고 노래하기까지, 그러니까 과거에서 현재로 오면서 커다란 변화가 일었다는 판타지가 깔려 있다. 내 주장은 이렇다. 과거에 사랑(여기서 내가 말하는 것은 장기적인 사랑이다)에 의무가 따른 것은 사실이지만, 오늘날에도 여전히 그렇다. 분명 서구 역사에서는 의무의 본질에 있어서도, 사랑의 의미와 감정에 있어서도 막대한 변화가 일어났다. 하지만 오늘날에 이르러 '비의무적인' 사랑의 의무들은 오히려 혼인 계약이나 그 비슷한 것에 담긴 것보다 더 크고 더 많은 것을 요구한다. 의무 없는 사랑이란 곧 우리가 사랑할 때 우리가 하는 모든 것이 사랑으로부터 나온다는 것을 의미한다. 때로 그 결과는 사랑으로 **모든 것**을 해야 한다는 역설적인 의무와, 우리가 사랑하는 이들도 똑같이 하리라는 기대를 낳는다. 우리가 하는 일이 힘들고 지루하게 느껴질 때, 혹은 상대가 우리 기대를 충족시키는 것이 고된 일처럼 느껴진다고 말할 때, 우리는 사랑에 환멸을 느낀다.

사랑의 의무에 관한 오해는 서구의 결혼 역사를 순수한 의무에서 완전한 해방으로의 이행으로 오해한 데서 비롯되는 필연적인 결과다. 현대의 판타지는 현대인들이 과거와 달리 외적인 압박(부모의 압박이든 문화적 압박이든) 때문이 아니라 순수하게 사랑하기 때문에 결혼하거나 친밀한 동반자 관계를 형성한다는 것이다. 그렇다면 오늘날의 결혼은 과거의 그것과 다르며, 달라야 한다. 외적인 압박에 커다란 구속을 받았고, 침대에서든 밖에서든 "고분고분히 따르고 순종해야" 한다는 것 같은 부담스러운 의무를 지고 **있었던** 과거의 결혼과는 말이다.

하지만 과거의 결혼이 우리가 상상하는 것처럼 순전히 압력에 의해 이루어지거나 의무를 지우기만 하는 경우는 드물었다(특히 남성에게는). 반대로 현대의 연인들이 우리가 믿고 싶은 만큼 상대를 자유롭게 선택하거나 의무에서 해방된 것도 아니다. 의무는 변화했다. 사랑을 느끼고 경험하는 방식들 역시. 이것이 이 장의 요점이다. 하지만 "필요한 것은 오직 사랑뿐"이라는, 오늘날 우리와 우리 반려자가 서로를 위해 하는 일이 '의무'나 '당위'를 요구하지 않는 사랑의 선물이어야 한다는 개념은 신기루에 불과하다.

그리스 가부장제와 그 균열

호메로스가 노래하기를, 아름다운 님프 칼립소의 포로가 된 오디세우스는 7년간 낙원과도 같은 칼립소의 섬에서 그녀와 사랑을 나누는 것 외에 아무런 '의무'도 지지 않았다. 낮이면 칼립소는 고대 그리스의 순종적인 가정주부처럼 베틀 앞에 앉아 직물을 짠다. 그리고 황금 북*을 날듯이 움직이면서 노래한다. 마치 경이롭고 저항할 수 없는 노래로 선원들을 죽음으로 끌어들이는 사이렌처럼. 밤이면 오디세우스와 함께 침대에 누워 오디세우스의 손길을 갈망하며 "고향 섬인 이타카를 잊으라고 부드러운 감언이설로 끝없이 구슬린다."(1.56)[7] 그럼에도 오디세우스는, 인정컨대 이런 행복을 누린 지 7년 만에 "바위투성이 해변에 앉아 가슴이 미어지는 슬픔에 눈물과 한숨을 쏟아낸다."(5.156-7) 그는 집에 돌아가기를 원한다.

이것은 모범적인 그리스 남성이다. 그 아내인 페넬로페는 오디세우스가 멀리 떨어져 있는 동안에도 (처음에는 전쟁 때문에 10여 년을 떨어져 지내고, 전쟁이 끝난 후 10여 년간 이어진 귀향길에서는 칼립소와의 부정을 비롯해 또 다른 여신인 키르케와 1년간 놀아나는 등 아주 다양한 사건사고를 벌인) 남편에게 정절을 지키는 모범적인 그리스 여성이다. 20년이나 자리를 비웠지만 오디세우스는 자기 나름대로 페넬로페에 대한 신의를 지킨다. 남편들은 바람을 피울 수 있었다. 호메로스와 비슷한 시기에 활동했던 헤시오도스는 《일들과 날들》에 오디세우스가 칼립소와는 두 아이를, 키르케와는 세 아이를 두었다고 썼다.[8] 그렇다 해도 아

* [옮긴이주] 베틀에서 씨줄을 날줄 사이에 넣으면서 직물을 짜는 배 모양의 기구를 말한다.

내를 잊은 것은 아니었다. 결혼의 의무는 명확했으니, 오디세우스 같은 미덕 있는 남편들은 바람 피운 것을 과시하지 않았다. 마침내 페넬로페와 재회해 황홀한 사랑을 나눌 때, 오디세우스는 자신이 세운 모든 공적을 아내에게 들려준다. 단, 성애적인 부분은 생략한 채. 이와 유사하게 오디세우스의 아버지는 "아내의 노여움을 살까 두려워"(1.433) 여종과 관계 갖기를 삼갔다. 이 남편들은 그들 나름의 방식으로 아내의 감정을 존중한다.

칼립소가 오디세우스를 설득해 자기 곁에 붙들어두지 못한 한 가지 이유는, 오디세우스가 그녀를 불신했기 때문이다. 칼립소가 자신이 쥐고 있는 최고의 패를 내놓고 곁에 남아주면 불멸성을 취하게 해준다고 약속했음에도 (어쩌면 그랬기 때문에 더욱) 그랬다. 서구 문화에 거의 "붙박여 있는" 이런 불신은 (호메로스는 그렇게 말하지 않았는데도) 일부 평론가들이 페넬로페 역시 구혼자 중 하나에게 넘어갔었다고 주장하는 이유를 설명해준다. 호메로스는 이 부분을 생략하고, 영리한 오디세우스로 하여금 아내가 정절을 온전히 지켰다는 것을 확신한 뒤에야 아내에게 자신의 정체를 드러내게 했다.

고대 그리스의 모든 결혼은 이중 잣대로부터 자유롭지 못했다. 호메로스는 이를 초반부터 명확히 짚어두었는데, 심지어 신들조차 예외는 아니었다. 칼립소는 여신이어서 많은 경우 인간의 법에 얽매이지 않았음에도 제우스의 강압에 어쩔 수 없이 오디세우스를 보내주어야 했다. 제우스를 비롯한 남신들은 자기 마음에 드는 여자면 누구하고든 놀아날 수 있었는데도 말이다.

충실한 페넬로페는 오디세우스 외의 어떤 남자와도 동침하기를 거부한다. 물론 재혼은 가능하며, 재혼한다고 비난받지도 않는다. 실제로 오디세우스는 전쟁에 나가기 전 아내에게 이렇게 말했다. "만약 우리 아들이 커서 턱수염이 나는 날이 오면, 그때는 당신이 선택한 남자와 결혼하여 이 집을 떠나시오."(18.269-70) 그날이 코앞에 닥치자 페넬로페의 상황은 절박했다. 경쟁적인 구혼자들이 페넬로페와 오디세우스의 집을 자기들 것인 양 점유하고 마음껏 먹고 마시며 재산을 축냈다. 그들은 호메로스식 '한마음'에 의미를 준 가정을 파괴하고 있었다.

만약 정상적인 상황이었다면 페넬로페는 집안 살림을 챙기고 있었을 것이다. 길쌈을 하고, 하인들과 노예들을 관리하고, 무엇보다도 아이들을 낳고 보살폈을 것이다. 아내의 **존재 이유**는 아이를 낳는 것이었고, 페넬로페는 아직 몇 명쯤 더 낳을 수 있었다. 만약 많은 그리스 여성들이 그랬듯 열네 살에 결혼했다면 충분히 젊은 나이였을 터이므로. 아울러 가축과 포도밭과 논밭을 관리하는 등 바깥 살림은 남편의 관리 아래에 있었을 것이다. 하지만 아내와 남편 모두 제 몫을 하고 있지 않다. 오디세우스는 방랑 중이고 페넬로페는 눈물을 흘리고 있다.

게임의 규칙은 남자들을 위해 만들어진 것만 같다. 오디세우스가 상황을 바로잡지 못하면 이타카의 남자들 중 하나가 페넬로페와 모든 재산을 차지할 것이다. 아니면 페넬로페는 아버지에게 돌아가(의심할 여지없이 애초에 페넬로페를 오디세우스와 맺어준 사람이 아버지였으리라), 아버지가 골라준 다른 남자와 결혼할 수도 있을 것이다. 이렇게 보면 호메로스의 사회에서 여자들은 의무만 있고 자유는 없었던 모양새다. 하지만 페넬로페 같은 여성은 자기 역할을 다하고, 그 틈새에서 자유를 찾아내는 법을 안다. 순종적인 가정주부답게 길쌈을 하지만 밤에는 짰던 직물을 도로 풀어버리는 것이다. 구혼자들은 거의 4년이 지나도록 그 수법을 눈치 채지 못한다. 페넬로페는 "[구혼자들의] 불타는 심장을 가지고 놂으로써" 자신의 선택지들을 잃지 않는다. "모두에게 희망을 주고 각자에게 약속을 하고 메시지를 보내지만, 그녀에게는 다른 꿍꿍이가 있었다."(2.90-2) 페넬로페가 내려오자 거기 모여 있던 한껏 치장한 남자들은 "동시에 무릎이 후들거리고 심장에는 열정의 불이 붙는다. 저마다 자신이 페넬로페의 침상에 들 수 있기를 기도했다."(18.212-213) 페넬로페는 심지어 오디세우스가 자신에게 제 정체를 밝혔을 때, 남편을 시험하는 자기만의 방법까지 갖고 있다. 부부 침대를 움직였다고 거짓말한 것이다. 오디세우스는 살아 있는 올리브나무를 중심으로 자신이 직접 만든, 말 그대로 땅에 뿌리박은 침대가 옮겨졌다는 말에 격분한다. 이에 그가 남편임을 확신한 페넬로페는 그제야 오디세우스에게 눈물과 입맞춤과 포옹을 퍼붓는다. 페넬로페는 지배적 가부장제의 틈새를 포착하고, 그것을 이용한다.

✧

그리스가 호메로스 시대의 군주제에서 고대 그리스의 도시국가로 재편됐을 때에도 결혼은 거의 동일한 의무, 규칙, 자유를 유지했다. 심지어 결혼이 더 이상 대가족을 결합하기 위해서가 아니라 부부와 그들이 국가에 진 의무에 초점을 맞추는데도 그랬다. 결혼의 주된 목적은 여전히 번식이었다. 맨땅에서 새로운 정치 조직체를 쌓아 올리는 데 필요한 입법을 논하는 플라톤의 《법률》은, 도시를 지탱하는 주춧돌이 "동반자 관계에 있는 두 사람의 혼인을 통한 결합"이라고 선언한다.[9] 그것이야말로 도시를 이루는 벽돌이자 다른 모든 것이 생성되는 시발점인 세포다. 플라톤은 단언하기를, 부부의 일은 도시 인구를 다시 채우는 것이다. 이는 당시에도 이미 해묵은 생각이었다. 플라톤보다 약 반세기 앞서 페리클레스는 펠로폰네소스 전쟁 초기에 많은 아테네 남성들이 희생됐을 때, 동료 시민들에게 이렇게 충고했다. "적절한 나이에 이른 이들은 반드시 아이를 가져야 하고, 아이가 더 생길 것을 생각하며 슬픈 마음을 달래야 한다. 이 새로운 아이들은 가정에서 더 이상 존재하지 않는 이들 생각에 골몰하지 않게 해줄 것이고, 도시에도 도움이 될 것이다."[10]

여기서 사랑은 어디 있는가? 약 1세기 후 플라톤의 동시대인이자 소크라테스 아래에서 함께 수학했던 크세노폰(기원전 356년 사망)은 가정에 관한 대화를 들려주는데, 우리는 그가 거론하는 수많은 의무 사이에서 사랑을 얼핏 볼 수 있다. 자유민의 아내에게 주어진 즐거움과 수많은 의무를 논하기 위해 크세노폰은 소크라테스와의 대화에서 이스코마쿠스라는 모범적인 가상의 남편을 내세운다. 이스코마쿠스는 자신의 아내(결코 이름이 언급되지 않는다)가 처음 자기 집에 왔을 때 세상 물정에 어둡고 정식 교육을 받지 못한 열네 살짜리였다고 말한다. 하지만 아내가 새로운 삶에 적응할 시간을 준 후, 이스코마쿠스는 그녀를 단단히 틀어쥐곤 숙달해야 할 일들을 가르친다. 신들이 "벌들의 지도자"인 여왕벌에게 벌집에 머물면서 벌집을 "짓고" 아직 어린 벌들에게는 영양분을 공급하고 일벌들은 밖으로 내보내 꽃가루를 모아 오게 하라는 명을 내렸듯이, 아내도 집 안에 머물러야 한다. 아내의 일이란 문턱을 넘어 집 안으로 들어오는 것들을 관리하는 것이다. 빵을 굽기 위한 곡물, 옷을 짓기 위한 양모 같은 것들 말이다. 아내에게 무언가 바깥에서 필요한 것이 있으면 노예들을 보내 가져오게 했다. 집 안에서 아내의 책임은 모든 것이 질서 있게 제자리를 지키도록 단속하는 것이다. 부부가 낳은 아이를 돌보는 것도 아내의 책임인데, 신들이 "어머니로 하여금 갓난아기에게 신이 인류에게 베푼 것보다 더 큰 애정을 품도록 만들었기 때문이다."(7.24)[11] 같은 이유에서 남편은 집 밖에 있어야 하며, 바깥의 모든 일을 감독해야 한다. 이 노동 분담은 완벽하게 작동한다고, 이스코마쿠스는 의기양양하게 말한다. 남편과 아내는 가정이라는 단위를 보살피는 "동반자"다.

이 바쁜 벌집에서 사랑은 아내로서의 의무다. 만약 남편이 아내에게 숨기는 것 없이 정직하다면, 아내도 마땅히 그러해야 한다. 이스코마쿠스는 아내가 화장을 하고 굽 높은 구두를 신었을 때를 떠올리면서 다음과 같이 이야기한다. 아내는 예뻐 보이기를 원했지만 이스코마쿠스는 조금도 받아들이지 않는다. "'말해보시오, 아내여.' 저는 말했습니다. '내가 그대에게 우리 재산을 그대로 보여주고 내 진짜 재산보다 더 많은 부를 가졌다고 뽐내지 않는다면, … 혹은 내가 내 진짜 재산보다 더 많은 부를 가졌다고 말해 그대를 속이려 했다면, 당신은 내가 더 사랑받을 가치가 있는 동반자라고 생각하겠소?'" 신중한 아내는 재빨리 대답한다. "'당신은 그러지 마세요. 당신이 그리한다면 저는 당신을 결코 영혼으로부터 사랑하지 못할 것입니다.'"(10.3-4) 아내에게는 남편을 사랑할 의무가 있다. 남편이 아내에게 정직하다면 말이다.

하지만 아내가 남편을 바르게 대한다면 남편에게도 아내를 사랑할 의무가 있다고, 이스코마쿠스는 완곡하게나마 지적한다. 두 사람이 "서로에게 육신의 동반자"라는 점에서, 남편이 더 매력적으로 보이기 위해 분을 바르기보다는 몸을 튼튼히 관리한다면 "더 사랑받을 가치가 있지"는 않을까? (이는 수사적인 물음이다) 물론 그렇다. 그리고 여기서 필연적으로 이어지는 결론은 아내가 꾸미지 않은 모습을 남편에게 내보일 경우 남편은 **아내가** "더 사랑받을 가치가 있음을" 발견한다는 것이다. 아내는 남편이 말하고자 하는 바를 이해한다. "내게는 분을 만

지는 것보다 그대를 만지는 편이 … 그대의 살색을 보는 편이 훨씬 더 큰 기쁨일 것입니다."(10.6-7)

사랑의 의무는 조건부로, 양쪽 모두에게 모범적인 행동을 요구한다. 이는 아내에게 더 나은 협상을 위해 다퉈볼 여지를 마련해준다. 그리하여 이스코마쿠스의 아내는 남편에게 수줍게 묻는다. 아내가 정말 자기 벌집의 "우두머리"이느냐고. "저는 우두머리의 일이 저보다는 당신의 일이 아닌지 궁금해요. 무언가를 밖에서 들여오는 일이 당신의 관심사가 아니라면 집 안의 것들을 배분하는 것이 조금 우스워 보일 것 같아서요."(8.39) 남편이 아내를 위해 그려둔 삶에서 아내는 많은 기쁨을 얻지 못할 것이고, 둘 다 그 사실을 안다. 이스코마쿠스는 아내에게 집안일의 어떤 측면에서는 즐거움을 찾게 될 거라고 설득하지 않을 수 없다. 그런 뒤에 그는 진지하게 한 발 물러선다. 만약 남편을 뛰어넘는 능률을 보여준다면 아내는 "가장 좋은 것"을 얻게 될 것이다. "나이가 들수록 집에서 괄시받을까 봐 두려워할 필요가 전혀 없을 것"이기 때문이다(8.43). 나이가 들어 쇠약해지고 주름이 지는 것은 남편 육신의 "동반자"인 여성에게 심각한 문제가 될 수 있다. 이스코마쿠스가 부지런한 아내에게 지켜야 하는 평생의 도의는 남성이 지배하는 범위 안에서 아내가 약간이나마 운신할 수 있는 폭을 제공한다.

✧

고대 그리스 가정을 슬쩍 들여다보면 아내들은 실제로 가부장제적 제도에서 균열을 찾아낼 수 있었다. 비록 그런 균열을 너무 크게 벌릴 위험을 무릅쓰기는 했지만 말이다. 아테네에서 있었던 한 법정 소송에서 아내의 정부를 살해한 죄로 기소된 에우필레투스는 이렇게 변론한다.

> 결혼해서 아내를 제 집에 맞아들이기로 결심했을 때, 처음에 아내를 향한 제 태도는 이러했습니다. 저는 아내를 들볶고 싶지 않았고 아내 역시 제멋대로 굴지 않았습니다. 저는 할 수 있는 한 세심하게 아내를 지켜보았습니다. … 하지만 나중에 아이가 태어난 후, 저는 아내를 믿고 제가 가진 모든 것을 넘겼습니다. 그것이 제가 보여줄 수 있는 가장 큰 애정의 증거라고 믿었기 때문입니다.[12]

아이를 목욕시킬 때마다 아래층으로 내려가야 했던 아내를 위해 에우필레투스는 자신이 여성의 공간인 위층으로 올라갔다. 부부 침대는 에우필레투스와 함께 위층에 있었지만, 아내는 종종 아이를 젖먹이고 재우기 위해 아래층으로 내려갔다. 결국 아내는 거기서 정부를 만들었다. 나머지 이야기를 굳이 따라갈 필요는 없다. 요는, 그리스 가내 건축 구조의 규범을 굽히기 충분할 만큼 강력한 신뢰가 남편과 아내 사이에 구축됐다는 것이다. 말 그대로 집 위아래를 거꾸로 뒤집어놓을 만큼 말이다. 하지만 에우필레투스의 아내는 명백히 선을 넘었다. 그들의 사랑의 유형은 (이스코마쿠스와 그 아내가 그러했듯이) 전적으로 조건적이었다.

천생 연분

기원전 2세기에 로마가 그리스 세계에 영향력을 미치면서 장기적인 친밀한 관계 내에서의 강조점들이 변화했다. 고대 로마의 결혼은 여성이 아버지의 집을 나와 남편의 집에 들어가는 것, 남자 집안 혈통을 잇기 위해 일부일처제 내에서 생식을 강조하는 것, 혼외정사에 관한 이중 잣대 등 크세노폰 시대 그리스의 결혼과 많은 유사점이 존재했다. 그럼에도 로마인들은 남편과 아내를 서로 묶는 애정이라는 끈을 **명시적으로** 강조했다.

혼인이 성사되려면 우선 양 배우자의 합의가 필요했는데, 이 합의는 어느 한쪽이 이혼 절차를 밟지 않는 한 생애 내내 효력을 유지했다. 기원전 1세기 중반 이후부터 아마도 개인과 개인의 행복에 방점이 찍히면서 로마인들은 배우자들이 서로를 사랑할 것을(아니면 적어도 애정을 느낄 것을) 기대했다. 남편과 아내가 서로 입맞춤을 나누고, 아이들에게 살뜰히 애정을 표현하고, 떨어져 있으면 서로를 그리워하는, 그야말로 사랑 넘치는 가족이 이상으로 여겨졌다.

스토아 학파였던 무소니우스 루푸스(서기 1세기에 활동)와 윤리학자이자 전기 작가였던 플루타르코스(서기 120년경 사망)가 결혼의 주된 목적이 아이를 낳는 것이라는 해묵은 관점에 도전한 것은 이런 새로운 분위기 속에서였다. 분명히 무소니우스는 "인간의 출생은 … 무언가 경이로운 것"임을 인정했지만, 아이를 낳기 위해 꼭 결혼할 필요는 없었다. 아니, "결혼은 무엇보다도 남편과 아내 사이의 완벽한 동반자 관계와 상호 애정을 필요로 한다. 건강할 때나 아플 때나 그 어떤 조건하에서도."[13] 한편 플루타르코스는 다양한 결혼의 양태를 제시했다. 가장 좋은 것은 사랑에 기반을 둔 결혼인데, 그것이 가장 자연스럽기 때문이다. "연인들 사이의 결혼은 자연적인 결합이다. 돈이나 아이를 위한 결혼은 [한집 안의 방들처럼] 서로 연결된 단위들로 이루어진다. 단순히 동침의 쾌락만을 기반으로 한 결혼은 서로 분리된 단위들로 이루어지는데, 이는 함께하는 삶이라기보다 공동 거주라 불려야 한다."[14]

결혼에 관한 이런 고매한 언어들이 과연 실제로는 어떤 의미를 지녔을까? 어쩌면 1장에서 만난, 우정에 관한 글을 썼던 로마 정치가 키케로의 서한 일부에서 그 답을 찾을 수 있을지도 모른다. 적들에게 추방 당해 생명과 재산에 위협을 받던 당시 키케로는 로마에 남아 있던 아내 테렌티아에게 이런 편지를 써 보냈다.

그대에게 편지를 쓰거나 그대 편지를 읽을 때면 눈물이 북받쳐 견디기 힘들구려. … 내 삶의 빛인 그대를 최대한 빨리 볼 수 있기를, 그리하여 그대 품에 안겨 죽을 수 있기를 간절히 바라오. 내 어찌해야 할까? 괴로움에 몸도 마음도 가누지 못하는 여인인 그대가 내게 와주기를 빌어야 하나? … 이 한 가지만은 부디 잊지 마시오. 당신이 내 것인 한, 나는 모든 걸 잃었다고 생각지 않는다오. 하지만 내 소중한 [딸] 툴리아는 어찌 될까? … 그러고 나면 내 [아들] 키케로에게는 무슨 일이 일어날까? 슬픔에 목이 메여 지금은 이 편지를 더 적을 수 없구려.[15]

아내를 향한 애틋함에 홍수 같은 눈물을 흘리는 것은 완벽하게 남자다운 일이었다. 아내를 한 번 더 보는 것, 아내 품 안에서 눈을 감는 것. 이런 열정적인 감상을 적은 것은 결혼한 지 이미 30년도 더 된 남자였다. 이는 분명히 사랑의 표현이었고, 거기에는 의무가 섞여 있었다. 아내의 육체적·정신적 안녕에 대한 남편으로서의 책임감, 아이들에 대한 아버지로서의 염려, 비록 드러내놓고 말하지는 않았지만 자신이 있는 곳으로 오라고 하면 테렌티아가 따를 것이라는 굳은 믿음.

아닌 게 아니라 같은 편지에서 조금 뒤에 키케로는 노골적인 요청을 덧붙이는데, 아내가 당연히 그리하리라고 여기는 듯하다. 키케로는 아내가 자신의 정치적 동맹임을, 자신이 로마로 돌아갈 수 있도록 동원할 수 있는 모든 영향력을 행사할 것임을 알았다. 그는 아내에게 이렇게 말했다. "내가 복귀

할 가망이 보이면 당신은 반드시 거기에 힘을 보태고 그 과정에 협조해야 하오. 하지만 내 두려움이 옳아서 이미 문이 닫혀버렸다면, 가능한 모든 방법을 동원하여 내가 있는 곳으로 오시오." 로마 상류층 부부가 흔히 그러했듯이 아내는 남편의 재산과 별도로 자기 재산을 가지고 있었다. 하지만 키케로와 같은 경우에 아내는 남편의 일을 관리하기를 요구받을 수 있었다. 하여 키케로는 테렌티아에게 집안 노예들에 대한 몇 가지 지침을 주었다. 자유를 얻을 수 있었던 건 테렌티아의 노예들 중 하나뿐이었다. 키케로의 노예들은 주인의 정치적 운에 따라 운명이 결정될 것이다.

키케로가 가장 통탄했던 것은 딸인 툴리아의 재혼을 자신이 직접 챙기지 못하고 아내에게 부탁해야 한다는 사실이었다. 그는 딸이 아직 어리다고 생각했지만, 이 편지가 쓰일 당시 서른에 가까웠던 툴리아는 이미 한 번의 사별과 한 번의 이혼을 겪은 후였다. 툴리아 자신도 새 남편감을 찾는 데 적극적으로 참여했다. 어쩌면 로마에서 적절한 짝을 찾기 위한 사냥은, 앞서 언급한 《뉴요커》 만화에서 숙녀를 구하기 전 가족계획이며 재정 철학 따위를 신중하게 캐묻던 기사의 탐색보다 훨씬 더 조심스러웠다고 말할 수 있을지도 모른다.

툴리아는 왜 독신으로 살 수 없었는가? 그것이 로마 관습에서는 생각조차 할 수 없는 일이었기 때문이다. 그랬다가는 평판을, 결혼으로부터 애정과 행복을 얻을 또 다른 기회를, 그리고 그녀 자신과 부모 모두에게 기쁨을 줄 아이들을 가질 가능성을 잃고 말 것이다. 그로부터 몇 해가 지나 키케로가 테렌티아에 대한 믿음을 잃고 이혼한 뒤에, 테렌티아 역시 재혼했다. 심지어 50대 초반이었는데도 말이다. 결혼하지 않는 것은 남자에게도 마찬가지로 상상조차 할 수 없는 일이라 키케로 역시 재혼했는데, 이번 상대는 자신의 젊은 피후견인이었다. (이 선택도, 툴리아가 마침내 마음을 정한 남자도, 다소 경솔한 '사랑'의 결합이었던 듯하다. 둘 다 끝이 좋지 않았다)

물론 키케로와 테렌티아, 툴리아는 '전형적인' 로마인들이 아니었다. 그들은 무척 높은 사회적 계층에 속했다. 그럼에도 그들의 삶과 사랑은 그 시대의 이상과 관습을 어느 정도 보여준다. 다른 남편들과 마찬가지로 키케로는 자신을 가부장적 권위를 과시하기보다는 가족에 대한 제 의무를 다하고 그러한 협상 관계 안에서 제 몫을 수행하지 못하는 데 애석해하는 모습으로서 제시했다. 무엇보다도, 다정하고 가정적인 남자로서.

그러나 키케로가 살았던 정치적 격동기는 아우구스투스가 황제로 옹립되면서 끝났다. 황제는 로마의 위대함을 되찾는다는 미명하에 결혼에 대해 새롭고 엄격한 규칙들을 제정했다. 아우구스투스 통치 시기에 성인들이 결혼하지 않는 것은 상상할 수 없는 일을 넘어 불법이기까지 했다. 혼외정사와 남성 간 성관계는 범죄시됐고, 아이 없는 부부는 처벌을 받았다. 그렇다면 사랑은? 증거는 엇갈린다. 아우구스투스 시대에 저술 활동을 했던 극보수주의자 디오니시오스 할리카르나소스는 애정이 아니라 권력을 강조하면서 고대의 실천을 거론했다. 권력은 "다른 의지할 곳이 없었던 결혼한 여자들에게 남편의 뜻에 따라 살지 않을 수 없게 강요했다. 한편 남편들에게는 아내를 통제하도록 강요했는데, 아내는 필수적이고 양도할 수 없는 소유물이었기 때문이다."[16]

하지만 세상을 떠난 배우자의 묘비에 "가장 소중한", 때로는 "무척 사랑하는" 같은 표현을 쓴 데서 볼 수 있듯이, 서로 사랑하는 부부라는 이상은 지속된 듯 보인다. 유달리 애정 넘치는 3세기의 한 비문은 (남편이 작성한 것이 분명하다) 무덤에 묻힌 아내의 입을 빌려 이렇게 말하고 있다. "나는 충실한 남편을 만나 참하고 행복한 아내로 사랑받았으나 질투심 강한 운명은 우리의 서약이 결실을 맺지 못하게 했으니, 측은하고 가련한 내게 허락된 위안은 오직 하나, 사랑하는 남편의 품에서 눈을 감는 것뿐이었다."[17] 기원전 80년경의 한 비석에서는 두 해방 노예가 길을 지나는 행인들에게 가르침을 주기 위해 서로 대화를 나눈다. 왼쪽에 선 남편이 먼저 말한다. "나보다 앞서 죽은 여인은 내 아내였다. 아내의 육신은 순결했으며 우리의 심장은 서로를 향한 사랑으로 가득했다." 그러자 오른편의 여자가 이렇게 대답한다.

> 살아 있을 때 내 이름은 아우렐리아 필레마티움이라 했다. 순결하고 참하고 다른 이들이라고는 전혀 알지 못한 채 남편에게 정절을 지켰다. 남편은 나처럼 해방된 자유민이었으나, 아아,

> 나는 이제 그이를 잃고 말았다. 그이는 내게 진정 어버이 그 이상이었다. 그이는 일곱 살이던 나를 자기 무릎에 앉혔다. 나는 이제 나이 마흔에 죽음을 맞았다. 그이는 내 순종 덕분에 행복했다.[18]

비문 사이의 돋을새김에서 둘은 손을 맞잡고 있다.

기원전 1세기 중반의 아래 비문에서 보듯이, 로마 무덤은 자식 사랑 역시 기리고 있다.

> 에우카리스 리키니아이
> 모든 기예를 배우고 익힌 열네 살 된 여자아이였노라.
> 방랑하는 눈으로 죽음의 집을 올려다보는 거기 그대여,
> 걸음을 늦추고 사랑하는 아비가 딸에게 준
> 우리 비문을 주의 깊게 읽으라,
> 그 아이의 유해가 묻힌 곳에서.[19]

수 세기 동안 지속된 (다소 개정되기는 했지만) 아우구스티누스의 제국법을 감안하면, 성 페르페투아가 가정을 꾸리는 것을 부정했다는 사실(2장을 볼 것)이 한층 더 놀랍게 느껴진다.

기독교의 각인

다른 한편, 기독교의 가르침에 부합하는 페르페투아의 '반항'은 초기 비로마 감정적 공동체의 한 극단이었다. 이 집단이 통합되고 확장되고 어느 때보다도 주의 깊게 자신과 자신의 가치를 정의하면서, 그들의 사랑 개념은 궁극적으로 이교도 로마의 개념을 전복했다. 교회는 순결(이는 이전과는 달리 한 배우자에게 충실한 것이 아니라 철저한 금욕을 뜻했다)을 가장 높은 지위로, 신을 사랑하는 가장 좋은 방법으로 격상시켰다. 이에 비하면 부부간 사랑은 지위가 상당히 낮아졌다. 결혼 바깥에서 이루어지는 사랑은 (교회에 따르면) 아예 사랑도 아니었다. 하지만 이러한 교회의 언명은 모든 이를 향한 것이 아니었고, 결혼과 별개인 사랑은 심지어 공적 권한을 쥐고 있는 권력층에서 극심한 비난을 받을 때조차 일부 사람들에게서는(아마도 많은 이들에게서) 한껏 칭송받았다. 이는 앞으로 4장에서 다시 보게 될 것이다.

기독교도들은 구약과 신약의 말씀을 모두 명령으로서 읽었다. 창세기 1:28을 보자. "생육하고 번성하여 땅에 충만하라." 창세기 2:24. "이러므로 남자가 부모를 떠나 그의 아내와 합하여 둘이 한 몸을 이룰지어다." 출애굽기 20:12. "네 부모를 공경하라." 그런가 하면 누가복음 14:25도 있다. "무릇 내게 오는 자가 자기 부모와 처자와 형제와 자매와 더욱이 자기 목숨까지 미워하지 아니하면 능히 내 제자가 되지 못하니라."

이런 상충하는 규범들에 위계를 부여해 정리함으로써 화해시킨 것은 바로 사도 바울이었다. 바울의 고린도전서(고린도전서 7)는 기본 틀을 제시한다. 거기서 바울은 "모든 사람이 나와 같기를" 원한다. 요컨대 결혼하지 말고 금욕하라는 것이다. 만약 그것이 불가능하다면, 당대의 로마법을 채택해 "남자와 여자는 각기 아내와 남편을 두어야 한다. 남편은 아내에게 부부관계의 권리를 주어야 하고 마찬가지로 아내도 남편에게 그리해야 한다." '부부관계의 권리'란 성관계 요구를 수락하는 것을 말했다. 다만 거기에 한 가지 예외가 있었으니, 기도하는 시간이었다. 끝으로, 바울은 이혼을 만류했다. "결혼한 자들에게 내가 명하노니 (명하는 자는 내가 아니요 주이시라) 여자는 남편에게서 갈라서지 말고 남편도 아내를 버리지 말라."

의무가 참 많기도 하다. 하지만 사랑에 관한 의무는 하나도 없나? 천만에. 에베소서(5:22-6:4)에서는 사랑이 곧 의무다. 다만 핵가족 안에서 그리스도 자리를 차지한 남편만의 의무다. "아내들이여 남편에게 복종하기를 주께 하듯 하라. … 남편들아 아내 사랑하기를 그리스도께서 교회를 사랑하시고 그 교회를 위하여 자신을 주심 같이 하라." 여기서 결혼은 구원의 전체 체계를 그대로 반영한다. 그렇다면 교구협의회가 결혼을 관장하는 주체가 되고자 한 것도 이치에 맞다. 비록 에베소서가 지금은 바울의 사도 중 누군가(여기서는 가짜 바울이라고 부르자)가 작성한 것이라 여겨지지만, 당시에는 권위 있는 것으로 받아들여졌다. 교회법은 바울과 가짜 바울, 교부들이 처음 틀을 제시한 제약들을 끝없이 정교하게 가다듬었다. 처음에, 성직자들은 그들 자신의 순결을 찬양하면서 결혼을 주로 간음이라는 죄를 예방하는 한 방편으로 보았다. 그들은 심지어 횟수와 쾌락을 제한할 목적을 가진 제약들을 통해 부부간 성교를 구속했다. 금욕 기간은 사순절, 강림절, 부활절, 일요일, 그리고 월경과 임신 기간을 포함했다. 성교는 오직 생식을 위한 것일 때에만 타당했고, 쾌락은 적을수록 좋았다. 따라서 평범하지 않은 체위, 필수적이지 않은 애무나 입맞춤은 모조리 금기시됐다. 성교할 때 옷도 갖춰 입어야 했다. 순결한 결혼은 칭송받았다. 6세기에 주교였던 그레고리우스가 묘사한 두 모범적인 연인을 생각해보자. 평생 부부였지만 한 번도 성관계를 맺지 않았던 두 사람은 서로를 얼마나 곡진히 사랑했던지, 두 무덤이 서로를 향해 가까이 옮겨 가는 기적이 일어날 정도였다.

처음에 대다수 평신도들은 이런 과도함에 지극히 무관심했다. 결혼은 집안 일이었고, 교회는 거기서 무관했다. 하지만 점차 교구 체제가 자리를 잡고 교회의 가르침이 일반인들의 삶 속으로 깊이 스며들면서 사정이 달라지기 시작했다.

동시에, 교회 역시 변화를 겪으면서 부부간 사랑이 서서히 회복세를 타고 있었다. 교회는 갈수록 신랑 신부 양측에 대한 공개 승인권을 고집하면서 부모의 통제를 다소 약화시켰고, 일부 성직자들은 결혼이 "사랑의 성체"라고 주장하기 시작했다. 이는 금욕이 사제들에게 명확한 의무가 된 동시에 순결한 삶이 (성 베르나르에게서 보았듯이) 성애의 짜릿한 전류를 띠기 시작한 바로 그 시기였다. 성스러운 순결을 찬양하는 베르나르의 설교는 수많은 사람들이 노래한 사랑의 찬가들(4장에서 보게 될 것이다)을 고스란히 반영했다. 성직자들은 이런 성애적인 서사, 노래, 문학, 그리고 (의심할 바 없이) 행위들의 자극적인 조합에 부부의 신성불가침한 관계를 보태어, 결혼이 한 남자와 한 여자 사이의 진짜 사랑, 진정한 사랑이 살 수 있는 **유일한** 장소라고 선언했다. 그 나머지는 전부 육욕에 불과했다.

이런 시각을 달변으로 옹호한 생빅토르의 위그(1141년 사망)는 새로 창조된 아담과 이브가 하나님이 지상을 인류로 채울 목적으로 도입한 "사랑의 협정"에 따라 결혼한 관계라고 생각했다. 협정은 추방 이후에도 달라지지 않았다. 정확히 말하자면 결혼의 좋은 목적(말하자면 번식)에, 덜 좋은 것이 덧붙여졌을 뿐이다. 결혼은 육신의 나약함에 대한 타협책이었다. 완전히 죄악이었던 "육신의 어우러짐"은 결혼을 통해 고귀한 일이 되었다(여전히 더 좋은 것은 순결한 결혼이었을지라도). 결혼 안에서 남편과 아내의 사랑은 "성체였고, 하나님이 합리적 영혼에 함께하시는 사랑의 징표"였다. "그분 은총의 주입을 통해."[20]

이처럼 결혼이 전보다 높은 지위로 올라서면서 동시에 성가족과 그것을 하나로 결합하는 사랑과 보살핌의 연대 또한 새로이 평가받게 됐다. 가령 우리는 12세기 상아 조각에서 그것을 알 수 있다(다음 그림을 보라).

이 상아 조각에서 마리아와 요셉과 아기 예수는 손과 팔로 서로를 감싸 안아 하나로 엮여 있다. 마리아가 아기 그리스도에게 젖을 먹이거나 함께 놀아주는 수없이 많은 이미지들은 가정생활이 신격화되었음을, 감상적이 되었음을 보여준다. 한 마음 우정의 기쁨에 관해 그토록 격정적으로 웅변했던 앨러드(1장을 볼 것)가 그리스도와 마리아의 삶에 상상적으로 참여하는 방법을 설명한 걸 보면 당대에 가족이 감정적으로 얼마나 중요했는지 이해할 수 있다.

> 우선 축복받은 마리아의 방에 들어가 그분과 함께 처녀 출산과 그리스도의 도래를 예언하는 책들을 읽는다. 그곳에서 천사의 강림을 기다린다. … 다음은 온 헌신을 다해 베들레헴을 향하는 성모를 따라간다. 여관에서 그분과 함께 휴식을 취하고 출산하는 그분을 옆에서 돕는다. 그리고 아기가 구유에 놓이면, 넘치는 기쁨의 방언을 터뜨린다.[21]

이 이야기 끄트머리에 이르면 앨러드는 독자들에게 예루살렘에서 어린 예수를 찾다(누가복음 2:48) 마침내 만나 안도의 눈물을 쏟는 성모 마리아에게 동참하라고 말한다.

그리스도의 지상에서의 삶에 대한 이 같은 정서적 동일시는 그로부터 한 세기쯤 후 성 프란체스코가 재연한 마태와 누가의 구유 장면으로 이어졌다. 이는 동시에 무대로 가는 더 폭넓은 움직임의 일부였으니, 축제 기간이면 구약과 신약의 모든 중요한 사건들이 교회 내에서만이 아니라 도시 곳곳에서 재연됐다. 사람들은 구경을 나와 성가족에게 응원의 함성을 보내고, 그리스도를 박해하는 자들에게는 야유를 보냈다. 독일에서는 요셉이 가장 사랑 넘치는 남편이자 아버지로 등장하는 인기 있는 가족극이 나왔다.

> 요셉(요람을 들고 있다): 마리아, 내가 곰곰이 생각해본 끝에 어린아이를 눕힐 수 있는 요람을 가져왔소.
> 마리아(노래한다): 요셉, 내 소중한 남편이여, 내가 어린 아기를 어르도록 도와줘요.
> 요셉이 대답한다: 기꺼이 그러리다, 내 소중한 아내여.[22]

✧

물론 그리스도의 사랑 넘치는 가족을 엿보았다고 해서 실제 중세 가정이 어땠는지 알 수 있는 것은 전혀 아니다. 분명 엄청나게 다양한 모습을 하고 있었으리라. 하지만 이상적인 이미지들이 세속적인 관계의 거울이자 모델 역할을 했으리라는 추론은 꽤나 합리적이다. 결혼이라는 결합의 성스러움과 불변성, 결혼의 빚conjugal debt 개념,* 아이를 가져야 한다는 명령, 아이를 부모를 공경하는 좋은 기독교도로 키

* [옮긴이주] 부부는 배우자의 성적 요구를 거절할 수 없다는 개념.

워야 한다는 암묵적 의무. 교회에서는 매주 이런 주제들을 설교했는데, 1215년 이후로 평신도들은 적어도 1년에 한 번은 교회에 의무적으로 출석해야 했다.

실제로 에베소서 6:1-4는 다음과 같이 노골적으로 말한다. "자녀들아 주 안에서 너희 부모에게 순종하라. … 또 아비들아 너희 자녀를 노엽게 하지 말고 오직 주의 규율과 가르침대로 양육하라." 그렇다면 어머니들은? 우리는 9세기 귀족 여성 두오다에게서 초기 예시를 볼 수 있다. 두오다는 프랑스 남부에, 어린 아들 윌리엄은 제 아비의 인질 노릇을 하느라 북부에 위치한 왕의 궁정에 머물고 있었다. 윌리엄의 아버지이자 두오다의 남편 베르나르는 카롤링거 왕국에서 가장 영향력 있는 인물 중 하나였지만 왕으로부터 미움을 사 고초를 겪는 중이었다. 두오다는 아들에게 이렇게 써 보냈다. "불안해서 너를 위해 뭐라도 하고 싶은 마음이 간절하구나." 여기서 "뭐라도"는 "네 영혼과 육신의 건강을 위한" 기도, 시, 계율을 꾹꾹 눌러 담은 지침서였다. 또한 두오다는 윌리엄에게 "나를 위해 네가 해야 하는 일들에 관해"[23] 일깨워주고 싶어했다. 두오다는 가족들의 목숨을 염려했지만 남편의 권리나 결정에 대해서는 한 번도 의문을 갖지 않았고, 윌리엄에게는 아버지를 하나님 다음으로 존경하라고 말했다. 그녀에게는 모든 우선순위가 확고하게 정해져 있었다. 하지만 두오다는 지침서를 쓰는 것만으로도 윌리엄에게 어떤 삶을 살라고 말할 수 있는, 어머니로서 자신이 가진 특권을 주장했다. 두오다의 지침서는 아들에 대한 사랑만을 말하는 게 아니었다. 다른 무엇보다도, 아들이 자신에게 진 의무를 말하고 있었다. 이는 남편이 아내와 가족에게 행사하는 근본적으로 가부장적인 통제를 조금도 위협하지 않았다. 그렇지만 이는 (다른 예시들과 마찬가지로) 아내들이 어떻게 자신들에게 정해진 경계를 충실히 지키는 동시에 더 멀리까지 밀고 나갔는지를 보여준다.

지침서는 보통 여자들보다는 남자들, 그중에서도 성직자들이 썼다. 그런 실용적인 인생 지침서들 중 로버트 매닝의 《죄에 대처함》(1303)이 인기를 끌었는데, 이 책은 성경과 교회의 가르침을 바탕으로 당대 영국의 이상과 규범적인 사회적 기대를 어느 정도 보여준다. 자주 거론되는 것은 가족의 사랑과 의무다. 부모는 자식을 사랑해야 하며, 사소한 잘못을 놓고 욕설을 해서는 안 된다. 아이들은 부모의 훈계를 따르지 않는 것을 두려워해야 한다. 아이들이 결혼할 때가 되면 부모는 그것을 부유해질 기회로 삼으려 해서는 안 된다. 그들은 자식들이 꼭 "굳건한 사랑"으로 결혼하게 해야 한다.[24]

실제로 부모들은 자식을 부유한 상대와 짝지워 이득을 보려 했고, 아마도 그에 반대하지 않는 자녀들이 많았을 것이다. 물론 예외는 있었으니, 15세기에 마저리 패스턴이 그랬다. 영국 상류층에 속한 패스턴 가족은 야심이 강했고 상승세를 타고 있었다. 그럼에도 마저리는 집안 토지 관리인과 비밀리에 결혼을 했다. 부모에게 들킨 뒤에는 자신이 이 결합에 동의했다며 고집을 꺾지 않았다. "그런 말로써 법적인 구속력이 생기지 않는다면, 그녀가 바로 그렇게 만들 작정이었다."[25] 이것은 사랑의 결합이었다.

하지만 14세기 말엽에 어떤 남성이 썼다고 전해지는《좋은 아내 지침서》는 사랑에 관한 것이 아니었다. 저자는 자처하건대, 열다섯 살인 아내에게 간절히 가르침을 주고자 하는 부유하고 나이 지긋한 파리 남성이다. 이는 단순히 자신을 위한 것만이 아니라 (그가 말하기를) "당신이 다른 남편을 더 잘 섬길 수 있도록 하기 위함"[26]이다. 크세노폰의 가정에 관한 담론이 그랬듯이 이 지침서 역시 아내가 가정을 활기차고 편안하고 모든 것이 잘 갖춰진 채로 유지하기 위해 숙달해야 하는 모든 일을 구체적으로 다루고 있는데, 다만 훨씬 더 길다. 저자가 아내에게 매가 사냥감을 찾아 주인에게로 돌아오도록 훈련시키는 법을 가르칠 때, 우리는 저자의 표면적인 가르침들(정원 관리, 요리, 여흥, 남편의 필요를 충족시키기, 쾌락을 위한 성교의 위험)을 굳건히 뒷받침하는 단 하나의 가장 중요한 의무가 존재함을 알게 된다. 다름 아닌 순종이다. 저자는 조반니 보카치오(1375년 사망)를 통해 문학에 처음 등장한 후 수 세기 동안 폭넓은 인기를 누린 가상의 인물, 극도로 인내하고 순종하는 그리셀다를 아내에게 모범으로 제시한다.《좋은 아내 지침서》의 저자가 들려주는 이야기에서, 권세 강한 귀족 남성 월터는 지극히 가난한 남자의 선량하고 아름다운 딸을 아내로 삼는다. 결혼하기 전에 월터는 아내에게 모든 면에서 저항 없이 자신에게 순종하겠다는 맹세를 요구한다. "말에서나 행동에서나, 겉으로나 마음속으로나." 아내는 동의한다. 이 이야기 속 가정은 영주의 지위가 갈수록 강력해지던 당시 국가를 그대로 비춘다. 월터는 아내의 순종과 인내를 시험하고자 아내가 낳은 아이들을 빼앗아가 죽인 척한다. 욥처럼, 아니 욥보다 한술 더 떠, 그리셀다는 자신에게 고통을 쏟아붓는 남편에게 어떤 원망도 드러내지 않는다. 마침내 월터는 이혼 허가증을 받은 척하고 새 신부를 데려오기까지 한다. 그리셀다는 결혼 축하연을 준비해야 한다. 이 모든 것에 충실하게 순종하며 그리셀다는 남편에게 이렇게 말한다. "그대가 즐거워하는 일이라면 나 역시 즐거워해야 합니다." 이 "행복한 결말"에서 불신 가득한 남편은 비로소 신뢰를 갖게 되어 모든 것이 시험이었음을 털어놓고 가족을 재결합한다. 여기서 의무의 판타지는 타인에 대한 완벽한 통제라는 도착에 밀려난다.

어떤 여성들은 월터의 이상을 내면화했거나, 적어도 그것을 설파했다. 젊은 나이에 남편과 사별한 후 작가로서 벌어들인 수입으로 자신과 가족을 부양할 수 있었으며 최초의 페미니스트라고도 할 수 있었던 크리스틴 드 피잔(1430년경 사망)조차 "명성 있는 귀부인들과 칭찬할 만한 여성들"에 관한 자신의 책을 다음과 같은 훈계로 마무리했다.

> 그대들 결혼한 숙녀들은 남편에게 종속되는 것을 업신여기지 말라. 한 피조물이 독립적인 존재가 되는 것이 항상 최선은 아니니. … 온화하고 선하며 헌신적이고 신중한 남편을 둔 여자

들은 그런 복을 주신 하나님을 찬양하라. … 잔인하고 거칠고 야만적인 남편을 둔 여자들은 남편의 죄악을 극복하고 남편을 견디도록 애써야 한다.[27]

이는 공적인 시각을 앵무새처럼 따라 한 것이다.

하지만 이것이 공적인 시각의 전부는 아니었다. 교회법은 한편으로 배우자들로 하여금 서로를 보살피도록 요구했다. 법이 "부부간 애정"이라고 부른 이 요구는, 신부와 신랑이 반드시 자유롭게 결혼에 합의해야 한다는 조항과 함께, 일부 아내들에게(그리고 일부 남편들에게도) 교회 법정에서 결혼에 이의를 제기할 수 있는 여지를 주었다. 중세 후기 카타니아(시칠리아)의 주교 법정에서 내려진 판결들을 보면 남편들에게도 의무가 있었음을 알 수 있다. 남편들은 처자식을 버리거나 보살피지 않거나 때로는 간통을 범한 죄로 처벌 받았다. 베타와 조반니라는 두 젊은이가 양측 부모들만의 동의로 이루어졌다며 약혼을 파기했을 때, 베타는 자신이 "결코 그 남자와 약혼하거나 결혼하기를 원치 않았고 과거에도 지금도 그를 원하지 않는다"고 증언했다. 법정은 약혼이 무효함을 선언했다.[28]

필요한 것은 오직 사랑뿐?

18세기에 이르러 사랑의 말은 부부 사이에서만이 아니라 연인들이 서로 주고받은 편지에서도 넘쳐났다. 신대륙과 아프리카를 탐험하고 착취하고 정복하는 데 열중한 유럽인들이 이리저리 옮겨 다니면서 편지는 이내 유일한 연락 수단이 됐다. 사회 전반적으로 글을 읽고 쓸 줄 아는 능력이 향상된 것 또한 거기에 한몫했다. 아울러 정규 우편배달 제도가 자리 잡으면서 커플들은 편지로도 구애할 수 있게 됐다. 사랑하는 이의 **합의**를 얻어내는 부분에 관해서는 새로울 게 없었다. 이는 오래전부터 결혼에 효력을 부여하는 데 필요한 것이었다. 더욱이 결혼에 **앞서** 사랑이 있어야 한다는 개념은 일부 집단에서 문화적 이상이 된 지 조금 지난 시점이었다(우리는 이미 그 표지들을 보았고 4장에서 더 많이 보게 될 것이다). 그렇다면 이제 계몽주의에서 새로운 요소는 한 남자와 한 여자가 결혼하려면 우선 서로를 사랑해야 한다는 **보편적인** 믿음이었다. 그리고 적어도 수사와 수녀들이 수도원에서 쫓겨나고 결혼한 가정적인 남자가 목회자의 전형이 된 개신교 국가에서는 거의 모든 사람이 반드시 결혼을 해야 했다. 프로테스탄트 신학자들은 결혼이 사랑의 결합이어야 한다는 관념을 가톨릭 성직자들보다 더 단호하게 고집했다. 그 결과, 사랑할 짝을 찾는 것은 일종의 의무가 되었다.

1700년대에 수년간의 구애 기간에 걸쳐 주고받은, 정성 가득한 손글씨로, 억누를 수 없는 사랑을 담은 추신이 넘쳐나는 연애편지들은 종종 결혼의 전주곡 역할을 한 정서를 보여준다. 남자들이 보낸 편지는 대체로 더 적극적이었고, 여자들이 보낸 편지는 대체로 더 얌전하고 머뭇대는 경향이 있었다. 양쪽 다 남성과 여성이 각자의 감정을 표현할 때 따라야 하는 문화적·성적 모범을 따르고 있었다.

심지어 오늘날에도, 사랑을 비롯한 자신의 감정을 말로 표현하고자 할 때, 사람들은 대체로 다른 사람들이 이미 잘 밟아 다져놓은 길을 따라가려는 경향이 있다. 이는 감정의 진실성을 조금도 훼손하지 않는다. 실제로 우리는 그런 감정을 표현할 때 완전히 독창적일 수 없는데, 그렇지 않으면 우리 감정은 이해받지 못할 것이기 때문이다. 18세기에는 이용 가능한 교본들이 많았다. 어떤 것들은 결혼으로 이어지는 사랑의 맹세를 위한 적절한 모범을 제시하는 습자 책 형태였고, 어떤 것들은 관계를 시작하기 위한 초대장이었다(다음 장에서 보자). 어떤 경우에든 편지는 연애라는 모험을 시작하는 열쇠였다. 리처드슨의 《파멜라 또는 보상받은 미덕》과 루소의 《신엘로이즈》 같은 소설들은 서사 대신 오직 서신을 통해 주인공을 보여주었다.

그렇다고 해서 이런 구애 교본들이 전부 편지 형식을 취한 건 아니었다. 다소 놀림조로 쓰인 《구애의 기술》 또는 《사랑의 학교》에는 연인인 토머스와 세라가 만나 주고받는 대화가 실려 있는데, 토머스가 먼저 이렇게 말한다. “아 내 사랑, 그대를 만나 얼마나 행복한지요." 이에 세라는 신중하게 대답한다. "나는 남자들이 하는 말을 그대로 믿기에는 너무 현명하답니다." 하지만 남자가 사랑을 표현하자 여자도 더는 에둘러 말하지 않는다. "음, 그대에게 솔직히 말하자면, 톰, 나도 더는 참을 수 없어요. 그대가 그 말처럼 나를 사랑한다면, 우리 그대 뜻대로 빨리 결혼해요. 그런 다음에는 그대가 원하는 대로 해요. 우리의 재산으로 말하자면 대등하니, 그건 신경 쓸 것 없어요." (여기서 우리는 현명한 세라에게 사랑은 유일한 관심사가 아님을 명확히 알 수 있다) 그러자 희열에 찬 톰은 다음과 같은, 딱히 뛰어날 것은 없는 시로 대답한다.

> 그대가 내 아름다운 신부가 되[겠다 하]면
> 내 모든 근심은 사라지리, 그리고 [내] 곁에
> 그대 두근대는 가슴으로 누우면, 밤은 그대 달아오른 얼굴을 숨겨주리
> 밤, 갓 태어난 사랑의 은신처는
> 내가 그대를 얼마나 사랑하는지 그대에게 알려주리.[29]

이처럼 세라의 의무는 분명히 침대로 시작하지만, 두 사람은 전통적인 가정의 의무들을 이어나갈 것이다. 18세기 중반 필라델피아에 거주하는 부유하고 잘 교육 받은 젊은 여성 일라이저 무드는 친구에게 보내는 편지에서 둘 모두 알고 있는 한 남자에 대해 이렇게 썼다.

그는 우리가 살면서 해야 할 일이 오직 소시지 만드는 법이나 고기 굽는 법을 배우고 집 안을 보살피고 살림을 알뜰히 꾸리는 것뿐이라고 생각하는 걸까? 맹세코, 그 모든 건 중요하지. 하지만 우리가 그런 것들을 하면서 동시에 우리 영혼을 돌볼 수는 없을까? 우리는 우리 주인들의 심기를 거스르지 않으려고 가장 중요한 부분을 무시해야만 할까?[30]

"우리 주인들"! 당시가 노예와 노예주로 가득한 식민지 미국이었다는 맥락을 감안하면, 일라이저는 아닌 게 아니라 꽤나 강한 표현을 사용했다. 하지만 일라이저는 여자들이 집 안을 보살피는 일이 실제로 '필요하다'는 점을 인정했다. 크세노폰의 모범적인 아내와 《좋은 아내 지침서》의 순종적인 아내처럼, 자신의 삶이 그렇게 제약 받으리라는 생각에 성을 내면서도 그 모든 요구를 수용했다.

이렇게 필라델피아 여성 일라이저가 아내들의 의무에 대해 사색하기 반세기쯤 전, 프랑스 여성인 마들렌 드 스퀴데리(1701년 사망)는 소설을 써서 버는 돈으로 넉넉한 형편을 유지할 수 있었기에 결혼할 필요가 전혀 없었다. 애인을 만들 마음도 없었는데, 거기 딸려올 수 있는 그 모든 가슴앓이와 임신을 해 아이가 생길 위험 때문이었다. 그러는 대신 스퀴데리는 사랑에 대한 굉장히 세련된 개념을 소개하고 키워냈다. 그건 바로 한 남자와 한 여자 사이의 우정이었다. 스퀴데리는 그것을 "다정함"이라고 불렀고, 관계의 완성은 동침이 아니었다. 그럼에도, 유혹과 마찬가지로, 이 사랑은 남성의 열성적인 추구에 의존했다. 스퀴데리의 베스트셀러 《클레리》에서 여주인공은 그녀의 연인, 아니, 차라리 "친구"가 되고 싶어하는 남자들에게 "다정함의 지도"를 나눠준다. 아이들 놀이인 '캔디랜드'에서처럼 참가자들은 맨땅에서 시작해야 한다. 처음에는 친분을 맺는 것으로 시작해, 관문들이 흩어져 있는 좁은 길을 걸어 위로 올라가야 한다. 목적지는 감사와 존중이다. 친구 지망생들은 이 길을 따라 순종, 연애편지, 존경을 비롯한 수많은 도시를 지나야 하며, 가십이나 변덕으로 가는 길을 피해야 하고, (무엇보다 최악인) 원망이나 무관심 같은 호수에 빠지지 않도록 조심해야 한다. 지도 꼭대기에는 위험한 바다가, 그 너머에는 미지의 땅이 있는데, 아마도 여기서 성교가 일어날 것이다. 유럽에서 신대륙 탐험과 정복이 대유행하던 시대, 존 던이 미국 탐사를 자기 정부의 옷을 벗기는 것으로 비유했던 시대에 만들어진 다정함의 지도는 남성 판타지에 대한 여성의 당돌한 응답이었다. 남자들은 아마도 (존 던의 말을 빌리자면) 여자들이 "내 방랑하는 양손이/앞뒤로, 위아래로, 사이로 지나가도록 허락해주기를" 원할 것이다.[31] 하지만 스퀴데리는 그 손들이 연애편지를 쓰는 데 매인 세계를 만들었다. 여기서 지도를 따라 재빨리 위로 올라가야 하는 의무(그렇지 않으면 비참한 최후를 맞이하게 될 것이다)는 **남자들**에게 지워졌고, 여자들은 심판이 되어 남자들이 올바른 방향으로 가고 있는지 평가했다. 스퀴데리는 토요일마다 정기적으로 살롱을 열었는데, 이때 스퀴데리는 고대 그리스의 사랑 시인인 사포처럼 꾸몄고, 그녀를 흠모하는 남성들은 역사나 신화 속 인물들처럼 차려입었다. 수년간 지속된 이 모임은 단순한 게임 이상이었다. 스퀴데리와 동료 작가인 폴 펠리슨의 우정은 폴이 죽을 때까지 이어졌고, 얼마 지나지 않아 스퀴데리도 세상을 떠났다. 하지만 이것은 어쩌면 오늘날의 롤플레잉 게임, 그중에서도 몰두와 헌신, 지연된 보상을 요구하는 게임들에 비유될지도 모른다.

사랑을 위한 구애와 스퀴데리의 다정함을 위한 구애 둘 다 일단 위험한 바다를 건너고 나면, 즉 실제로 결혼하고 나면 삶이 어떤 모습일지를 명확히 진술하는 데에는 별로 신경 쓰지 않았다. 19세기에 샬럿 브론테의 《제인 에어》(1847) 같은 낭만주의 소설들은 "독자여, 나는 그와 결혼했다"[32]로 끝맺었다. 혹은 귀스타브 플로베르의 《마담 보바리》(1857) 같은 작품들은 소설과 예쁜 그림책이 약속하는 행복의 기대에 부응하지 못하는 결혼의 비극적 결과를 탐구했다. "정사, 연인들, 정부들, 외로운 시골 저택에서 혼절하는 박해받는 귀부인들, … 어두운 숲, 고동치는 심장, 맹세, 흐느낌, 눈물과 입맞춤으로 가득한 … 사자처럼 용감한 동시에 양처럼 온순하며 어느 누구보다도 미덕 있는 신사들."[33] 엠마 보바리는 결혼하기 전에는 남편을 사랑한다고 생각했지만, 그가 자신이 꿈꾸던 "검은 말에 올라탄 흰 깃털 단 기사"가 아니라 "대화가 포장된 길만큼이나 납작한" 따분하고 평범한 보통 사람임을 깨닫는다. 연인에게서 짜릿함을 느꼈을 때, 엠마는 마침내 자신이 소설 속 여주인공들이 사는 "뜨거운 행복의" 영토에 들어섰다고 생각하지만 이내 그녀는 "반지, 영원한 결합을 상징하는 진짜 결혼반지"를 원하고 있었다. 연인과의 삶은 영원하지 않고 곧 끝났다. 하지만 그것이 영원했다고, 그들이 그 후로 언제까지나 함께 살았다고 해보자. 그러면 어떻게 됐을까? 연인과의 가정생활이 과연 엠마가 갈망했던 충족을 가져다줬을까?

플로베르가 글을 쓰던 당시 미국의 백인 중산층, 그중에서도 특히 북부인들은 서로의 "진정한 자아"[34]를 알게 되는 데 희망을 걸고, 엠마가 그토록 잡기 힘들다고 느낀 행복을 손에 넣기 위해 고안된 구애 의식들을 공들여 가다듬고 있었다. 18세기와 마찬가지로 편지 쓰기는 감정 표현을 위한 주요 매체로 이용됐지만, 그로부터 1세기가 지난 지금은 사랑의 고백보다 훨씬 많은 것이, 자기 표출이 필요했다. "당신이 자유롭게 토로하는 생각과 감정은 내 삶에서 가장 큰 즐거움 중 하나였습니다." 앨버트 재닌은 자신이 구애하던 여성, 바이올렛 블레어에게 이렇게 썼다. 어느 편지 표본 모음집의 편집자는 '모범적인' 연애편지 예시를 제시하면서 이에 대해 사의를 표한다. "딱 맞는 글은 오직 인간 마음의 가장 깊고 후미진 구석에서만 솟아날" 수 있기 때문이다. 이 편지에서 어떤 젊은 여성은 약혼자에게 호소한다. "제임스, 내게 모든 걸 써 보내줘요. 어쩌면 그게 당신에게 위안이 될지도 몰라요. **내게** 당신의 문제들을 알려주고 함께 나누게 해줘요. 난 당신의 감정을 느낄 수 있어요." 여기서 고백의 의무는 한마음에 대한 판타지와 융합된다. 이와 유사하게, 소설가 너새니얼 호손은 1830년대에 소피아 피바디에게 구애하면서 이렇게 말했다. "(당신의 편지들은) 내게 당신 존재의 더 깊디깊은 곳까지 들여다보게 해주었지만, 내가 보고 느끼고 알아가는 과정에 놀라움은 조금도 없습니다. 당신의 심장은 마치 내 고향인 양 친숙합니다."

가톨릭은 오래전부터 죄를 고백하는 데 익숙했다. 개신교도 미국인들은 하나님의 모습에서 제 영혼을 탐색하는 일이 몸에 배어 있었다. 그들은 때때로 전체 회중 앞에서 자신의 영적 진보를 간증하곤 했다. 18세기 말에 시작된 낭만주의 사조(4장을 볼 것)는 사회적 관습과 공적 매너, 규정된 예의범절을 '진정한' 사고와 개인적 열정, 거짓 없는 진실함과 대비시켰다. 19세기에 연애편지를 쓰는 이들에게는 그들 내면의 자아를 고찰하고 표현하는 것, 그들 각자의 개성(편지에 털어놓기 위한)을 함양하는 것은 하나의 의무였다. 성교 또한 육신 및 영혼의 자기 표출의 한 측면으로 여겨졌기 때문에 입맞춤과 애무는 구애 의식의 일부가 되었다.

그처럼 모든 것을 드러냈어도, 연인들(특히 사랑에 빠진 남자들)은 종종 흔들림 없는 애정을 입증하기 위해 시험을 통과할 것을 추가로 요구받았다. 어떻게 보면 이런 시험들은 이전에 부모가 내려주던 결정의 대체물 역할을 했다. 용감하게 극복해야 하는 고난들은 자신이 '자유롭게' 내리는 결정에 대한 여성들의 불신을 달래주었다. 바이올렛 블레어는 심지어 자신의 진심을 털어놓은 후에까지도 앨버트를 극한까지 시험했다. 어떨 때는 경쟁자가 있는 척하고, 어떨 때는 '일종의' 연애 관계를 끝내는 척하고, 또 어떨 때는 상대가 구애를 포기하도록 빌미를 제공했다. 앨버트는 이 모든 시험을 더할 나위 없이 깔끔하게 통과했다. 그럼에도 바이올렛은 앞에 놓인 시련을 예견했다. "의학, 순교, 살인, 결혼, 그 모든 단어의 첫 글자인 'M'은 얼마나 불길한가요."

바이올렛은 연인이 결혼하고 나면 각자 자신에게 규정된 성 역할을 받아들이면서 구애 의무가 끝나곤 한다는 사실을 매우 잘 알고 있었다. 남자들은 집 바깥의 공적 삶에서 능력을 발휘하고, 여자들은 내면의 불길을 잠재운다. 대다수 배우자들은 연애의 흥분과 안정적인 결혼 생활을 기꺼이 구분하려 했다. 하지만 그렇다고 해서 만족이 저절로 찾아오는 것은 아니었다. 일반적으로 남자들은 가정의 행복이라는 따뜻한 햇살을 쬐면서 "우리만의 아늑한 작은 집"에서 기쁨을 얻는 반면, 여자들은 구애 의식에 담겨 있던 약속을 열망하는 경향이 있었다. 서로에게 영혼을 드러낸 두 사람이 둘 모두에게 개인적 만족감을 안겨줄 계획을 함께 해나가는, 동반자적 결혼이라는 약속을. 이런 일은 거의 일어나지 않았다.

1920년대 들어 조언서, 잡지 기사, 소설 등이 결혼 후에도 오랫동안 구애와 연애 시절의 흥분을 유지하기 위한 새로운 방법을 제시하기 시작했다. 제1차 세계대전은 기존의 가치와 전통을 대대적으로 재배치했고, 무엇보다도 '플래퍼 여성flapper woman'*을 해방시켰다. 그 전에 이미 해블록 엘리스의 성과학과 지그문트 프로이트의 정신분석학이 성애적 삶에 새로운 의미를 부여했다. 이러한 변화들에 뒤이어 부부의 성을 다룬 마리 스톱스의 너무나도 유명한 책은 남편들에게 매달 아내의 "사랑의 조류"에 올라타라고 조언했다. 이 책에는 사랑을 나눌 때와 자제할 때를 설명하기 위해 여성의 성적 욕망이 만조일 때와 간조일 때를 나타낸 그래프가 실려 있다. 남편들은 성교를 매번 "새로운 구애"의 순간으로 만들라는 충고를 받았다. 이는 결혼의 빚이나 아내의 순종 개념과는 매우 대조적인 것이었다.[35] 하지만 아내의 조류를 신경 쓰는 것이 남편에게 지워진 의무라면, 아내에게도 의무가 있었다. 남편들이 혼자 밖에 나가 활동하는 것을 허락해야 하고, 그들 자신도 가정 이외의 관심사를 키워야 한다는 것이었다. 스톱스는 단순히 자식을 낳는 것을 넘어(그녀는 산아 제한을 옹호했다) "사랑 안에서 이루어지는 남녀의 완벽한 결합"으로서 "물질을 초월한 독립체"가 될 미래의 가정을 예견했다. 그러나 이는 자기 표출적 연애편지들이 19세기의 일부 여성들에게 약속하는 듯 보였던 "동반자적 결혼"과는 달랐다.

사실 다른 전문가들과 전후 소설가들은 결혼이 조화를 이

* [옮긴이주] 1920년대 미국의 신여성을 말한다.

루는 데 필요한 적응을 대부분 여성들의 몫으로 돌렸다. 합리적 예산 안에서 살림을 꾸리는 것, 소비자 중심 사회에서 갈수록 늘어나는 유혹을 견뎌내는 것, 남편들의 성적 요구에 순응하는 것. 대중 소설가이자 잡지 기고자이자 영화 각본가 엘리너 글린은 남자들에게 결혼의 의무를 몇 가지 지우긴 했다. "매너와 정중함을 잊지 말기. 아내를 기쁘게 할 사소한 것들을 떠올리기. … 아내에게 감상적 의미가 있는 기념일들을 챙기려 노력하기, 사소한 선물들을 안겨주기, 무엇보다도 사랑 넘치는 **말을** 들려주기."[36] 동시에, 글린은 아내들에게 이렇게 당부했다. "남편에게 변함없는 다정함과 사랑을 줄 것. 그래야 남편이 아무리 많은 다른 여자들을 만나 유혹과 변덕을 겪더라도 항상 사랑 넘치고 평화로운 가정을 잊지 않을 수 있다." 이 이중 잣대는 역사가 길다. 남자는 집 밖, 여자는 집 안이라는 해묵은 영역 분리. 그럼에도 글린은 불행한 결혼에 대해 두 배우자 모두에게 똑같이 책임을 돌렸고, 또 서로에게 **반드시** 미안하다고 말할 것을, 부루퉁한 채로 있기를 그만둘 것을, "화해해야" 할 것을 말했다.

✧

필요한 것은 오직 사랑뿐이라는 판타지는 사실 두 가지 이야기와 관련 있다. 첫째는 예전에는 결혼(또는 평생의 동반자 관계)이 사랑과 무관했다는 것이다. 둘째는, 그 사랑 때문에, 예전에는 의무였던 것(가부장적 전통이나 서약 중 어느 한 쪽에 기반했든 아니면 둘 다에 기반했든)이 이제는 사랑에 의해 자발적으로 이루어져야 한다는 것이다. 둘 다 과거와 현재에 대한 오해에 기반을 두고 있다. 노동 분담이 늘 당연시됐다는 것은 사실이다. 가정이라는 영역은 아내에게 속했고 일, 여행, 군복무, 공적 생활은 남편에게 속했다. 하지만 그런 의무들과 아울러 사랑은 전반적으로 결혼에 요구되는 **일부**였으며, 때로는 결혼의 기반 자체였다. 오디세우스는 여신의 사랑 대신 아내를 택했으며, 키케로는 테렌티아를 두고 혼자 추방 당해 상실감에 빠졌다. 가짜 바울은 남편들에게 사랑을 의무로 부과했으며, 교회는 결혼이 사랑의 성체라고 선언했다. 근대 초기의 구애하는 연인들은 사랑을 말하는 편지를 주고받았다. 마리 스톱스는 남편들에게 열정을 유지하는 방법에 대해 말했다. 물론, 과거에는 불행한 결혼들이 있었다. 사랑 없이 강요로 이루어진 결혼이 있었고(베타와 조반니 역시 지역 교회 법정에서 파혼 허가를 받지 못했다면 그런 결혼 생활을 해야 했을 것이다), 강요는 없었지만 사랑도 없는 결혼이 있었다(오늘날의 많은 이혼에서 목도할 수 있듯이).

오늘날 서구에서는 대다수 사람들이 사랑 때문에 결혼한다. 하지만 집 바깥 영역은 (적어도 산업화된 세계에서는) 남편과 아내 모두의 것이다. 1948년 미국에서 전체 노동력의 28.6%는 여성이었다. 2016년에는 그 수치가 거의 두 배에 가까운 46.8%에 이르렀다. 3세 이하 아동의 어머니가 전체 노동력에서 차지하는 비중은 1975년에 34.3%였지만 2016년에는 63.1%로 증가했다.[37] 일부 특권적인 예외가 있기는 했지만, 남성도 여성도 과거의 기대들을 포기하지 않았다. 문제는 이제 가정이라는 영역이 (앨리 혹실드의 표현을 빌리자면) 여성의 "2교대 근무"가 되었다는 것이다. 여성은 일반적으로 가사노동과 양육노동을 상당 부분 떠맡는다. 이를 수치로 환산하면, 남성에 비해 하루 평균 두 시간을 더 일한다.[38] (흥미롭게도 2007년에 발표된 한 연구에 따르면 가사노동 분담은 이성애 가정에서보다 게이 및 레즈비언 가정에서 훨씬 더 평등하게 이루어졌다)[39] '2교대 근무'라는 용어를 제시한 것은 혹실드가 인터뷰한 익명의 여성이었다. 하지만 그 여성은 "가사가 '근무'라는 **생각**에 강하게 저항했다. 가족은 그녀의 삶 자체였고, 그녀는 그것을 노동으로 격하시키기를 원치 않았다."[40] 그녀는 반발했지만, 이는 진실이었다 (혹은, 적어도 진실처럼 느껴졌다). "가족은 그녀의 삶 자체"였지만 그녀에게는 또한 집 바깥의 일이 있었다. 이는 크세노폰의 아내가 (그녀 자신을 위해!) 집과 영지의 일을 전부 떠맡은 것을 연상케 한다. 여왕벌인 **동시에** 일벌인 셈이다.

많은 여성들이 오늘날 2교대 근무가 단순한 노동을 넘어 (역시 혹실드의 말을 빌리자면) "감정 노동"임을 깨닫는다. 이는 특정한 방식으로 "느끼라는" 요구다.[41] 젬마 하틀리는 집을 보살피는 **동시에** 집 밖 직장에서 일하면서 느끼는 좌절과 분노와 피로를 고스란히 담은 자신의 책에서 '감정 노동'이라는 용어를 반복적으로 사용한다. 하틀리는 여자들이 "배우자의 감정을 관리하기 위해(필요를 예측하고 불만을 예방하고 평화를 유지하고)"[42] 어려서부터 가족, 학교, 역할 모델을 통해 훈육된다고 생각한다. 설사 남편들이 "돕겠다"고 나서는 경우가 있더라도, 결국 아이를 낳고 키우기 위한 모든 세세한 책임은 여성에게 떠넘겨진다는 것이 하틀리의 주장이다. 그 모든 일을 하면서도 여성들은 항상 쾌활한 태도를 유지해야 한다. 아무리 지치거나 원망스럽더라도. 여성들은 그들 자신과 타인의 기대가 자신들의 감정을 좌우하는 것을 용인하며 연극을 하고 있다. "왜 우리는 이제 꾸밈없는, 관리되지 않은 감정에 더 많은 가치를 두는가?" 혹실드는 이렇게 묻고 답한다. "아마 그것이 드물어지고 있기 때문일 것이다."[43]

필요한 것은 오직 사랑뿐이라는 개념은 1960년대와 1970년대에 정점에 달한다. 미국은 저항이 큰 전쟁을 치르고 있었고, 유럽 학생들은 교육 개혁을 요구하던 당시에 '자유로운 사랑'과 '내면의 진정성'이라는 이상이 널리 퍼져나갔다. 미국 경영진은 노동에 이와 동일한 가치를 부여했다. 마치 노동시간은 길어지고 월급은 줄어드는 현실이 "의미 있는" 노동 앞에서는 부차적인 문제인 것처럼. "당신이 사랑하는 일을 하라"가 실리콘밸리의 주문이었다.[44] '필요한 것은 오직 사랑뿐'이라는 이념은 '경영진'에 대해서도 똑같이 이기적인 홍보가 이루어질 수 있다. 〈필요한 것은 오직 사랑뿐〉을 작곡하고 부른 것은 젊은 남성 몇 명이었다. 소설 《러브 스토리》는 남성 작가가 허구의 남성인 올리버의 목소리를 빌려 썼다. 이 소설을 더 자세히 들여다보면 사실 제니가 올리버가 요구한 결혼의 모든 것을 받아들였음을 알 수 있다. 음악을 공부할 수 있는 장학금을 포기할 것, 로스쿨에 다니는 남편을 뒷바라지할 것, 퇴근해서 귀가하면 빈약한 예산 범위 내에서 저녁을 차릴 것, 그리고 물론 성을 바꿀 것. 하지만 이 소설의 가장 오만한 점은 제니가 한 모든 행동이 사랑에서 나온 양 그린다는 것이다.

의무감을 느끼지 **않아야 한다는** 강력한 의무는 또 다른 이상과 충돌한다. 바로 동반자적인 결혼이라는 이상이다. 이 이상은 실제로 두 배우자 모두에게 임금노동과 양육, 가사노동을 함께할 것을 요구한다. 그것이 그들 각자가 생각하는 방식대로 이루어지지 않는다면 그들은 이렇게 자문할 것이다. 남편이/아내가 정말 나를 사랑하나? 여성들이 모든 것을 해낼 수 있다고 주장하는 책 《슈퍼우먼 증후군》을 쓴 마저리 한센 섀비츠조차 어떤 지점에서는 남편이 자신을 "진정으로 사랑한다면" "내가 얼마나 힘들게 일하는지"를 알고 "쾌활한 기지로 나를 구해주러 올 거라고" 상상했음을 고백한다.[45] 하지만 남편은 그러지 않았다. 대신 그는 자신을 비롯해 남자들이 이미 많은 일을 하고 있고, 여자들의 불평불만에는 그만 질려버렸으며, "더 잘해주는 사람을 찾으러 가라고" 아내들의 등을 떠밀어야 할지도 모르겠다고 투덜댔다. 사실상 남편은 아내가 **정말로** 자신을 사랑한다면 자신이 하는 모든 일에 감사하고, 더 노력하라며 바가지를 긁지는 않을 거라고 말한 것이나 다름없다.

올리버와 제니의 이상은 앤서니 기든스가 제시한, "평등한 감정적 교류를 상정하는" '합류적 사랑'의 모델과 더욱 강하게 충돌한다. 이런 유형의 사랑에는 많은 의무가 따르는데, 그것은 "한쪽이 자신의 우려와 필요를 상대에게 얼마나 열어 보이고 상대의 우려와 필요를 얼마나 민감하게 수용할 준비가 되었느냐"에 달려 있다.[46] 이는 19세기 연인들이 서로에게 부과한 의무들보다 더 부담스러운 것이다. 단순히 자기 표출만이 아니라 "자아의 계발"을 사랑의 "최우선 조건"으로 요구하기 때문이다. 1980년대에 저작 활동을 한 기든스는 그것을 "순수한 사랑"이라 일컬었고, 그것이 당대 젊은이들의 사랑에서 새로 나타나기 시작한 특성이라 생각했다(현대가 자율성과 개성이 강조되는 시대임을 감안하면 **당연하다**고도 생각했다). 꼭 일부일처제일 필요는 없어도 양쪽이 "'후속 통지'가 있을 때까지 그 관계를 지속할 가치가 있을 만큼 충분한 이득을 얻고 있음"을 인정하는 것이 중요하다. 기든스는 '통지'를 받은 상대가 고통스러워할 수도 있음을(거의 분명히 그럴 것이다) 모르지 않는다. 심지어 헌신적인 관계 내에서도 불안이 지배한다(기든스는 이 역시 인정한다). 한쪽은 늘 "상대가 정말 나를 사랑하는지 아니면 내가 상대를 더 사랑하는지"를 묻고 있다. 그럼에도 기든스는 '합류적 사랑'이라는 이상이 실현 가능함을 꽤 확신한다. 비법은 자율성과 의존 사이에 균형을 맞추는 것이다. 하지만 좀 더 최근 연구 결과에 따르면, 서구 사회에서조차 많은 커플들에게 호혜와 상호성이 꼭 이상은 아니다. 그것은 나이, 계급, 성적 지향, 정치적 신념, 종교적 믿음, 더 넓은 사회적 네트워크 등 다른 많은 요소에 따라 달라진다. 심지어 합류적 사랑을 이상으로 여기는 경우에도 "실제 경험한 삶"의 현실은 이상과 거의 부합하지 않는다.[47]

몇 년 전, 많은 논의를 촉발한 알랭 드 보통의 글은 합류적 관계(낭만적 관계는 말할 것도 없고)를 맺지 않은 커플들이 느끼는 실망을, 그 가능성에 대한 기대 자체를 무너뜨림으로써 누그러뜨리고자 했다. "우리의 모든 필요, 우리의 모든 열망을 충족시켜줄 완벽한 존재가 있으리라는" 생각을 버려야 한다는 것이다. "낭만적 시각을 버리고 모든 인간이 우리에게 좌절을, 분노를, 짜증을, 실망을 불러일으킬 것이며 우리 또한 아무런 악의 없이 상대에게 같은 짓을 할 거라는 비극적인(어떤 면에서는 희극적인) 깨달음을 가져야 한다." 이는 합류적 사랑의 정반대에 있다. 상대가 "영 글러먹은 사람은 아니다"라는 것 말고 다른 대안은 없이, 사랑에 대한 하나의 판타지, 어쩌면 모든 판타지를 뿌리 뽑으려는 시도다.[48]

넷플릭스 영화 〈맬컴과 마리〉(2021)는 《러브 스토리》의 비의무적인 사랑에 대한 알랭 드 보통의 해법보다는 덜 염세주의적인 답변을 제시한다. 주인공 맬컴과 마리는 오랜 연인 사이다. 남자는 뜨기 시작한 영화 제작자고, 여자는 이렇다 할 성과가 없는 배우다. 남자는 엄청난 성공을 거둔 자기 영화의 VIP 시사회에서 모든 관계자들에게 감사를 표한다. 여자만 쏙 빼놓은 채. 여자는 잠시 홀로 아픔을 달랜 후 (합류적 관계에서라면 응당 그래야 하듯이) 남자에게 자신의 감정을 표현한다. 남자는 사과한다. 하지만 그것으로는 충분치 않고, 영화의 많은 부분은 둘의 이런저런 싸움을 보여준다. 두 사람은 갈수록 더 날카로운 말로 상대를 상처 입히는 한편 "그걸 잊고" 성관계를 가지려고도 노력하지만 결국 실패한다. 둘 다 서로에게 무엇을 주어야 하고 무엇을 주지 않았는가에 관한 판타지(이는 그들의 말다툼을 통해 드러난다)를 키워왔다. 여자는 남자에게 자신의 모든 것을 내주었다. 실제로 남자의 영화는 여자의 인생을 소재로 삼았다. 그러니 남자는 여자에게 감사해야 한다. 한편 남자는 여자에게 도움을 주었다. 실제로 여자는 남자를 처음 만났을 때 약물 중독자였다. 그러니 여자는 남자에게 감사해야 한다. 영화의 교훈은, 이렇게 간단히 말해도 된다면, 사랑은 "고마워요"라고 말하기를 잊지 않는다는 뜻이라는 것이다. 기든스의 바람과는 달리 맬컴과 마리는 "서로의 필요에" 전적으로 "민감할" 수 없다. 그렇다고 해서 드 보통의 "그만하면 나쁘지 않은" 동반자로 타협할 필요도 없다. 둘 다 서로에게 많은 빚을 지고 있고, 그들 자신에게, 서로에게, 그리고 세상에 고마움을 말할 필요가 있다.

그것이 시작이다.

오늘날 사랑만으로 하는 결혼은 수없이 크고

작은 장애물 앞에 좌초되지만, 그 장애물 중 하나는 확실히 사랑의 "비의무적인" 의무들이다. 오디세우스가 페넬로페에게 돌아간 이래, 이상으로서의 사랑은 서구 전통에서 거의 결혼의 전제 조건 중 하나였다. 하지만 의무 또한 하나의 전제 조건으로, 종종 혼인 서약 자체에 명시되곤 했다. 이제 우리는 전후의, 맞벌이 부부의 세계에 산다. 새로운 상황은 새로운 서약을 요구한다. 하지만 우리에게 아무런 서약도 필요치 않다는 개념은 역설적이게도 오랜 전통, 특히 가정 공간을 여성에게 남겨두는 전통을 강화한다. 실제로 2019~2020년의 팬데믹 기간 동안 "직장이 있는 어머니 세 명 중 한 명이 [자녀의] 주 양육자라고 보고한 반면, 직장이 있는 아버지 열 명 중에서는 단 한 명에 불과했다. … 아울러 원격 근무하는 어머니가 아이들과 보낸 시간은 아버지의 두 배에 달했다. 원격 근무 중에 아버지들의 아동 양육 시간은 늘었지만, 가사노동 시간은 늘지 않았다."[49] 심지어 크세노폰조차 아동 양육과 가정 관리의 만만찮음과 중요성을 알았거니와, 원격 근무를 계기로 많은 부부에게 가정 관리와 '바깥' 일 사이의 구분은 무의미해졌다. 새로운 서약이 오래된 습관에 대한 해결책은 아니라 해도, 도움은 줄 수 있을지 모른다. 오늘날의 의무들은 남성성과 여성성의 개념 변화를 비롯해 일터에 대한 개념 조정 등 새로운 토대를 필요로 한다. 종합해서 말하자면, 이제 '노동'을 재분배하고 '의무'를 재정의할 때가 됐다.

집착

Obsession

페넬로페의 마르지 않는 눈물은 오디세우스에 대한 사랑의 증거다. 어쩌면 영영 돌아오지 않을지도 모를 남편을 기다리며 페넬로페가 흘린 눈물은 부부 침대를 적신다. 오디세우스가 집으로 돌아오는 중임을 알고 있는 것은 오직 음유시인의 이야기를 듣는 이들뿐이다. 호메로스는 오디세우스가 이타카에 도착했다는 것을 페넬로페에게 **마지막**까지 꽁꽁 숨겨서 페넬로페의 슬픔을 더욱 길게 잡아끈다. 남편의 기억에 대한 변함없는 충실함은 페넬로페의 가장 핵심적인 특성이다.

페넬로페 모델은 끈질기게 이어진다. 1940년대 초, 남편과 사별한 베스 고닉은 소파에 누워 몇 년간 거의 꼼짝도 하지 않았다(출근을 위해 어쩔 수 없이 꼼짝하긴 했다). 베스는 거의 말도 하지 않고, 그 어떤 위로도 거부하며 통곡하고 신음했다. 딸인 비비안은 이렇게 썼다. "아버지를 애도하는 것은 … 어머니의 직업이, 정체성이, 페르소나가 되었다."[1] 40대 중반이었던 베스는 유능하고 영리했지만 남편의 죽음과 함께 미래의 행복에 대한 모든 희망을 잃었다. 그녀는 80대에 접어들 때까지도 여전히 자신의 상실에 비통해하고 있었다. 이 지점에서 비비안은 어머니를 나무란다. "어머니는 아빠의 사랑에 대한 생각 속에 머물고 **싶어했어요**. 그건 제정신이 아니에요! 사랑에 대한 생각에 빠져 30년을 보내다니요."

"사랑에 대한 생각 속"에 머무는 것은 여자만의 특성이 아니다. '한 남자가 여자를 사랑할 때/다른 생각은 할 수조차 없다'라는 가사를 생각해보자. 이 노랫말 속의 남성은 한 여성에게 집착하고 있다. 심지어 이 여성이 팔팔하게 살아 있음에도, 남자는 이미 그녀를 잃은 비참한 미래를 예상하고 있다. '여자는 남자를 그처럼 비참하게 만들 수 있네/그 남자를 바보처럼 가지고 논다 해도.' 퍼시 슬레지가 미국에서 처음 불러 1966년 차트 1위에 올린 이 히트곡의 정서는 (콘서트 라이브 영상에 달린 댓글들이 입증해주듯이) 오늘날에도 공명한다. "목소리에서 고통이 느껴져. 초월 그 자체야"는 좋아요 32개를 받았고, "이 노래는 매번 내 영혼에 와닿아"는 좋아요 493개, "내가 내 아내를 사랑하는 방식이 바로 이거야"는 좋아요 323개였다.[2]

비참함, 황홀, 그리고 집착. "이건 사랑이 틀림없어." 제인 오스틴의 《엠마》에서 프랭크 처칠에 대해 골똘히 생각하던 엠마는 그렇게 말한다. "'분명히 그래야만 해. … 이 무기력함, 피로, 바보 같은 기분, 차분히 앉아서 할 일에 집중하고 싶지 않은 마음, 이 집 안의 모든 것이 따분하고 무미건조한 듯한 이 느낌!'" 이 증상은 오스틴뿐만 아니라 고대 및 중세의 의사들에게도 잘 알려져 있었으니, 그 이름은 상사병이었다. 오늘날 일부 과학자들은 그것을 중독에 비유한다.

집착의
폄하

하지만 페넬로페라는 본보기는 예외다. 고대 세계는 우리가 흔히 연애와 결부 짓는 유형의 사랑, 우리가 "사랑에 빠졌다"고 말할 때 의미하는 유형의 사랑을 대체로 승인하지 않았을 뿐만 아니라 조롱하기까지 했다. 여자들은 나약하니(그리스인들은 그렇게 생각했다) 사랑에 취약한 것이 당연했다. 하지만 남자들은 응당 더 강해야 했다. 플라톤의《향연》에 등장하는 화자 중 하나는 불청객인 알키비아데스다. 이미 거나하게 취해서 찾아온 알키비아데스는 소크라테스에 대한 집착 때문에 질투와 분노와 비참함에 빠져 있다. 알키비아데스가 말하기를, 그는 소크라테스가 말하는 것을 들을 때마다 정신없이 빠져들었다. "가슴 속에서는 심장이 쿵쿵대기 시작하고 눈물이 얼굴을 타고 흘러내린다네. … 전에는 이런 일이 한 번도 없었지. … 내 영혼 그 자체가 내 삶이(내 삶이!) 가장 비참한 노예보다도 하등 나을 게 없다고 주장하기 시작했네." 엄청난 부와 사회적 지위, 수많은 노예들을 가진 아테네 귀족 남성에게서 이런 말이 나오다니 놀라울 따름이다. 알키비아데스가 원하는 것은 그저 소크라테스 가까이에 있는 것뿐이지만, 이는 비참함만 더할 뿐이다. "믿어주게. 때로는 그분이 죽으면 내가 더 행복해질 거라는 생각이 든다네. 하지만 실제로 그분이 죽으면 난 지금보다도 더 비참해지겠지."(215e-216c)[3] 오래전, 자신의 매력을 자신하던 시절 알키비아데스는 소크라테스가 제 멘토이자 연인이 되고 싶어할 거라고 생각했다. 얼마나 멋진 일인가. 그는 모른 척 넘어가줄 것이다. 하지만 소크라테스가 알키비아데스의 집에서 하룻밤을 보내기로 한 뒤에도, 심지어 애무를 위해 한 담요를 덮은 후에도, 두 사람 사이에 "내 아버지나 형과 [밤을] 보낸 것 이상의 진전은 없었다!"(219d) 이 얼마나 굴욕적인가! 알키비아데스의 사랑은 엉망진창이고 꼴사납다. 초월적 아름다움의 연인 소크라테스는 침착함을 유지한다. 이 게임의 명확한 승자다.

✧

알키비아데스가 다른 남자에게 압도적이고 보답 받지 못한 사랑에 수치심을 느꼈다면, 고대 그리스에서 여자를 열정적으로 사랑하는 남자는 얼마나 더 수치스러워했을지 상상해보라. 심지어 사회 통념에 어긋나는 사랑이라면.

그건 세상 만물의 올바른 질서를 뒤집는 행위였다. 크세노폰도 알고 있었듯이, 신부를 선택하는 것은 집안 문제였다. 신부 자신은 오로지 결혼하기 직전에야 본격적으로 사랑에 빠질 수 있었다. 에로스가 결혼을 앞둔 젊은 여성의 머리에 화관을 씌울 수 있는 이유가 바로 그것이다. 다른 어떤 경우에도, 여자가 열정적 사랑을 느끼는 것은 마법 주문이나 최음제 같은 외적 힘이 개입한 결과여야 했다. 그들은 마법이나 요술 같은 다른 방법을 통해 거기 맞서야 했다.

소수 의견을 가진 일부 의사들은 다른 관점을 취했다. 그들은 사랑이 내부에서 온다고 주장했다. 사랑은 멜랑콜리와 비슷한(실제로 멜랑콜리의 한 형태인) 영혼과 육신의 질병으로, 인간 생리를 이루는 체액 중 하나인 흑담즙의 과도한 분비가 원인이었다. 아리스토텔레스나 그 추종자들 중 누군가가 썼듯이, "뜨거운 흑담즙이 대량으로 분비되는 사람은 광란에 빠지거나 영리해지거나 성애에 열중하거나 분노와 욕망에 쉽게 선동된다. … 또한 이런 열이 지성의 영역에 접근하면 많은 이들이 광란에 빠지거나 뭔가에 씌인 듯한 상태가 된다."[4] 나중에, 로마화된 세계에서, 후대 의학의 토대가 된 책을 저술한 갈레노스(200년경 사망)는 성애적 욕망 때문에 고통받는 이들을 위한 좋은 치유법을 발견했다고 주장했다.

> 저는 열정적 사랑으로 인해 실의에 빠지고 불면증에 시달린 후, 사랑이 아닌 다른 요인으로 유행열에 걸린 남성과 여성들

> 을 압니다. … 우리는 그들의 기력을 소진시키는 것이 사랑임을 발견했지만 환자들에게는 그 사실을 알리지 않았고, 대신 목욕을 하고 포도주를 마시고 말을 타고 멋진 것을 보고 듣기를 계속 처방했습니다. 우리는 … 환자 자신이 직접 관심을 갖고 선택한 취미를 바탕으로 그들에게 불의에 대한 분노를, 경쟁심을, 호승심을 자극했습니다.[5]

쾌락을 추구하고 경쟁이 심했던 당시 사회에서 오락과 명예를 추구하는 것은 상사병을 치료하는 좋은 방법이었다. 병의 **진정한** 원인은 너무나 수치스럽고 고통스럽게 여겨져서, 심지어 환자들 자신조차 그것을 인정하려 들지 않았다.

오락과 명예는 효과가 있을지도 모른다. 하지만 갈레노스 시대에 많은 로마인들은 그보다 자기 수련과 의무를 훨씬 더 중시했다. 어쩌면 로마에는 상사병에 대한 각기 다른 두 감정적 공동체가 있었다고 말할 수 있을지도 모른다. 하나는 그것의 가치를 평가했고(유희적이고 고통스럽고 무관심하고 집착적이며 어리석은 것) 또 하나는 그런 사랑을 경솔함, 심지어는 광기로 여겨 거부했다.

키케로가 테렌티아에게 편지를 쓰고 있을 무렵 활동했던 로마 시인 카툴루스(기원전 55년경 사망)의 작품에서 그 최초 예시를 볼 수 있다. 카툴루스는 '레스비아'(사포가 시적 기예를 떨쳤던 레스보스 섬에서 온 이름이다)와의 내밀한 연애사를 자세히 서술함으로써 문학적 기예를 갈고닦았다.

우리 그저 살면서 사랑합시다, 나의 레스비아여 …

내게 백 번, 천 번 입 맞춰주시오

… 세다 지쳐 다 못 셀 때까지.(5)[6]

연애가 끝나자 카툴루스는 "그 어떤 여자도 레스비아보다 사랑받지는 못할 것이다"라며 한탄한다. 더 힘든 쪽은 레스비아다. 카툴루스는 흔들리지 않을 것이다.

… 강철처럼 굳건해지시오.

여인이여, 카툴루스는 이제 강철처럼 굳어졌으니

안녕히! 거절당한 이는 모든 애원을 거뒀노라.(8)

한 풍자적인 시에서 카툴루스는 사랑에 빠진 상태를 다음과 같이 간략히 묘사한다.

나는 증오하고 사랑한다. 이유를 묻는가? 그 누가 알리?

하지만 난 그것이 일어났음을 느끼고 고문당한다.(85)

카툴루스가 엉망진창으로 요동치는 온갖 감정을 토로하던 바로 그 시기에, 시인 루크레티우스는 성애의 열정을 조롱하고 있었다. 에피쿠로스 학파였던 그는 "천 번의 입맞춤"이 삶의 자연스러운 일부임을 받아들였지만, 그렇다고 해서 그 때문에 마음의 평정을 잃는 것은 있어서는 안 될 일이었다. 따라서 "성교하고 사정하려는 열망"은 좋다. 하지만 "꿀처럼 달콤한 비너스의 사탕발림"에서 절대 피해야 할 것이 있으니,

> 소름 끼치는 관심이다. 심지어 사랑하는 이가 곁에 없어도 그 모습이 눈앞에 어른거리고 사랑스러운 이름은 끊임없이 귓가를 맴돈다. 그런 생각은 끊어버릴 것을, 그대 사랑에 양분을 제공하는 모든 것을 멀리할 것을, 신경을 다른 데로 돌릴 것을 조언한다. 그대 몸에 쌓인 체액을 그대를 독차지하는 단 한 명의 연인을 위해 아껴두는 것은 피할 수 없는 불안함과 비통함에 스스로를 몰아넣는 짓이니, 아무 여자의 몸에 배출함이 옳다.[7]

"아무 여자의 몸"에 관한 부분, 즉 무분별한 성교를 권유하는 부분을 제외하면 이는 미래에서 온 목소리였다. "사랑에 양분을 제공하는 모든 것"을 가치 있게 여기는 감정적 공동체가 거의 마지막 숨을 내쉰 것은 다음 세기 초, 오비디우스(17년경 사망)가 뜻을 같이하는 몇몇 시인들과 함께 독신자를 처벌하고 간음을 불법화한 아우구스티누스의 법적 규제에 저항했을 때였다. 그런 엄격함을 조롱한(그리하여 유배당한) 오비디우스는, 우리를 미치게 만드는 사랑의 힘을 예리하게 인식한 글을 썼다. 거기에는 추파를 던지고, 동침하고, 욕망으로 시름시름 앓다 결국에는 극복하고 나아가는 그 순전한 즐거움에 대한 찬양 역시 생생하게 담겨 있다. "그렇다면 좋다. 나는 고백한다. 내가 큐피드의 사냥감, 희생양임을 인정하고, 내 양손을 결박

하라고 내민다."(1.2,26-7)[8] 오비디우스는 '코리나'와 사랑에 빠져 있다. 이미 결혼한 코리나는 오비디우스도 참석할 연회에 남편을 동반할 것이다. 오비디우스는 질투에 사로잡히지만 한 가지 생각을 떠올리곤 여자에게 말한다. "그대 남편이 도착하기 전에 오시오."

> 그 사람은 당신더러 앉으라고 소파를 두드리겠지요,
> 그러면 그대는 그렇게 하세요, 참하게, 숙녀답게,
> 하지만 때때로 그대 발로 내 발을 건드려도 좋아요,
> 물론 아무도 모르게. 그리고 이따금 내 쪽을 봐요,
> 내 고갯짓을, 내 눈이 하는 말을 봐요(1.4, 21-5)

더 나중에 쓴 연작시인 〈사랑의 기술〉에서 오비디우스는 바람둥이 남자들에게 도움을 주기 위한 지침들을 말하면서, 남자들이 어떻게 해야 여자를 유혹할 수 있는지를 알려준다. 그는 여자들에게도 남자를 유혹하는 법을 알려주지만, 그 내용은 이렇다. "나는 다가오는 남자 아무나와/같이 자라고 말하는 것이 아니다. 다만 두려워하지 말라."[9] 두려워 말라는 건 아무래도 남자들에게나 이로운 이야기다. 하지만 오비디우스는 여성의 관점을 취할 때 냉담하지 않았다. 그는 카르타고 신화에 등장하는 여왕 디도가 연인인 트로이의 아이네이아스가 로마를 세우기 위해 그녀를 버리고 떠났을 때 어떤 심정이었을지를 상상했다. 그리고 디도의 입장에서 쓴 시를 그녀에게 바쳤

다. 분별 있으면서도 열정 가득한 오비디우스의 시어를 들어 보자.

> 그대는 다음 디도를 거기서[로마에서] 찾겠지요
> 의미 없는 서약을 바칠 또 다른 누군가를
> … 그리고 이 모든 것이 당신 뜻대로 된다 해도
> 그대는 그 여자를 어찌 찾을까요
> 그대의 아내가 되어 나만큼 그대를 사랑할 여자를?
> 나는 사랑의 불길에 휩싸였습니다, 한층 더 밝게 타오르도록
> 유황을 적신 밀랍 횃불에.(28-35)[10]

여기서 오비디우스의 디도는 더 푸른 초원을 찾아(아이네이아스는 의무 때문에 어쩔 수 없이 떠나는 거라 말했지만) 자신만이 아니라 첫 아내도 버렸던 남자의 심리를 훤히 들여다보고 있다. 아이네이아스는 아들과 나이 든 아버지와 함께 트로이를 도피하면서 "무심코" 첫 아내를 두고 온 전적이 있다.

> 실수였다고 했나요? 아니면 의도였을까? 나는 한 번도 물을 생각을 못 했죠
> 어쩌면 마땅한 경고였을 텐데, 한 번도 신경 쓰지 않았죠.(129-30)

하지만 오비디우스가 루크레티우스와 전적으로 대립하는

건 아니다. 그는 사랑에 대한 책만이 아니라 사랑의 **치유법**을 다룬 책도 썼기 때문이다. 그 책에서 말하기를, 남자들은(여자들 역시) 애초에 사랑에 빠지지 않도록 노력해야 한다. 그럼에도 사랑에 빠지게 됐다면 업무에 바삐 몰두하거나 장기 출장을 떠나야 한다. 아니면 여자가 말한 온갖 거짓말을 떠올리거나, 여자가 못생겼다고 스스로를 설득하거나, 그도 아니면 다른 여자를 통해 욕망을 채워야 한다. 만약 디도가 그 치유법을 읽었다면

앞바다로 사라지는 트로이의 돛을 보고
어깻짓 한 번에 아이네이아스를 털어낼 수 있었으려나.[11]

한편으로는 열정적 사랑을 폄하하면서 고대 남성들을 지배했던 보편적인 여성혐오적 태도를 공유한 덕에, 또 한편으로는 시적 예술성 덕에 오비디우스는 중세 내내 학교에서 교재로 쓰일 수 있었다. 오비디우스의 시는 중세 학생들과 교사들 간 연애편지의 모범이었다. 가장 유명한 예는 아벨라르와 엘로이즈가 주고받은 것들이다(1장을 보자). 또한 오비디우스의 사랑에 대한 작품들은 낭만적 사랑을 다룬 중세 문학에 반영됐다. 하지만 이 이야기는 더 뒤에 가서 다룰 것이다.

오비디우스를 마지막으로 고대 세계의 집착적 사랑(그리고 그것을 치유하려는 시도들)의 숨통이 끊어졌다면, 그다음 천 년은 꾸준하고 성실한 아이네이아스의 시대였다. 베르길리우스의

펜 끝에서 디도는 "불이 붙었다. … 도시 이곳저곳에서 광기로 날뛰었다."(4.300)[12] 하지만 아이네이아스는 디도와 사랑에 빠졌음을 인정하면서도 "도망치려고, 쾌락의 땅을 떠나려고 몸이 달았다."(4.282) 신들의 명령을 들으면서 아이네이아스는 디도에 대한 의무에서 어떻게 하면 가장 쉽게 도망칠 수 있을지를 계산한다. 항해하기에는 아직 준비가 덜 된 배에 올라 깊이 잠든 아이네이아스는 머큐리가 도망치라고 말하는 꿈을 꾼다. 그것도 당장.

> 그런 위험 속에 그대는 어찌 잠들 수 있는가? 그대는 실성했나?
> 사방을 에워싼 위험이 보이지 않는가
> 고마운 서풍이 불어오는 소리가 들리지 않는가?
> [디도는] 배신과 두려운 일을 꾸미고 있다
> 죽음을 선동하고 용솟음치는 분노를 키운다.
> 그대는 기회 있을 때 도망가지 않을 것인가?(4.560-65)

퍼뜩 잠에서 깬 아이네이아스는 부하들에게 돛을 올리게 한 뒤, 로마를 찾아 떠난다. 시간이 지나면 그곳을 통치할 자가 나타날 것이다.

> 그대가 그토록 자주 듣고 약속받은 그 이름
> 아우구스티누스 카이사르
> 신들에게서 태어난 그 남자는

라티움에 황금시대를 가져오리.(6.792-93)

집착을
칭송하다

기독교는 베르길리우스의 희망을 질책했으니, 기독교가 꿈꾸는 '황금시대'는 다른 세상에 있었기 때문이다. 기독교는 사랑의 목표를 지상에서 천국으로 옮길 것을 역설했다(2장을 보자). 이는 대중적으로 성공을 거두었지만 11세기에 세속적인 사랑에 대한 새로운 개념이 등장했다(적어도 당시 문헌에서는 그 넘쳐나는 예시를 볼 수 있다). 그런 유형의 사랑을 실천하는 이들은 이를 일컬어 '궁정연애fine love'(남부 프랑스 방언으로는 fin'amor)라 했다. 열정적이고, 터놓고 말해 성애적이었지만 동시에 절제되어 있고 유희적인 사랑이었다. 그것은 너무나 높이 평가되어 그런 사랑을 느낀 남자는(때로는 여자도) 일종의 귀족성을 부여받았다. 궁정연애를 하는 이들은 미덕과 영혼의 위대함에 있어 혈통과 상속을 기반으로 한 상류층을 능가했다. 궁정연애는 남자로 하여금 사랑하는 이를 섬기기 위해서라면 생이 다할 때까지 헌신하게 했다. 심지어 여자가 냉정하게 거부하더라도, 남자가 사랑으로 인해 엄청난 고통을 받더라도.

궁정연애에 관한 노래와 이야기도 마찬가지였다. 그것들은 재치 있는 음율, 음보, 멜로디, 탁월한 언어유희, 끝없는 변주로 오늘날에도 감탄을 유발하지만 어쩌면 동시에 꽤나 께름칙한 질문을 유발하기도 한다. 이 문학이 '실제' 감정들을 표현했을까? 짧게 대답하자면 그렇다. 더 나은 답은, 궁정연애 같은 판타지는 그 안에 감정을 쏟아붓는 거푸집과 같다는 것이다. '오용될' 가능성은 항상 존재한다. 진정성 없이 악용되거나, 농담거리가 되거나, 남용되거나, 아니면 그저 유희거리가 될 수 있다. 하지만 동시에 그것들이 통하고, 적절하고, 어떤 진정성을 표현하기 때문에 채택되는 것일 수도 있다. 더불어 판타지는 거푸집과 **달리** 틀로서가 아니라 그 자체로, 그것이 조형하고자 하는 것을 직접 만들어낸다. 감정은 그것을 표현할 말과 서사를 필요로 한다. 거기에는 주위를 둘러싼 사회의 가치, 제도, 어휘의 조각과 파편들이 이용된다. 음유시인들의 시대에 정절, 봉사, 숭배, 종속, 지배의 이상과 그것을 표현하는 단어들은 집착적인 열정을 언어로 표현하고자 하는 궁정연애 연인들의 바로 손닿는 곳에 있었다. 그리하여 궁정연애는 음유시인들이 처음 노래하기 시작한 남부 프랑스에서 점차 다른 유럽 국가들로 퍼져, 제각기 다른 모습으로 나타나게 된다. 예컨대 이탈리아에서는 다정한 심장cor gentil, 프랑스에서는 모험심 강한 기사, 독일에서는 민네Minne(귀부인에 대한 사랑) 가수 같은 식이었다. 그것은 실제로 종교적 심상과 느낌을 아우르는 표현 방식을 찾는 와중에도 교회의 절제된 사랑 개념을 조롱했다. 심지어 (우리가 2장에서 보았듯) 결국에는 성 베르나르 같은 성직자들의 경건한 설교로 스며들기까지 했다.

이런 새로운 종류의 사랑을 실천하는 이들은 모든 계급에 걸쳐 존재했다. 그중 일부는 "사랑에 바탕한" 귀족성으로써 "혈통에 바탕한" 귀족성을 향상시키는 데 열중한 귀족들이었다. 나머지는 사회적 지위가 낮은, 권세 있는 영주들과 귀부인들로부터 후원을 받는 예인들이었다. 청중은 예인들의 농담과 풍자, 영리한 시적 기예에 즐거워하고, 감상에 흠뻑 젖어 순간순간 가슴앓이와 기쁨에 몰입했다.

음유시인의 궁정연애를 모범적으로 보여주는 한 사례로는 아마도 하층 귀족 집안 출신 시인인 베르나르 드 방타도른(1147~1170년 또는 1170~1200년에 활동)이 쓴 〈내가 노래하는 것도 당연하다〉를 꼽을 수 있을 것이다.[13]

> 내 노래가 다른 어떤 음유시인보다
> 더 뛰어난 것도 당연하리
> 까닭인즉 나는 사랑에 더 이끌리고
> 사랑의 명령을 더 잘 따르도록 타고났으니.

베르나르는(또는, 적어도 그가 내세운 페르소나는) "다른 음유시인들보다 노래에 더 뛰어나다." 이 노래의 곡조는 기록으로 남아 현대까지 전해진 가장 초기 음악 중 하나로, 오늘날에도 자주 재창조된다.[14] 음보, 운율, 연의 반복을 이용해 오늘날까지도 우리를 감탄케 하는 시를 쓴 이 시인의 천재성은 모두 사랑에서 나온 것이다. 시인은 자신이 다른 모든 음유시인을 능가하는 이유가 자신이 사랑의 '명령'을 더 잘 따르도록 타고났기 때문이라고 자랑하는데, 그 말의 의미는 다음과 같다.

> 내 심장cor과 육신cors, 지식과 정신
> 그리고 힘과 위력을 난 바치네
> 그 고삐는 나를 사랑으로 강력하게 잡아끌어
> 다른 어떤 것도 절대 돌아보지 않지.

사랑의 힘이 너무나 강한 나머지 베르나르는 거기에 자신을, 심장과 정신을, 육신과 영혼을 몽땅 맡겨버린다. 그는 자신의 헌신을 찬양한다. 사랑의 노예라는 점에서 알키비아데스와 다소 비슷하지만, 이런 노예 상태에 있는 것이 자신의 미덕 자체라고 생각한다는 점에서는 알키비아데스와 전혀 다르다. 베르나르는 말을 잇는다.

> 달콤한 사랑의 맛을 심장으로
> 느끼지 못하는 자 곧 죽은 자이리,
> 용맹 없이 사는 삶이 무슨 가치 있는가
> 그저 따분함만 안겨줄 뿐인데?

베르나르 시대에 용맹함은 보통 전사, 기사, 귀족의 기질이었다. 여기서 시인은 그것을 자기 것으로 내세운다.

그냥 기사도 아니다. 베르나르의 세계에서 배신을 밥 먹듯이 하는 다른 많은 기사들과는 다른, 충직하고 좋은 기사다. "속임수 없이 신뢰로만 가득한/나는 가장 아름답고 가장 뛰어난 그녀를 사랑한다." 하지만 여기에는 문제가 있다. 시인이 단순한 유혹자가 아니라 진정한 연인임을 귀부인이 무슨 수로 알겠는가? 시인은 무언가 명확한 표지가 있기를 바란다. 배신자들과 가짜 연인들이 "이마에 뿔을" 달고 있으면 좋을 텐데! 그는 세상의 모든 부를 포기할 것이다(그가 세상의 모든 부를 가졌다는 것은 아니지만). "내 사랑이 얼마나 진실한지/나의 귀부인이 확실히 알 수 있도록." 하지만 귀부인은 어떻게 해서든 시인을 한 번 보자마자 그 사실을 알아차려야 한다.

> 내 얼굴의 광휘, 내 피부색, 내 눈동자
> 바람에 떠는 한 장 나뭇잎처럼
> 두려움에 나 온몸을 떨고 있으니.

그렇다, 이 사랑은 시인을 떨게 만든다. 설상가상으로 눈물까지 쏟게 만드는데, 귀부인이 시인의 바람과는 다른 반응을 보이기 때문이다. "나 더 무엇을 할 수 있을까, 사랑의 죄수 된 처지에/감방 열쇠는 그녀에게 있는데?" 자신의 감정이 민망해 어쩔 줄 모르는 갈레노스의 상사병 환자들과 달리, 베르나르는 사랑의 경험을 기꺼이 인정하고 거기서 오는 모든 감정적 기복을 얼싸안는다.

이 사랑의 달콤한 풍미는
내 심장을 어찌나 간지럽게 때리는지
나 하루에 백 번을 아픔으로 죽고
기쁨으로 백 번을 더 살아나네.

큐피드의 화살에 맞는 것은 얼마나 엄청난 행복인가! 상사병에 걸린다는 것은 인간에게 허락된 최고의 일이다. "내 못함은 다른 남자의 잘함보다 낫다."

그렇다면 이 사랑에 대한 보답으로 시인은 무엇을 요구하는가? 사랑 그 자체면 충분한 보상인 듯하다.

훌륭한 귀부인이시여, 나 당신에게 아무 바랄 것 없으니
다만 나를 그대 노예로 삼아주시길
훌륭한 영주에게 하듯 나 그대에게 봉사하되
다른 보상은 결단코 요구치 않으리니
나 여기 있으니 분부만 내리시라
공경하고cortes 기뻐하는, 정직하고 겸손한 심장으로!

귀부인들, 영주들, 하인들. 이들은 베르나르가 살던 남부 프랑스를 비롯해 유럽 대부분의 지역에서 아주 친숙한 존재였다. 하인들은 자신들이 모시는 영주와 귀부인들을 "사랑해야" 했고, 영주와 귀부인들 역시 하인들을 "사랑해야" 했다. 음유시인들의 중요한 후원자였던 툴루즈 백작의 궁정에서는 부하

들을 언급할 때 사랑이라는 단어가 자주 사용됐다. 백작의 공식 문서는 다른 부분에서는 건조하다가도 자신을 지지해준 "충직한 부하들"에 대해서는 "사랑"을 말하고 있다. 백작은 궁정에서 자신에게 봉사한 남자들을 사랑했다. 자신이 총애하는 도시의 시민들과 수도원의 수사들을 사랑했다. 이런 유형의 사랑을 맹세하는 방식 중 하나였던 전통적인 충성 서약식을 보면, 봉신은 무릎을 꿇고 기도하듯 양손을 모아 영주의 양손 사이에 끼워 넣고 충직한 부하가 될 것을 서약한 후 일어나 영주의 입에 입을 맞춘다. 이 무릎 꿇는 자세는 나중에 결혼을 청하는 데 쓰였다. 이런 구혼자와 마찬가지로, 베르나르는 귀부인의 침상에 들기를 소망한다.

나 이제 내 욕망으로 죽을 신세라네
만약 저 아름다운 사람이 당신 눕는 곳에
나를 데려가주지 않는다면
나는 그녀를 애무하고 입 맞추고
그녀의 둥글고 부드러운
하얀 육신을 내게 가까이 데려오리.

자신의 심장과 마음, 육신과 영혼을 사랑에 바쳤다는 주장을 통해 시인은 어쩌면 귀부인과 결혼하고 싶다는 바람을 내비친 것일지도 모른다. 그는 남부 프랑스에서 쓰이던 흔한 혼인 서약 언어를 가져다 쓰고 있었다. "그대에게 나를 바칩니다.” 하지만 베르나르의 시에서 “유희”는 기능적인 단어다. 시 끝자락에서 그는 “내가 그토록 오래 떠나 있었던 것을 그녀가 용서하기를” 희망한다. 자신이 그토록 열렬히 욕망하는 여성에게 가까이 머물지조차 않았던 것이다. 시인이 진정으로 찬양하는 것은 귀부인이 아닌 자신의 경이로운 경험과 고통이다. 충족되지 않은 욕망에 대한 자신의 전적인 항복이다.

수많은 음유시인들의 노래 역시 그러했는데, 거기서 성애의 바람은 거의 실현되지 않는다. 조프레 뤼델(1125~1148년에 활동)은 자신의 “먼 사랑amor de lonh”에 관해 노래했다. 다른 음유시인들은 자신이 사랑하는 귀부인에게서 얼마나 잔인하게 퇴짜를 맞았는지, 어떻게 절망의 겨울로 쫓겨났는지를 들려주었다.

이것이 남자들이 자신의 흔들림 없는 사랑에 대해 생각하는 방식이었다. 하지만 적잖은 여성 음유시인들, 즉 트루바이리츠trobairitz 역시 자신들이 사랑한 남자들에 대해 나름의 시각을 갖고 있었다. 그들은 사랑에서 미덕을 얻었고, 그리하여 공개적으로 또 즐겁게 사랑했다. 때로는 남자들과 마찬가지로 사랑의 배신에 한탄하지 않을 수 없었지만 말이다. 하지만 그런 경우에도 사랑 자체의 가치는 떨어지지 않아서, 사랑의 고통은 곧 자부심의 근원이 되었다. 음유시인이자 디아 백작부인의 노래를 들어보자. 베르나르처럼 디아 백작부인도 아마 12세기 후반 하층 귀족 집안 출신이었을 것이다.

내가 그의 사랑이라 그를 노래한다만
너무 비참해서 안 하는 게 나으려나.
나 그를 세상 무엇보다 더 사랑하나
자비와 은총은 내게 아무 소용없으니,
내 아름다움과 뛰어남과 기지 또한 그렇다네
나는 속았고 배신당했네
내 매력도 소용없이, 아무 이유 없이.[15]

베르나르가 그러했듯이 디아 백작부인 역시 직접 작사, 작곡했으며(이 노래의 곡조는 현재까지 남아 있다)[16] 여기 담긴 감정은 비록 쓰라리지만 그녀로 하여금 노래 부르게 만든다. 디아 백작부인은 사랑한다. 여전히 그렇다. 하지만 그 무엇도 소용없다. 자비로움merces도(시인이 그 남자와 잤을까?), 우아함cortezia도(시인은 좋은 행동의 모범이다), 뛰어난 외모도, 미덕이나 분별도. 연인은 기만적이었다. 그럼에도, 시인은 멈추지 않는다. "그대에게 아무 잘못도 하지 않았음에 나 자신을 위로하네." 시인은 더 나은, 더 참된 연인이다. "안녕히"라고 말하기보다(카툴루스는 비록 진심은 아니었겠지만 그렇게 말했다) 제 사랑의 힘 자체로부터 위안을 얻는다.

남녀 음유시인들은 공연자로서 때때로 성별 간 대결을 펼치곤 했다. 아래에서 마리 드 방타도른과 기 뒤셀은 노래 대결을 하고 있는데, 이는 〈애니여 총을 잡아라〉*에 등장하는 애니 오클리와 장래의 남편 프랭크를 연상시킨다. "기 뒤셀, 나는 걱정이라오Gui d'ussel, be.m pesa de vos." 마리가 먼저 시작한다. "사랑에 빠진 숙녀는 연인의 요구를 따라야 하고, 연인 역시 그렇게 해야 하는가?"[17]

> **기** 숙녀는 연인을 대우함에 있어
> 연인이 자기에게 대하듯 해야 하오, 지위는 잊고
> 연인들은 동등하고 어느 쪽도 더 높지 않으니.
> **마리** 기, 연인은 욕망하는 바를
> 부드럽게 요구해야 하오.
> 그리고 귀부인은 명령할 수 있다오.
> …
> 연인은 귀부인의 요구를 따라야 하오.

기의 평등주의에 맞서, 마리는 섬김을 맹세하는 연인은 귀부인보다 **아래**에 있으며 귀부인의 명령을 들어야 한다고 선언한다. 둘은 이 뒤로도 좀 더 언쟁을 벌이지만, 기가 마지막 연을 차지해 연인들은 동등해야 한다는 전복적인 사상을 확정 짓는다. 농담조이지만 진지한 이 노래는 가부장적 질서를 뒤집는다.

* [옮긴이주] 어빙 벌린의 1946년 브로드웨이 뮤지컬 공연.

집착의
비판

베르나르와 디아 백작부인이 자아낸 판타지는 베르길리우스가 아이네이아스에게 부여한 판타지와 전적으로 다르다. 아이네이아스는 배가 출발한 뒤로는 디도 생각을 거의 하지 않았다. 그것은 오리게네스의 사랑 개념(2장을 볼 것)과는 아예 근본적으로 다르다. 오리게네스는 육신의 욕망이 인간 영혼을 훼손시키는, 영혼의 위험 요소라고 깎아내렸다. 그것은 또한 엘로이즈와 아벨라르가, 혹은 몽테뉴와 라 보에티가 공유했던 한마음을 주장하지도 않는다. 하지만 이 모든 사랑에 관한 판타지는 오늘날 거기 딸린 모든 부속물 및 왜곡과 함께 굳건히 남아 있다. 원래 맥락과는 단절됐을지라도, 그것들이 부리는 마법은 여전히 효력을 발휘한다. 좋은 쪽으로든, 나쁜 쪽으로든.

하지만 사랑이 **집착적**이라는 판타지는 무엇보다도 자신을 의심하고 때로는 자신을 조롱하기까지 한다는 점에서 다른 모든 판타지와 다르다. 베르길리우스가 아이네이아스의 행동을 문제 삼거나, 오리게네스가 속세의 일시적인 애착에는 뭔가 좀 이상한 구석이 있지 않나 의심하거나, 교회가 결혼한 부부의 의무에 장난스러운 의문을 제기한다고 상상해보라! 사랑에 관한 이런 개념들에는 진지함이, 자기 확신이 있다.

남녀 음유시인들의 시는 (마치 1장에서 언급했던 《뉴요커》 만화처럼) 영원한 사랑을 고백하는 와중에 분노를 드러내고 이따금 자신의 전제 자체를 장난스럽게 조롱함으로써 기꺼이 흙탕물을 일으켰다. 그리하여 베르나르의 "가장 아름답고 비길 데 없는 이"는 어쩌면 "항복하면 나를 죽일 사자나 곰"일지도 모른다. 비록 자신은 그렇지 않길 빌지만. 결국 귀부인은 그렇게 아름답지 않을지도 모른다.

✧

섬세한 사랑의 시는 유럽의 다른 지역들로 전파되면서 새로운 방식으로 정제되고 개작되고 비평받았다. 또한 새로운 장르로 재창조되기도 했으니, 무엇보다도 로맨스(기사의 모험을 다룬 긴 시)와 소네트(간결하고 함축적인 각 14개의 행으로 이루어진 시)가 대표적이었다. 이들은 때때로 거기 담긴 가정 자체를 장난스럽게 비판했다. 큰 인기를 끈 《장미 이야기》 필사본 중 하나를 생각해보자. 삽화가(필경사의 아내였던 잔느 드 몽바스통이었을 가능성이 높다)는 아래쪽 여백 일부를 이용해 텍스트의 이상화된 감정과 사회에서 독실함을 대표하는 인물들 양측을 희화화한 그림을 그렸다(다음 그림을 보라). 그림 왼쪽에서는 한 수녀가 나무에 달린 페니스들을 따 모은다. 그림 오른쪽에서는 수녀가 한 수사를 끌어안는다. 시가 (자신의 성애적 욕망 대상인) 어떤 장미 한 송이를 꺾으려 하는 한 남자를 다루고 있다는 점에서, 이 그림 해설*에 담긴 담긴 말재간은 한층

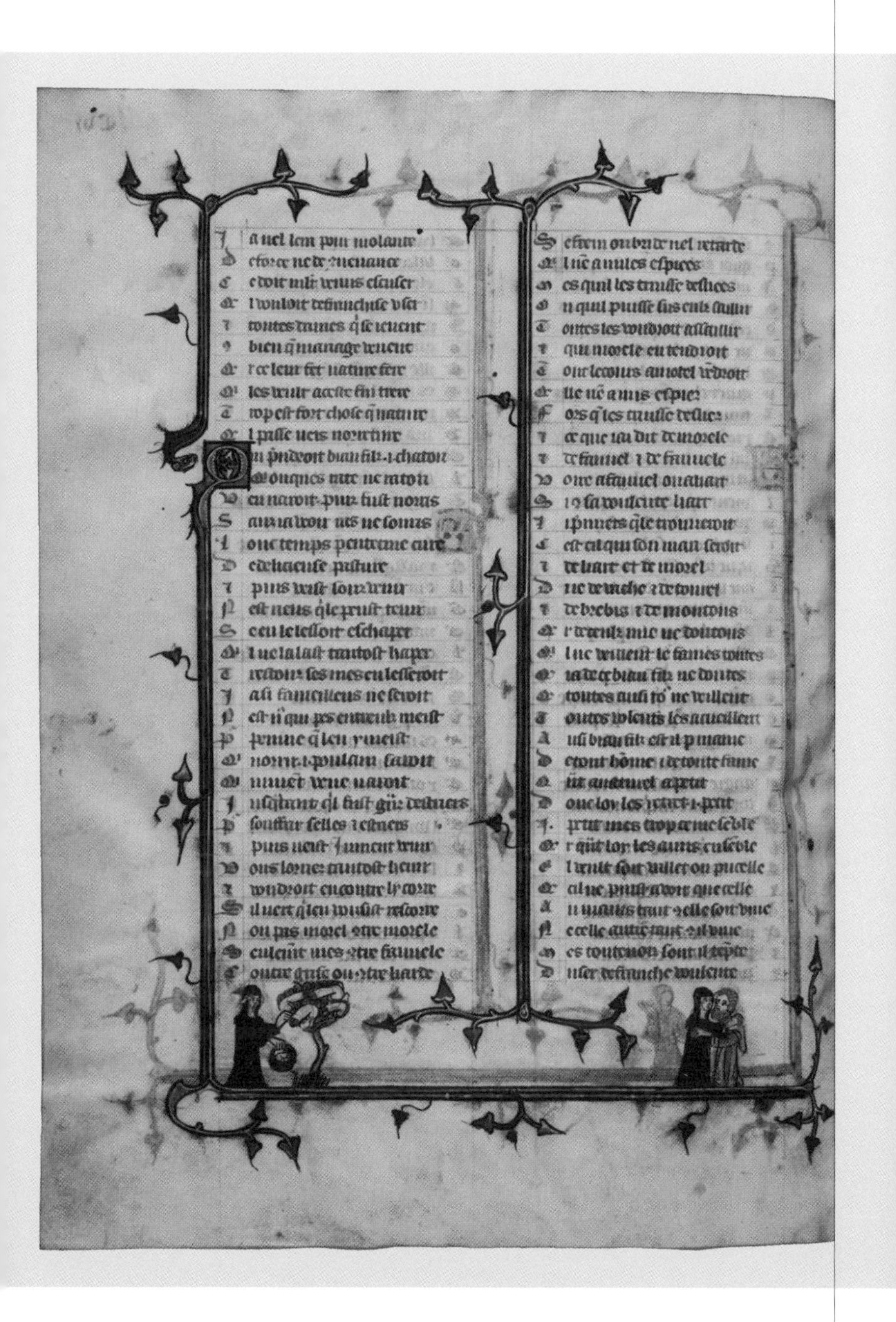

더 큰 효과를 발휘한다. 수녀는 비교적 수월한 입장이다. 어떤 페니스를 따든 개의치 않으며, 그저 많을수록 좋다. 파블리오 Fabliaux(짧게 설명하자면, 궁정 및 도시의 청중을 겨냥해 선정적인 내용을 자주 담았던 짤막한 노래다) 역시 동일하게 풍자적이었는데, 거대하게 발기한 성기 때문에 난처해하는 성직자들과 오쟁이 진 어수룩한 남편들을 조롱하곤 했다. 이러한 외설적이고 음란한 것에 대한 표현은 충족 불가능한 사랑과, 그와 동일하게 열정적인 새로운 성애적 경험의 추구를 살펴보는 다음 장에서 크게 늘어날 것이다.

아무리 특정한 한 사람에게 초점을 맞춘다 하더라도, 어떤 면에서는 집착적 사랑 또한 충족 불가능하다. 이러한 초점은 12~13세기에 걸쳐 유럽 전역에 빠르게 확산된, 사랑에 대한 수많은 진지한 탐구에서도 계속 유지됐다. 떠돌이 음유시인의 독일판이라 할 수 있는 민네장Minnesänger은 사랑의 기쁨과 슬픔, 흔들림 없는 섬김이라는 원래 주제를 되풀이했지만 때로는 대담하게 거기 깔린 전제 자체에 도전했다. 일부 민네장은 이렇게 노래했다. 만약 궁정연애가 귀족성을 부여한다면, 귀부인 자신이 반드시 미덕에 의한 귀족이어야 한다. 미덕은 그 정의상 기쁨을 가져다줘야 한다. 만약 귀부인을 사랑하는 것이

* [옮긴이주] 이 그림에는 다음과 같은 해설이 붙어 있다. 《장미 이야기》에 나오는 남자 주인공은 단지 장미 한 송이만을 원하지만, 여기 보이는 수녀는 그와 달리 수많은 페니스를 바구니에 만족스럽게 따 모으고 있다. 이 필사본을 더 뒤로 넘겨보면, 여기서 수녀가 껴안고 있는 수사는 수녀와 동침한다.

결과적으로 고통을 가져온다면 사랑을 계속해야 할 이유가 있을까? 〈많은 사람이 내게 환호하네〉라는 노래에서, 하르트만 폰 아우에(1180~1220년에 활동)는 궁정과 그곳 귀부인들로부터 등을 돌리고 "내 충직한 헌신을 거부하는 귀부인들 앞에 서는" 데 질려버렸다고 선언한다. 그는 "불쌍한 여인들"을 사랑하는 데 기대를 걸기로 결심한다. 그 여인들 가운데서 "나를 곁에 두고자 하는" 사람을 찾을 것이다. 그리고 "그 여인 또한 내 심장의 기쁨이 될 것이다."[18]

얼마 후, 하르트만의 동포인 발터 폰 데어 포겔바이데(1190~1230년에 활동)는 자신의 귀부인에게 "사랑은 두 심장의 즐거움이오. 만약 두 심장을 동등하게 나눈다면, 그것이 사랑이오"라고 말한다. 이런 민네장은 궁정연애fine love의 '좋음fine'을 의심한다. 오로지 고통만을 가져온다면 어떻게 좋을 수가 있겠는가? 때때로 발터는 유순하게 한 발 물러선다. "아, 안 돼! 나는 왜 이런 식으로 말하지? 마치 눈이 멀고 귀가 막힌 자처럼. 사랑에 눈먼 남자가 어찌 앞을 본단 말인가?"[19] 그럼에도, 다른 노래들에서 발터는 비교적 새로운 이상에 손을 흔든다. 고귀한 사랑hôhe minne이 아니라 '동등한 사랑ebene minne,' 즉 상호 감정을 꿈꾼 것이다.

이와 대조적으로, 시칠리아와 (조금 뒤에는) 토

스카나의 시인들은 귀족성을 부여하는 궁정연애의 힘에 의문을 던지지 않았다. 오히려 귀부인을 너무나 높은 지위로 끌어올린 나머지 경외심, 찬사, 경이로움 어린 시선으로만 그들을 바라볼 수 있었다. 시칠리아 시인들은 방랑하지 않았다. 그들은 공무원으로, 공증인으로, 혹은 중세 지도자 중 가장 세련되고 물정에 밝았던 황제 프리드리히 2세의 궁정에서 조신으로 일했다. 독일의 수많은 민네장이 프리드리히를 위해 일했지만, 프리드리히의 시칠리아 '학파'는 종종 사랑에 대해 매우 다른 관점을 보여주었다.* 예컨대 자코모 다 렌티니(13세기 중반에 활동)의 시에서 고통과 실망을 드러내는 표현은 그의 인식에서 두 번째 자리를 차지한다. 그런 감정들은 말로 이루 다 표현하기 힘들기 때문이다.

> 내 열정은
> 이루 말로 표현할 수 없네,
> 내가 그것을 느끼는 방식은,
> 그 어떤 심장도 품지 못하고 그 어떤 혀도 말할 수 없나니.[20]

자코모에게 말이라는 수단이 부족한 이유 중 하나는 시인

* [옮긴이주] 프리드리히 2세는 신성로마제국 황제인 아버지와 시칠리아 왕녀인 어머니 사이에서 태어났다. 그는 나폴리에 대학을 세웠을 뿐만 아니라 자신이 나고 자란 팔레르모 궁전 안에 연구소를 세웠는데, 여기 모여든 이들 중 시인들이 시칠리아 학파를 형성했다.

이 자신의 귀부인을 신격화하기 때문이다. 그녀가 시인에게 주는 기쁨은 천국의 지복을 넘어선다.

내 귀부인 없이는 [천국이라도] 가고 싶지 않다
금발과 빛나는 이마를 가진 이여
그대 없이는, 그 어떤 즐거움도 누릴 수 없으리
내 귀부인과 헤어진다면

베르나르와 달리 자코모는 여기서 귀부인의 "둥글고 부드러운" 육신이 주는 기쁨을 생각하지 않는다. 반대로 그는 귀부인과 함께 천국에 있고 싶어한다.

그대의 존귀한 몸가짐과
아름다운 얼굴과 달콤한 눈길
이는 내게 커다란 위안이라
내 귀부인이 영광 속에 서 있는 모습은[21]

시칠리아 출신의 이 시인에게 귀부인은 곧 천국의 표상이다.

자코모에서 단테까지는 그리 멀지 않다(2장을 볼 것). 그리고 아마도 자코모는 소네트의 창시자일 것이다. 이를 단테가 한층 더 발전시켰고, 누구보다도 페트라르크(1374년 사망)가 그러했다. 하지만 단테는 또한 **중앙** 이탈리아 선배들, 특히 볼로냐 사람인 귀도 구이니첼리(13세기 후반에 활동)로부터 영향을 받았다. 다른 어떤 종류의 높은 지위나 귀족성보다도 고귀한 심장cor gentil이 우월함을 주장한 구이니첼리는 (음유시인과는 대조적으로) 한 남자를 고귀하게 만드는 것이 궁정연애가 아니라고 말했다. 그 반대였다. "사랑은 늘 부드러운 심장에서 머물 자리를 찾는다." 불의 본질이 뜨거움이듯, 사랑하는 것은 고귀한 심장의 본성 그 자체다. "사랑은 늘 고귀한 심장에서 머물 자리를 찾는다Al cor gentil rempaira sempre amore"라는 말에서, 귀부인은 다만 불을 붙이는 성냥에 불과하다. 하나님이 그 창조자를 알고 복종하도록 천국에 대한 영감을 주는 것과 같이, 아름다운 귀부인은 고귀한 심장 속 "그 여인 앞에 엎드리기를 절대 멈추지 않으려는 욕망"에 불을 붙인다. 구이니첼리가 별들의 움직임을 연인의 욕망에 비유하는 데에 하나님이 반대하실까? 그럴 리가! 구이니첼리는 하나님에게 곧장 이렇게 대답할 수 있을 것이다. "여인은 당신 왕국에서 온 천사처럼 보였나이다."[22] 여기서 귀부인은 거의 인간의 한계를 벗어난다.

토착어 사랑 시인 중 가장 유명하고 영향력 있던 피렌체 사람 페트라르크는 (단테처럼) 자신의 귀부인인 라우라와 어렸을 때 사랑에 빠졌다고 주장했다. 그는 (단테처럼) 그들의 첫 만남과, 그로부터 정확히 20년 후에 일어난 라우라의 죽음에 엄청난 의미를 부여했으며, 라우라를 찬미하기 위해 수많은 시를 썼다. 《산발적 운율》에서 페트라르크가 사용하는 테마는 집착적 사랑에 친숙한 것이다. 그 고통, 그 열망, 그것이 요구하는 봉사, 봉사를 치하하는 귀부인의 완벽함, 귀부인을 사랑하는 데 대한 보답으로 얻게 되는 미덕. 페트라르크에게서 나타나는 새로운 특징은 책 한 권 안에서 시 위에 시를 켜켜이 쌓는 것이다(시는 366편이다). 이는 독자로 하여금 페트라르크가 펼쳐놓는 시인의 내적이고 내밀하고 감정적인 삶의 경로를 처음부터 끝까지 따라가게 만들었고, 또 (이탈리아어의 낭랑한 특성에 유달리 민감한 시인의 언어 사용과 더불어) 동시대 작곡가들로 하여금 음률을 창조하도록 영감을 주었다. 페트라르크 생전에는 곡조가 붙은 시가 겨우 한두 편에 불과했지만, 16세기에는 폭발적으로 늘어났다. 페트라르크의 소네트 25편을 이용한 아드리안 빌라르트의 **신음악Musica nova**(1540년경)이 가장 주목할 만한 예인데, 거기서 빌라르트는 페트라르크의 음악적 멜랑콜리를 그대로 반영해 애도가 담긴 가곡 연작을 내놓았다. "밝은 대낮에든 어두운 밤에든 난 언제나 눈물 흘린다. 운명도, 내 귀부인도, 그리고 사랑도 나를 비통하게 만든다."[23]

하지만 페트라르크는 애초에 라우라라는 여자를 알지도 못했을지 모른다. 라우라는 무엇보다도 판타지와 관조로 빚어진 여성이었다. 전적으로 아름답고 철저히 경멸스러운, 시인이 겪는 영원한 가슴앓이의 원인. 시인의 목소리는 라우라의 귀에 닿을 만큼 높이 올라가지 못한다. 시인은 라우라가 눈앞에 보이지 않으면 욕망으로 불타고, 그녀에 관한 시를 쓰는 것은 사랑을 한층 더 강렬하게 만들 뿐이다. 그런데도 시인은 멈추지 못한다. 페트라르크의 시는 마치 구이니첼리의 부드러운 심장 같다. 그것이 존재하려면 귀부인이 불을 붙여줘야 한다. 이탈리아 시인들을 통해 우리는 궁정연애가, 여전히 집착이면서도 육신에서 영혼으로 옮겨 가는 과정을 본다.

그러나 중세 로맨스 작가들은 천사나 혼령 따위는 취급하지 않았다. 그들은 원래 켈트 구전 설화에 기반한, 아서 왕의 궁정 기사들에 대해 이야기하곤 했다. 동화에 등장하는 모범과도 같은 기사들에 대해서 말이다.

귀족 후원자들은 로맨스 작가들에게 궁정연애의 영향과 그 자격을 탐구하는 긴 시를 의뢰했다. 궁정연애는 간통을 합리화했나? 결혼과 양립 가능했나? 궁정연애를 다룬 시는 흔히 사랑받는 이의 지위가 사랑하는 이의 지위보다 너무 높아 결혼은 상상할 수도 없는 상황을 노래한다. 하지만 그렇지 않았다. 결혼은 분명히 **실현 가능한** 일이었다. 디아 백작부인이 사랑하는 남자에게 단언하듯이. "내가 그대를 내 남편처럼 안고 싶다는 것을 아노라."[24] 혹은 베르나르가 자신의 노래 〈가장 아름답고 비길 데 없는 이〉에 혼인 서약의 언어를 쓰듯이. 많은 로맨스에서 결혼은 사랑의 정상적이고 **논리적인** 결과다. 하지만 기사가 사랑하는 이와 결혼할 때는 새로운 문제가 제기된다. 기사는 어떻게 아내에게 품은 집착적 사랑과 지배자이자 전사로서 진 의무들을 양립시키는가? 사랑에 빠진 남자가 (슬레지가 노래 부르듯이) "다른 무엇에도 마음을 집중할 수 없다면" 무슨 수로 한 왕국을 운영할 수 있겠는가? 집을 떠나 사악한 기사들이나 거인들과 싸울 시간은 어디서 생기고? 친구들에 대한 헌신은? 아래에 거느린 봉신들이나 자신이 섬기는 영주에게 충실을 다할 수 있겠는가? 하나님을 열정적으로 숭배하는 건? 이 모든 일들은 가치 있고 타당하다. 모두가 동시에 원활하게 돌아가야 한다. 하지만 사랑에 빠진 남편은 그런 일들을 챙기는 데 어려움을 겪는다. 아내에게도 나름대로 딜레마가 있다. 아내는 어떻게 자신의 명예와 남편의 명예를 보호하는 동시에 남편에 대한 열정적 사랑을 양립시킬 수 있는가? 어떻게 남편의 **존재 이유**인 모험을 떠나도록 허락하면서 동시에 남편을 자기 곁에 둘 수 있는가? 열정적 사랑은 걸린 판돈이 너무 크다. 로맨스는 독자들이 대체로 한 번쯤 시도해보고 포기할 게 분명한 통달과 통제의 양식들을 제공한다. 디즈니 영화는 말할 것도 없고, 오늘날에도 매력을 잃지 않은 중세 판타지들에서 그것을 찾아볼 수 있다.

크레티앵 드 트루아의《에렉과 에니드》(1170년경)에서, 원탁의 기사이자 귀족인 주인공 에렉은 잘생기고 용맹한데다 성품까지 너그러워 모든 이에게 칭송받는다. 그는 에니드를 만나 사랑에 빠진다. 에니드는 비록 가난하지만, 아름답고 미덕 있다. 이는 그리셀다(3장을 볼 것)와 상당히 비슷하다. 그러나 월터가 그리셀다와 결혼하자마자 아내의 사랑을 시험하기 시작하는 반면 에렉은 그렇지 않다. 에렉은 아내에 대한 사랑에 완전히 사로잡힌다.

하지만 에렉은 너무 뜨겁게 사랑했네,
더는 기사의 용맹, 토너먼트의 사건들로
불타오르지 않았네
그 모두를 무심하게 지나쳤네
그리고 [에니드와] 연애하는 데
홀딱 빠져 관능적으로 살았네,
한층 더 그녀를 섬기고 보살피고
입 맞추고 껴안고 뒹굴면서
어떻게 하면 아내가 편안할까만 생각했네.(2432-40)[25]

이윽고 부하들 사이에서 말이 나오기 시작한다. 주인이 노상 아내 곁에만 붙어 있고 용맹한 모험에서는 아예 손을 놨다는 것이다.

기사들은 그의 훼손된 이름을 개탄했네
그 상실, 그 비탄, 그 낭비, 그 수치를.(2457-8)

그런 숙덕임을 들은 에니드는 남편에게 이를 전한다. 그 후, 마치 사랑은 모 아니면 도라는 듯, 에렉은 아내를 거칠게 거부한다. 그는 아내를 강제로 말 앞에 태워 다가오는 모든 위험을 탐지할 정찰로 삼고 '모험'을 찾아 떠난다. 하지만 아내는 에렉이 먼저 말하기 전에는 입을 열어서는 안 된다. 아내가 다가오는 습격에 대해 감히 경고하자, 에렉은 아내를 무시한다. 이처럼 아내의 사랑을 시험한다는 점에서 에렉은 월터를 닮았다. 동시에, 여기에는 자신의 수치를 씻으려는 목적도 있다. 한편 남편에게 전적으로 충실하던 에니드는 남편이 죽었다고 생각하곤 스스로 목숨을 끊으려 한다. 의식을 되찾은 에렉은 에니드가 자신을 진심으로 사랑한다는 것을 깨닫고 다음과 같이 약속한다.

> 앞으로는 아무 불안도 품지 마시오
>
> 한 번도 그러지 않은 적 없듯 그대를 사랑하니,
>
> …
>
> 앞으로 내 욕망은
>
> 우리가 이전에 살았듯 사는 것이 되리
>
> 그대의 분부에 나 따를 것이오.(4904-10)

하지만 이는 진실이 아니다. 다만 에렉은 기사로서의 무용과 아내를 제 삶에 모두 아우르는 법을 배웠다고 말하는 편이 옳을 것이다. 아내를 사랑하지만, 동시에 사악한 적을 무찌르고 아버지의 왕좌를 물려받고 왕이 해야 하는 일을 한다. 그것은 가난한 자와 성직자들에게 자선을 베푸는 일에서부터 아서 왕 궁정의 자기 자리를 되찾는 것으로 이어진다.

아니면 아서 왕 궁정의 또 다른 기사인 이웨인을 생각해보자. 하르트만 폰 아우에가 들려주는 이야기에서, 이웨인은 아름다운 로딘에게 홀딱 반한다. "사랑에 분별이 흐려져 자신을 고스란히 잊었다"(1301).[26] 하르트만은 사랑에 빠진 남자를 점잖게 놀린다. "검이나 창에 찔린 것보다 더 고통스럽다고들 하는" 상처를 달랜다고(1519). 이웨인이 로딘과 결혼한 후, 좋은 친구이자 동료 궁정 기사인 가웨인은 이웨인을 한쪽으로 데려가 에렉의 경우를 들어 훈계한다. "그 친구는 에니트[에니드] 때문에 오랫동안 허송세월했네. 나중에나마 정신을 차리고 기사가 해야 하는 일을 하지 않았다면 명예를 모조리 잃었을 걸세."(2763) 이웨인은 그 말을 따라 친구와 함께 떠나지만, 그 전에 로딘에게 1년 내에 돌아오겠다고 엄숙히 서약한다. 여기서 이웨인과 로딘은 사랑에 너무도 깊이 빠져 있었기에 "두 사람은 서로 심장을 주고받았다."(2971) 하지만 가웨인과 어울리는 것이 어찌나 유쾌하고 함께 누리는 모험의 삶이 어찌나 매력적이었던지, 이웨인은 그만 아내를 까맣게 잊고 만다. 이에 대해 하르트만은 가웨인을 탓한다. 귀부인에 대한 사랑에 빠져 정신을 못 차리는 사람이 있는 것처럼 친구를 지나치게 사랑하는 사람도 있다고. 로딘이 약속한 1년이 지나 이웨인과의 관계를 끊자, 이웨인은 제정신을 잃고 난폭하게 변한다. 스스로 옷을 찢어발기고 뛰쳐나가 "알몸으로 들판을 건너 야생을 향해 떠난다."(3221) 이웨인은 수많은 용맹한 업적을 이룬 후에야 로딘에게 돌아갈 방법을 찾는다. 이제 두 사람의 사랑은 신중하고 차분해졌다. 하르트만이 논평하듯, 둘 다 젊고 불명예를 벗었다. 두 사람은 "서로를 지킬 수 있고 또 실제로 그렇게 하는 동반자가 되었다. 만약 하나님이 그들에게 긴 삶을 허락하신다면 수많은 달콤한 순간을 누릴 것이다."(8137) 이들의 사랑은 이제 온화한 사랑이 되었다.

중세 로맨스 중 당시에(지금도 그렇지만) 가장 큰 인기를 누린 트리스탄과 이졸데의 불륜 사랑은 다양한 버전으로 존재한다. 베룰이라고 알려진 시인이 12세기 후반에 옛 프랑스어로 기록한 바에 따르면 트리스탄(여기서는 트리스트란)과 이졸데는 실수로 사랑의 묘약을 마시는 바람에 집착적인 사랑에 빠지지만, 3년이 지나자 약효가 다한다. 그러자 두 연인은 이졸데와 남편인 마크 왕의 관계를 회복할 방법을 찾아 한 은둔 수도사에게 도움을 청하는데, 이때 이졸데가 말한다.

> 살면서 나 두 번 다시는
> 어떤 죄스러운 욕망도 갖지 않으리.
> 부디 내가 트리스트란과의 관계를
> 후회하는 것이 아님을
> 내가 그를 친구로서 영예롭게
> 적절히 사랑하지 않는 것도 아님을 알아주시오.
> 하지만 그이는 내게 그 어떤 성적인 욕망도 느끼지 않고
> 나 또한 그렇다오.[27]

시인은 이것이 전적으로 진실이 아님을 알지만 개의치 않는다. 그는 다만 두 충실한 연인, 그토록 아름답고 선한 이졸데와 역사상 가장 위대한 전사였던 트리스트란을 옹호한다. 그

로헬리오 데 에구스퀴자가 그린
〈트리스탄과 이졸데(죽음)〉(1910).
잘 알려져 있다시피 두 사람의 이야기는 다양한
버전으로 각색되었고, 또 여러 미술 작품으로,
(가장 유명하게는) 바그너의 악곡으로 만들어졌다.

렇다. 사랑은 제 한계를 넘어선다. 이 얼마나 불행한 일인가! 하지만 동시에 얼마나 환상적인가! 사랑은 인간이 행할 수 있는 가장 큰 충실함을 요구한다. 그들이 서로를 위해 행한, 더없이 영리한 거짓말과 더없이 영웅적인 행위들도.

트리스탄과 이졸데의 사랑의 흠모할 만한 성격은 오늘날 더 잘 알려진(중세에는 그렇지 않았지만) 다른 이야기들에서 좀 더 명확하게 표현된다. 그런 이야기들에서는 물약의 효과가 평생 지속되는데, 두 연인의 사랑은 너무도 진실하고 강렬하고 모든 것을 집어삼키기 때문에 영원히 서로를 끌어안은 채 세상을 등지는 것 말고 다른 해법은 존재하지 않는다. 시인인 고트프리트 폰 슈트라스부르크(1200~1210년에 활동)는 이 이야기를 하기 위해 오랫동안 공들인 이유를 다음과 같이 설명한다.

> 만약 이 사랑 이야기의 주인공인 두 사람이 기쁨을 위해 슬픔을, 사랑의 황홀을 위한 사랑의 고통을 하나의 심장으로 견뎌내지 않았다면, 그들의 이름과 사연은 그토록 많은 고귀한 영혼들에게 결코 그런 환희를 안겨주지 못했으리라! … 오늘날에도 그들의 헌신, 그들의 완벽한 충절, 그들 심장의 기쁨, 그들 심장의 슬픔이 낭독되는 것을 어디서나 들을 수 있으니 … 이는 모든 고귀한 심장의 빵이라. … 그들의 삶, 그들의 죽음은 곧 우리의 빵이다.[28]

요한 6:35에서 예수는 "나는 생명의 빵"이라고 말했다. 하지만 고귀한 심장을 지닌 남자에게는 트리스탄과 이졸데를 결합한 종류의 사랑이야말로 생명의 빵이라고, 고트프리트는 말한다.

강렬하고도 철저하게 불륜인 사랑은 크레티앵 드 트루아가 부유한 후원자 마리 드 샹파뉴를 위해 쓴 《랜슬럿》에서도 볼 수 있다. 주인공이 아서 왕의 아내인 기네비어와 나눈 사랑은 너무도 강렬하고 너무도 순수해서 사실상 두 사람을 비난으로부터 비껴가게 해준다. 따라서 두 사람이 마침내 사랑의 절정에 다다랐을 때

> 그녀의 사랑놀이는, 그녀의 입맞춤과 애무는
> 어찌나 부드럽고 좋았던지
> 두 사람은 일찍이 그 누구도 듣거나 알지 못했던
> 기쁨과 경이를 느꼈다네.[29]

여기서 간통은 거의 문제도 되지 않는다. 이 로맨스에서 훨씬 중요한 점은 주인공이 사랑하는 이를 위해 기꺼이 위험에 목숨을 내맡기고 자신을 희생할 각오가 돼 있다는 것이다. 납치된 기네비어를 쫓아 검처럼 날카롭고 좁은 다리를 건너는 랜슬럿은 그리스도를 연상케 한다. 다리를 기어서 건너느라 상처 입은 양손과 발은 그리스도의 상처를, 《랜슬럿》이 쓰인 시기에 성 프란체스코에게 기적처럼 나타난 상흔을 거울처럼

비춘다. 크레티앵의 이야기에서 랜슬럿은 그 집착적 사랑 때문에 숭배 대상이 되지만 동시에 역설적으로 어리석게 여겨지기도 한다. 그의 좋은 사랑fine love은 진짜 기사라면 누구나 불명예스럽다고 생각할 복종과 섬김의 행위로 이어진다.

시인들과 로맨스 작가들은 각자 다양한 방식으로 궁정연애의 경이들을 찬양하면서도 비판에 문을 열어두었고, 많은 작가들이 그 초대를 받아들였다. 비판은 때로 논문이나 교회의 선언을 통해 무겁게 제기됐고, 때로는 패러디를 통해 가볍게 제기됐다. 퍽 기묘하게도, 한 후원자가 궁정연애 문학을 후원하는 동시에 비판하는 경우도 있었다. 사제였던 안드레아스가 쓴 라틴어 논문을 생각해보자.[30] 안드레아스는 크레티앵에게 사랑 이야기 집필을 의뢰했던 백작부인 마리 드 샹파뉴를 섬겼다. 하지만 크레티앵과 달리 안드레아스는 로맨스 작가가 아니었다. 안드레아스가 왜 그 논문을 썼는가를 두고서는 의견이 크게 엇갈리지만, 궁정연애를 고취하기 위해서라고 주장하기는 매우 어려울 듯싶다. 안드레아스는 그 주제를 두 부분, 즉 '찬성'과 '반대'로 나누면서 사랑이라는 개념을 경쟁으로 만든다. 첫 부분에서는 남자들이 모든 계급의 여성을 유혹해 혼외정사로 끌어들이는 데 유혹적인 말을 늘어놓는 대신 이용해야 할 견고한 논리를 제시한다. 그는 각각의 논리에 맞서기 위해 여성들이 사용해야 할, 대체로 부정적이거나 어정쩡한 대답 역시 제시한다. 이어 두 번째 부분에서, 안드레아스는 불륜 사랑이라는 개념 자체를 철회한다. 그는 그것이 부도덕하고 경솔하며 모든 가능한 존재 중 가장 더러운 존재, 즉 여성들에게 너무 아낌없이 베풀어진다고 선언한다. 성욕이 너무 강한가? 좋다. 그렇다면 가서 신붓감을 찾아라. 하지만 거기에 사랑이 관여한다고는 상상도 하지 마라! 유일하게 좋은 사랑은 하나님에 대한 사랑이다. 비록 사랑에 관한 논문인 척 위장했지만, 안드레아스의 글은 결국 생빅토르의 위그 같은 성직자가 결혼의 신성한 사랑을 찬양하기 이전 시대로 되돌아가는, 종교적인 사랑을 제외한 모든 사랑에 반대하는 케케묵은 장광설이다(3장을 볼 것).

의식화된 집착

안드레아스의 글은 집착적인 사랑이 이미 하나의 '양식'이 됐음을 보여준다. 남자는 그에 따라 숙녀에게 아첨하고, 숙녀 또한 그에 따라 대답한다. 누구도 어떤 감정을 진정으로 느끼는 일 없이. 그것은 게임이었다. 실제로 남자와 여자 사이의 장난스러운 전투로서 사랑이라는 개념은 안드레아스의 시대에 널리 퍼져 있었다. 그것은 삽화로 그려졌고, 때로는 '사랑의 성城'을 묘사하는 야외극으로 상연되었다(다음 그림을 보라).

또 다른 게임은 숙녀들이 주재하는 "사랑의 법정"에서 행해

졌다. 안드레아스는 마리 백작부인이 그 판관들 중 가장 중요하다고 주장했다. 물론 그런 법정이 실제로 열렸다 해도 거기에 사법권은 전혀 없었다. 그럼에도 (안드레아스가 주장하기를) 거기서 내려지는 판결들은 독단적이었다. 궁정연애로부터 자발성을 벗겨내는 대신 규범들을 집어넣고, 일거수일투족을 의식으로 만들었다. 여기서 궁정연애는 결혼에 관한 당시 교회법의 꼼꼼함을 조롱하는 것으로 모자라 한술 더 떴다. 법정에서 내려진 판결들을 보여주는 다음의 간략한 예시를 보면 어느 정도 감을 잡을 수 있을 것이다. "여인이 연인의 포옹을 거부한다면 사랑의 본성 그 자체에 죄를 짓는 것이다. … 단, 연인이 부정을 저질렀다는 명확한 증거가 있을 경우는 예외다." 만약 모든 면에서 동등한 두 구애자가 거의 동시에 사랑을 호소한다면, "그런 경우에는 먼저 청한 남자에게 가산점을 주어야 한다. 하지만 프러포즈가 동시에 이루어졌을 경우, 여성에게 선택권을 주는 것은 부당하지 않다." "어떤 여자든 세간의 칭송을 받고 싶다면 반드시 [연인과의] 사랑에 몰두해야 한다."

이런 법정 판결로도 모자랐는지 안드레아스는 "사랑의 왕"이 내린 31개조의 칙령을 열거했는데, 그중에는 다음과 같은 것들이 있었다.

> 1. 결혼은 [다른 누군가를] 사랑하지 않을 핑계가 못 된다. …
>
> 16. 연인은 갑자기 사랑하는 사람의 모습을 보게 되면 심장이 고동친다. …

26. 사랑은 사랑 앞에서 그 무엇도 거부할 수 없다.

27. 연인이 사랑하는 이에게서 누리는 위안은 아무리 많아도 부족하다. …

30. 진정한 연인은 사랑하는 이에 대한 생각에 지속적으로, 쉴 새 없이 사로잡힌다.

31. 그 무엇도 한 여자가 두 남자로부터 사랑받거나 한 남자가 두 여자로부터 사랑받는 것을 금하지 못한다.

규칙들에 포위되고, 혹독한 비판을 당하고, "성 발렌타인데이에 모든 새들이 짝을 찾기 위해 그곳으로 모여들 때"처럼 감상적으로 다뤄진, 궁정연애의 근원에 자리한 압도적인 열정은 길들여졌다.[31] 물론 그것은 언제나 통제하에 있었다. 궁정연애는 본질적으로 숙녀가 만든 규율과 섬김, 미덕을 통해 정화되는 사랑이었다. 하지만 14세기에 이르러서 궁정연애는 진정한 감정적 표현 양식으로서의 특징을 완전히 잃지 않은 한편, 다른 무엇보다도 조신朝臣들이 갖추어야 할 바람직한 몸가짐의 기준이 되었다.

조반니 보카치오는 《데카메론》에서 역병이 창궐하던 시기의 피렌체를 배경으로 몸가짐이 훌륭한 이들의 모임을 그려냈다. 모두 귀족으로 이루어진, 지적이고 정중하고 기지 넘치는 젊은이 열 명이 열흘간 도시를 피해 시골로 떠난다. 이들은 "팜피네아의 주도하에" 돌아가며 이야기를 한다. 외설적인 이야기가 있는가 하면 가슴 따뜻한 이야기가 있고 성직자들을 비판하는 이야기도 다수 있는데, 모두가 흥겹다. 이들은 함께 사랑 노래를 부르고 춤을 추며 즐긴 후 각자 자기 방으로 물러간다. 그중 일부는 사랑에 빠져 있음에도 "멀찍이" 거리를 유지하는데, 이는 라우라에 대한 페트라르크의 가망 없는 사랑을 모범으로 삼은 것이다.

보카치오의 공상적인 모임은 며칠간 지속됐다. 발다사레 카스틸리오네(1529년 사망)는 《궁정론》[32]에서 자신이 묘사하는 것은 진짜 궁정, 우르비노의 공작과 공작부인의 궁정이라고 주장했다. 궁정에는 "흥겨운 놀이와 음악 공연만이 아니라 마상馬上 창 시합과 토너먼트, 말 타기, 온갖 종류의 무기를 다루는 데" 능한 남자들이 가득했다. 공작에게 여흥을 제공하기 위한 이들이었다. 15세기와 16세기에 실제 전쟁은 용병들에 의해, 총과 대포를 이용해 치러졌다. 궁정의 분위기는 경쟁적이었지만, (카스틸리오네의 말에 따르면) 공작부인이 그 날카로운 공기를 부드럽게 만들었다. "공작부인을 뵐 때면 다들 가슴 속에서 더없는 행복이 샘솟는 것을 느꼈다. 마치 우리 모두를 사랑으로 한데 묶는 사슬 같았다." 궁정 남자들은 형제나 마찬가지였다고, 카스틸리오네는 주장한다. 함께 자유로이 어울릴 수 있는 숙녀들이 있으니 성애적인 열망은 자취를 감췄다. 공작부인이 있는 궁정에서 이 혼성 무리는 "게임을 하고 웃음을 터뜨리면서" "많은 재치 넘치는 농담"을 주고받았지만 그러면서도 결코 "품위와 진지한 품격"을 잃지 않았다.

17세기부터 19세기 초까지 이탈리아, 프랑스, 영국, 독일에서는 살롱이 번성했다. 활기찬 대화에 통달한 나머지 '사회성'을 예술로까지 끌어올린 부유하고 재주 많은 여성들, **살로니에르salonnière**가 주최하는 그런 모임들은 걸출한 작가에서부터 철학자, 화가, 음악가, 외교관들을 한자리에 모았다. 이런 혼성 또는 여성(영국의 경우) 모임에서는 활발한 사상 교환이 필수적이었고, 반쯤 은밀한 정사도 마찬가지였다. 달마티아 출신 작가인 미호 소르카체비치가 베네치아의 학식 높은 여주인이자 작가였던 이사벨라 테오토키 알브리치(1836년 사망)에게 바친 찬사를 들어보자. "순수한 관능을 고귀한 점잖음이 다스리고 있다."[33] 사실 테오토키 알브리치는 결혼한 여성이었지만 동시에 여러 명의 연인을 두었다. 알브리치가 꾸렸던 것과 같은 살롱은 사회적·감정적·정치적 규범의 경계를 찔러보고 시험하는 장소였다. 클럽, 극장, 카페와 더불어 역사가들이 '감상주의'라 일컬은 열정적·감정적 표현과 혁명적 사상이 부화하는 장소였다. 하지만 테오토키 알브리치의 연애는 **집착적** 사랑을 거의 찬양하지 않았다. 그 판타지는 끝나버린 것이었을까?

돌아온 집착

전혀 그렇지 않았다. 테오토키 알브리치가 전 세계에서 온 재능꾼들을 접대하고 가르치고 후원하면서 곁가지로 몇 명의 연인들을 취할 당시는 낭만주의 문화가 막 태동하던 시기였다. 비록 중세의 낭만주의 테마를 어느 정도 되살리기는 했지만, 낭만주의 시대에 찬양받던 유형의 사랑은 스스로를 가볍게 조롱하지 않았다. 사랑의 집착은 음보와 운의 제약이 있는 시를 뛰어넘어 비교적 새로운 문학 형태로 넘쳐흘렀으니, 산문 소설이었다. 그것은 당시를 살아가던 사람들의, 그것을 쓰고 읽는 작가들과 독자들이 살았던 바로 그 시대의 사회적 삶과 감정을 탐구했다. 괴테의 《젊은 베르테르의 슬픔》에서 샤를로테는 구혼자에게 다음과 같이 말했다. "나는 내 세계에서 재발견한 작가들이 가장 좋아요. 그들의 경험은 내 경험과 닮았고, 그들의 이야기는 내 개인적 삶만큼이나 내게 흥미롭고 감동을 주죠."[34]

샤를로테가 올리버 골드스미스의 소설 《웨이크필드의 목사》(1766)를 언급하자 베르테르는 "나는 나 자신을 완전히 잊어버렸다"고 말할 정도로 강렬한 감정의 전이를 느꼈다. 젊은 시인인 베르테르는 샤를로테에게서 오로지 자비심만을 본다. 두 사람이 처음 만난 것은 목가적인 가정 환경에서였다. 샤를로테는 세상을 떠난 지 얼마 안 된 어머니를 대신해 어린 동생들의 어머니 역할을 떠맡았다. 첫 만남 이후로 (베르테르는 책의 대부분을 차지하는, 친구에게 보낸 편지 중 하나에서 다음과 같이 전한다) "나는 낮인지 밤인지도 구분이 안 간다." 로테를 보면 "내 삶과 모든 행복이 한 인간에게 주어졌다고 느끼고," 이루 표현할 수 없는 감정에 괴로움을 겪는다. 두 사람의 몸이 우연히 스칠 때면 "내 모든 감각이 흐릿해져." "마치 내 영혼의 모든 신경이 뒤집히는 것 같아." 아침에도 밤에도 베르테르는 샤를로테를 찾아 침대를 더듬고 그녀의 손에 "천 번의 입맞춤을" 퍼붓는 꿈을 꾼다. 로테와 처음 만난 자리에서 입었던 옷이 해지자 정확히 똑같은 옷을 새로 맞춘다. 반바지, 노란 조끼, 파란 외투. 베르테르는 과수원 배나무에 올라 로테에게 배를 건네주는 데서 행복을 발견한다. 베르테르의 기도문과 머릿속은 온통 로테로 가득하다. "나를 둘러싼 세상의 모든 것을 나는 오로지 로테와의 관계를 통해서만 본다." 어떤 음유시인도 이보다 더 마음을 빼앗기거나 기꺼이 섬기려 하지는 않았을 것이다.

하지만 베르테르에게서는 음유시인의 장난기를 조금도 찾아볼 수 없다. 얼마쯤 로테와 떨어져 있어보려 애쓰지만 이내 심장이 시키는 대로 로테에게 돌아가고 만다. 하지만 로테는 이미 어머니 생전에 약속했던 대로 알베르트와 결혼한 후다. 베르테르는 자신이 알베르트의 자리를 차지할 수만 있다면 얼마나 행복할지 상상한다. "때때로 다른 어떤 남자가 그녀를 사랑할 수 있다는, 사랑해도 된다는 사실이 도저히 이해가 안 가. 나는 그녀 하나만을, 이토록 강한 열정으로 이토록 온전히 사랑하고 다른 것이라고는 아무것도 모르고 아무것도 이해하지 못하고 오직 그녀만을 생각하는데."

베르테르에게는 어딘가 라스콜리니코프와 비슷한 구석이 있다. "광기와 결코 멀지 않은 열정." 심지어 그 점을 인정하면서 다소 자랑스러워하는 것 같기까지 한데, 광기가 특별한 사람의 표지라고 믿기 때문이다. 로테가 결혼하기 전에 베르테르는 호메로스를 지니고 다녔다. 그녀가 결혼한 후 호메로스는 오시안으로 바뀐다. 오시안은 괴테의 시대에 잠깐이지만 크게 유행했던, 구어와 문어로 전해진 켈트 전설을 다룬 시인이었다. 베르테르는 특히 시에 등장하는, 전사한 연인의 무덤가에서 "슬퍼하다 죽은" 한 여인에게 빠져든다. 그리고 끝내 암울한 절망에서 헤어 나오지 못하고 알베르트의 권총을 빌려 자살한다.

이 책은 열광적인 반응을 불러일으켰다. 번역되고 개작되고 비웃음을 샀다. 남자들은 베르테르의 옷을 따라 입었다. 여자들은 '베르테르 향수'를 뿌렸다. 프랑켄슈타인의 괴물은 베르테르의 불행한 상황을 자신에게 견주어 "내가 보거나 상상한 수준을 훨씬 넘어서는 신적인 존재"라고 감탄했다.[35] 베르테르를 모방해 자살하는 사람이 어찌나 많았던지 사회학자 데이비드 필립스는 모방 자살을 일컫는 '베르테르 효과'라는 용어를 만들었다. 후에 괴테는 베르테르를 영웅으로 만들 의도가 없었음을 주장했지만, 이 책은 허구의 '편집자'가 독자들을 위해 쓴 서문으로 시작한다. 편집자는 자신이 베르테르의 편지를 모두 수집했다면서 이렇게 말한다. "여러분은 내게 감사하게 될 것이다. 주인공의 정신과 성품은 여러분의 감탄과 사랑을 자아낼 것이고, 주인공의 운명은 여러분의 눈물을 자아낼 것이다." 괴테는 자신의 소설이 현실 세계에 영향을 미칠 수 있음을 모르지 않았다.

이 낭만적인 소설의 독창적인 부분은 사랑에 빠지는 것이 얼마나 고통스러운가를 말하는 데 있지 않다. 그거라면 이미 호메로스도 익히 알고 있었다. 사랑이 집착이 될 수 있다는 것 역시 아니다. 오비디우스는 그 집착을 치유할 방법을 알았다. 심지어 사랑에 보답 받지 못한 사람이 스스로 목숨을 끊을 수 있다는 것조차 아니다. 그건 갈레노스 같은 의사들이 상사병을 치유하기 위해 불려나온 이유였다. 괴테가 쓴 이 낭만적 소설의 독창성은, 비록 오래전부터 존재하던 전통에 기반하기는 했지만, 사랑에 빠진 남자는 그 아무리 멀리까지라도 기꺼이 가리라는 것이다. 아무리 멀리까지라도 **가야 한다**는 것이다. 만약 그 사랑이 진짜라면 말이다. 베르테르는 로테에게 보내는 유서에 이렇게 쓴다. "이것은 절망이 아닙니다. 내가 내 한계까지 고통받았다는, 당신을 위해 나 자신을 희생한다는 확실성입니다." 그렇다면 여성은? 여성도 비슷한 감정을 느껴야 하는가? '편집자'는 베르테르와 로테의 마지막 만남을 들려주는 책 말미에서 명확한 답을 제시한다. 그렇다! 두 사람은 "영원한 포옹 속에서, [하나님의] 영원한 눈길" 속에서 만나 서로를 영원히 사랑할 것이다. 그렇다면, 괴테가 옳다면, 여성 역시 적어도 감정적으로나마 아무리 멀리까지라도 기꺼이 가려 할 것이다. 불행히 결혼 같은 사회적 합의의 제약을 영영 벗어날 수 없을지라도. 19세기 오페라 속 여성들은 남자들과 마찬가지로 사랑 때문에 미쳤고, 남자들과 마찬가지로 비극적 결말을 맞았다.

《젊은 베르테르의 슬픔》을 비롯한 낭만주의 소설, 희곡, 오페라, 시는 엠마 보바리(3장을 볼 것)가 위험을 통해 배운 교훈들을 제공했다. 엠마가 가장 큰 애착을 느낀 것은 자크앙리 베르나르댕 드 생피에르가 쓴《폴과 버지니아》(1788년)였다. 부패한 유럽 문명에서 멀찍이 떨어진 섬을 배경으로 한(루소를 연상시키는) 그 소설에는 함께 자라 사랑에 빠지고 결혼을 꿈꾸게 된 두 주인공이 등장한다. 하지만 두 사람의 순수하고 무구한 사랑은 문명사회의 물질 중심주의에 좌절을 맞는다. 버지니아는 잔인하지만 부유한 숙모의 부름을 받아 프랑스로 가게 되는데, 숙모는 사랑의 자연스러운 귀결을 가로막는다. 마침내 숙모의 끔찍한 요구에서 벗어나 집으로 돌아가는 길에, 버지니아의 배는 폭풍에 휘말린다. "자연스럽게" 조신한 버지니아는 옷을 벗기를 거부해 그만 익사하고 만다. 시름시름 앓던 폴도 곧 뒤따라 세상을 떠난다. 엠마의 생각은 두 연인이 행복했던 시절, 폴이 버지니아에게 맛있는 과일을 따주기 위해 나무를 오르고(베르테르가 로테를 위해 배를 따 모았던 것처럼) 두 사람이 열대 낙원에서 영원히 달콤한 사랑을 맹세하던 시절에 머문다. 이들은 여성의 모든 욕구를 세심하게 살피는 남자들이다. 그런 낭만적 이상을 품고 있었으니 엠마가 음독한 것도 무리가 아니다. 플로베르는 이미 오래전에 알고 있었다. 판타지들이 희망을, 사고를, 기대를 형성할 수 있다는 것을. 판타지는 때로 유용하지만 때로는 우리에게 위험을 초래한다는 것을.

현실 생활에서의 판타지

이는 1870년대 이탈리아 남부에 살던 일부 불행한 이탈리아 여성들에게 분명한 진실이었다. 조반니 파다 대령의 아내이자 그와 별거 중이었던 라파엘라라는 여성을 떠올려보자. 서커스단이 마을에 찾아왔을 때, 라파엘라는 서커스단 인기 곡예사인 피에트로 카르디날리와 사랑에 빠졌다. 우리가 이 둘의 사연에 대해 알고 있는 것은 피에트로가 파다를 살해했고, 그 재판이 논란의 중심에 섰기 때문이다.[36]

그 무렵에는 누구나 사랑 때문에 결혼하는 것이 당연시됐다. 하지만 가족들이 딸의 순결을 지키고 남자를 못 만나게 하는 데 신경을 곤두세우는 상황에서, 젊은 여성들에게 이는 어떤 의미였을까? 라파엘라는 연애 시절을 다음과 같이 회상했다. 파다는 "집안에서 소개해주었다. 우리는 서로를 마음에 들어했다." 파다는 라파엘라에게 결혼을 신청했다. 그리하여 라파엘라는 19세기 이탈리아의 욕구불만 아내들의 군단에 합류했다.

가정 불화의 구체적인 이유가 무엇이었든, 다른 곳에서 로맨스를 찾은 것은 라파엘라 혼자만이 아니었다. 피에트로 카르디날리는 육체를 드러낸 공연자들과 짜릿한 공연을 자랑하는 서커스단의 스타로, 서커스단이 방문한 도시들의 수많은 부잣집 여인들 사이에서 큰 인기를 누렸다. 숱한 여인들이 카르디날리와 사랑에 빠졌고, 그 사랑이 쌍방이라고 생각했다. 적어도 그들이 보낸, 감정을 남김없이 쏟아낸 편지들을 보면 확실히 그랬다. 대부분 익명으로 쓰인 이런 편지들이 자물쇠 달린 트렁크에 보관됐던 것을 보면 분명 카르디날리에게 무언가 의미가 있었을 것이다(감상적인 이유에서였을 수도 있고, 갈취를 위해서였을 수도 있겠지만). 편지는 여성들이 대체로 금기시되는 감정들을 "시도하고" 탐색하게 해주는 방편 노릇을 했다.

한 여인이 쓴 다음과 같은 편지는 아마도 그만 관계를 끝내자는 피에트로의 편지에 대한 답신이었던 듯하다. "사랑하는 피에트로, 많은 여자들이 당신을 사랑한 걸 알지만 그중 나보다 더 당신을 사랑한 사람은 절대 있을 수 없어요." 다른 여인이 보낸 또 다른 편지를 보자. "내 가장 소중한 사랑, 13일 만에야 마침내 당신 편지를 받았습니다. … 내가 당신을 얼마나 사랑하는지, 당신 소식을 알려주지 않는 것[즉 편지를 보내지 않는 것]이 내게는 사형 선고나 다름없다는 것을 당신은 마땅히 알아야 해요." 어떤 여인은 편지를 서른여덟 통이나 써 보냈는데, 그중 한 편지에는 영원한 사랑에 대한 소망과 상상이 담겨 있었다. "하나님은 죽을 때까지 다시는 풀리지 않을 성스러운 매듭으로 우리를 행복 안에 묶어주실 거예요. 나는 언제까지나 정절을 지킬 겁니다. 내게 말해줘요, 내 사랑. 나를 사랑한다고. 언제까지고 그 마음 변치 않을 거라고." 그 후, 잠깐 의심이 찾아든다. "내가 당신 약속을 믿어도 될까요? 제발 나를 가엽게 여기고 진실을 말해줘요." 피에트로는 이내 여자에게 돈을 요구하는데, 여자는 선뜻 줄 마음이 없어 보인다. 더는 피에트로에게서 편지가 오지 않자, 여자는 당대의 음유시인과 집착적 사랑의 정교한 각본을 고스란히 베낀 듯한 질책을 적어 보낸다. "내가 당신에게 도대체 무슨 잘못을 했기에 나를 이렇게 대하나요? 진정 나를 사랑한다면 이럴 수 없어요. 당신은 나를 영원히 사랑하겠다고 늘 약속했잖아요."

오늘날 서구에서 대다수 여성은 부모의 간섭에서 벗어나 많은 남성을 자유롭게 만난다. 그중 몇몇과는 관계를 맺고, 헤어지고, 고통받고, 다시 앞으로 나아간다. 불행한 결혼은 끝내면 된다. 새로운 짝이나 배우자를 찾을 수 있다. 이런 새로운 분위기에서라면 샤를로테가 알베르트와 결혼했다는 사실은 그를 떠나 베르테르와 결혼하는 데 별 장애물이 되지 않았을 것이며, 폴은 옷 벗기를 거부해 죽은 버지니아를 애도하며 시름시름 앓다 죽지 않았을 것이다. '내가 진정으로 사랑한다면 나는 상대에게 집착할 것이다' 또는 '상대가 나를 진정으로 사랑한다면 상대는 내게 집착할 것이다'라는 판타지는 과거의 유물처럼 보일지도 모른다.

하지만 여전히 연인 관계의 단절은 자살 기도의 도화선으로 유명하다. 비록 괴테의 열정적인 언어로 쓰이지는 않았지만, 최근 한 연구에 따르면 연인 관계에서 더 헌신적인 사람,

마음을 더 많이 쏟은 사람일수록 관계가 끝났을 때 우울증에 시달리거나 자살을 시도할 가능성이 높다.[37] 일부 뇌과학 전문 과학자들은 강렬한 낭만적 사랑을 약물 남용에 비유한다. 둘 다 중독적이고, 뇌의 보상 회로에 관여하기 때문이다. "가장 큰 특징은 사랑하는 이에 대한 생각에 집착한다는 겁니다."[38] 이런 과학자들은 사랑 중독을 해결할 치료법에 초점을 맞추는데, 이는 2000여 년 전에 갈레노스가 제시한 것과 별다를 게 없다. 바쁘게 지내고 운동을 하고 취미 활동을 함으로써 주의를 다른 곳으로 돌릴 것. 하지만 만약 소파에 누워만 있는 베스 고닉, 집착하는 베르테르, 고통에서 기쁨을 느끼는 베르나르 드 방타도른, 20년 동안 눈물을 흘리는 페넬로페처럼 굳이 해결책을 찾지 않으려는 이들이 있다면, 그들의 광기에 한 가지 치유법이 있을지도 모른다는 점에 유의하자. 뇌의 보상 체계다.

《뉴요커》에 실린 케이트 포크의 단편 〈저 바깥〉에서, 화자는 연애 상대를 찾고 있다.[39] 온라인 데이팅 어플들을 이용해 보지만, 이상한 남자를 만나면 어쩌나 하는 두려움 외에도 또 한 가지 두려움이 있으니, '블럿blot', 즉 촉감 착각 로봇을 만나는 것이다. 블럿은 잘생긴 외모에 매력적이고 공감 능력을 갖추고 있으며 성적 능력도 뛰어나지만, 상대 여성의 개인 정보를 손에 넣고 나면 휙 하고 연기처럼 사라져버린다. 블럿의 주인은 "취약한 여성들을 노리는" 한 러시아 회사다. 때문에 화자는 틴더에서 만난 남자 샘이 명확한 단점을 가진 것을 보고 오히려 기뻐한다. 샘은 완벽하게 잘생기지도, 공감 능력이 뛰어나지도, 매력적이지도 않다. 딱히 섹스를 잘하는 것도 아니다. 굉장하다! 하지만 샘과 몹시 지루한 몇 달을 함께 보낸 후 화자는 관계를 끝낸다. 샘이 블럿은 아니라 해도, 운명적인 사랑도 아니다.

얼마쯤 지나 골든게이트 공원을 산책하던 화자는 야외 테이블에 앉아 있는 "똑같이 생긴 남자 다섯 명"을 본다. 그중 하나가 화자를 발견하고는 매력적이고 능숙하게 칭찬하는 말을 떠벌리기 시작한다. 화자는 남자가 앉아 있는 테이블에 기꺼이 합석한다. 자신의 모든 필요에 맞춰주는, 폴이나 베르테르 같은 완벽한 블럿이 차라리 실제 남성보다 낫기 때문이다. 비록 여자에게서 모든 정보를 얻어내자마자 사라져버리더라도 말이다. 우리의 화자에게 있어 집착적 사랑이라는 판타지는 진짜 인간이 줄 수 있는 사랑보다 더 낫다. 어쩌면 그건 페넬로페에게도 마찬가지였을지 모른다.

충족 불가능성

Insatiability

《향연》에서 플라톤의 원래 목적은 사랑의 신을 찬양하는 것이었다. 하지만 그 목적을 뒷받침하는 전제 자체에 도전하는 연설이 두 편 있다. 초저녁에 연설한 파우사니아스는 사랑의 신이 둘 있는데 하나가 다른 하나보다 열등하다고 선언했다. 이후 밤이 가까워질 무렵에 소크라테스는 에로스가 애초에 신이 아니라는 디오티마의 전복적인 시각을 소개했다.

둘 다 사랑의 기원에 대한 다른 신화들에 의존했는데, 파우사니아스는 에로스가 아프로디테의 동반자라는 점은 의심할 여지가 없지만 아프로디테라는 이름을 가진 여신은 두 명이라고 주장한다. 하나는 남신이 혼자 낳았고, 하나는 신과 물의 요정 사이에서 태어난 딸이라고. 따라서 후자, "범속한" 아프로디테의 동반자인 에로스는 신에게서 태어난 "천상의" 아프로디테의 동반자인 에로스보다 열등하다. 범속한 종류의 사랑은 "기회가 오면 닥치는 대로 붙잡는다." 특별할 것은 전혀 없다. 남자, 여자, 소년들, 전부 다 괜찮다. 범속한 사랑은 충족이 불가능하며, 이로부터 영감을 받은 이들은 "성적 만족을 얻는 것" 외에는 아무런 관심이 없다(181b).[1] 그걸 어떻게, 왜 하는지는 상관하지 않는다. 그저 자기들 눈앞에 나타나기만 하면 아무한테나 들러붙는다. 파우사니아스는 범속한 사랑에 도덕적으로 격분했고, 연설 중에 그런 과한 짓거리를 법으로 금지할 것을 주장한다.

디오티마는 향연에 참석하지 않았으니 파우사니아스에게 직접적으로 반론할 수 없었다. 하지만 거기 있었다면 틀림없이 반론했을 것이다, 디오티마는 에로스는 하나뿐이라고 주장했으니까. 에로스는 범속한 존재도, 천상의 존재도 아니었다. 두 정령의 혼혈이자 자손이었다. 욕구(어머니)와 수완(아버지). 그렇다, 에로스는 아프로디테 여신의 동반자였지만 그건 오로지 에로스가 아프로디테의 생일 축하연에 잉태되었기 때문이다. 잉태는 우연히 이루어졌다. 축하연에 손님으로 온 방편은 술에 취해 이리저리 헤매다 잠들었다. 문가에서 구걸하고 있던 궁핍은 기회를 놓치지 않고 방편과 동침해 사랑을 잉태했다. 디오티마는 다음과 같이 설명했다. 사랑은 제 어미처럼 더럽고 맨발이며 늘 중요한 기회를 찾고 있다. 늘 무언가를 원하고 필요로 하고 욕망한다. 동시에, 제 아비처럼 "용감하고 충동적이고 강력하고 뛰어난 사냥꾼이에요. 늘 올가미를 짜고 있고 꾀바르고 지식을 열망하며 일평생 지혜를 사랑하고, 마법, 묘약, 원하는 걸 말로 얻어내는 데 천재랍니다."(203d) 에로스는 신들처럼 현명하지도 아름답지도 미덕 있지도 않지만, 그 모든 기질을 원할 만큼 영리하고 그걸 얻기 위해 가능한 모든 수단 방법을 가리지 않는다. 그럼에도 그는 늘 좌절만 겪는데, 절대 자기 뜻대로 이루어지지 않기 때문이다. 그 후 에로스는 죽지만 곧 되살아난다. 신은 아니지만 그렇다고 필멸의 존재도 아니다. 그 사이의 무언가다.

이것이 사랑을, 모든 사랑을 바라보는 디오티마의 삐딱한 시선이다. 그렇다면 디오티마가 사랑의 상대를 금세 바꾸는 일시적인 쾌락을 등한시하는 것도 놀랍지 않다. 대신 디오티마는 원하는 것을 손에 넣기 위한 끝없는 술수들로 가득한 자루와 사랑의 추진력과 채울 수 없는 소유욕을 이용해 연인을 육신에서 영혼으로, 법률과 사상으로, (그리고 마지막으로) 영원한 아름다움, 진실, 미덕의 환희로 이어지는 사다리로 데려가고자 한다.

하지만 디오티마가 한 육신에서 다른 육신으로 옮겨 가는 데만 열중한 에로스를 사다리 첫 칸에 **남겨뒀다면**, 에로스는 파우사니아스의 "범속한" 사랑, 즉 비록 훨씬 영리하고 훨씬 교활하고, 한마디로, 훨씬 유혹적이지만 눈에 띄는 모든 사람에게 들러붙을 준비가 된 바람둥이와 매우 비슷했을 것이다.

충족 불가능성으로서의 사랑은 이 책에서 다루는 판타지들 중 가장 덜 감상적이어서 어떤 이들은 이렇게 묻고 싶을지도 모른다. 그게 정말 사랑일까? 단지 육욕은 아닐까?

하지만 '육욕'이라는 것 자체가 대체로 성직자들이 성욕 일반(하나님이 본래 의도하신 쓰임새대로 쓰이지 않는 한)을 매도하기 위해 만들어낸 **비**사랑의 판타지다. 교회는 라틴어 luxuria의 뜻을 좁혀 육욕의 죄를 나타내는 단어로 만들었다. 이 단어는 원래 온갖 종류의 과잉을 일컬었으며, 오로지 성적인 것만 가리키지도 않았고 심지어 그게 주된 의미도 아니었다. 그레고리오 1세 대교황은 죄악의 나무들에 열리는, 죽음에 이르는 일곱 가지 대죄를 열거하면서 luxuria, 정욕을 맨 꼭대기에 두었고 그 바로 아래에는 탐식을 두었다. 교황은 이 둘을 "육욕의 죄"라 일컬었다. 탐식은 배와, 정욕은 성기와 연관됐다.[2] 우리가 2장에서 보았듯, 비록 오리게네스는 성경의 아가가 사랑의 영적 사다리를 말하고 있다고 확신했지만, 여전히 "육신의 본성"이라는 수렁에서 벗어나지 못한 다른 독자들이 "성서가 … 육욕을 좇도록 부추기고 꼬드긴다"고 생각할까 봐 우려했다.[3] 그는 그런 사람들에게는 아가를 읽지 말 것을 충고했다. 12세기 신학자들은 부부간 사랑을 성체로 만듦으로써 무언가 멋진 것으로 바꿔놓고 있었지만(3장에서 보았듯 성교는 별도였다), 그 밖에 모든 형태의 육체적 사랑은 간음이고 죄악이라며 배제했다.

아래에서 간단히 다루겠지만 고대 세계에도 분명 고삐 풀린 에로스에 대한 문제의식이 존재했다. 그러한 문제의식을 보여주는 것이 "범속한 사랑"에 대한 파우사니아스의 반감이었다. 하지만 파우사니아스는 그것이 열등한 형태의 사랑이라고 했을 뿐 아예 사랑이 아니라고는 말하지 않았다. 디오티마는 육신에 머무는 모든 형태의 사랑을 얕잡아보았다. 한편으로 사랑이 궁핍과 교활함의 결합이라는 주장의 함의를 미루어 보면, 디오티마는 충족 불가능한 사랑이 실제로 에로스의 한 모습이라고 인정했을지도 모른다. 다만 이 사다리의 첫 칸에서 다른 사다리의 첫 칸으로 재빨리 넘어간다는 차이가 있을 뿐이다. 《향연》에서 남자들이 서로 주고받는 추파는 그저 배경 소음에 불과했지만, 만약 전면에 부각됐다면 에로스의 끝없는 사랑 사냥에 대한 찬양으로 들렸을지도 모른다.

게다가 충족 불가능성을 사랑으로 인정할 것을 요구하는 또 다른 주장이 있다. 비록 그것을 표현하는 언어가 더 노골적이고 선정적이고 불손할지언정 모든 다른 형태의 사랑과 정확히 동일하다는 것이다. 그것은 자신을 사랑이라고 선언한다. 물론 누군가는 충족 불가능한 사랑이 거짓말을 하며, 그런 거짓말은 사람을 가지고 놀기 위한 감언이설에 불과하다고 반대할지도 모른다. 하지만 나는 그 점에서 디오티마가 옳았다고 대답할 것이다. 사랑에 대한 **모든** 판타지는 어느 정도 허세, 가장, 윤색을 포함한다고 말이다. 그 대상은 자신일 수도, 사랑하는 누군가일 수도 있다. 오디세우스가 집에 돌아오기 전에 가진 정사들을 페넬로페에게 말하지 않았음을 생각해보라. 페넬로페가 남편에게 자신이 모든 구애자들의 무릎을 흐물거리게 만든 이야기를 하지 않았음을 생각해보라.

고대인들의 짓궂음

파우사니아스가 사랑을 두 종류로 구분한 것은 누가 뭐래도 타당했지만, 당대 그리스 세계에서 그 두 가지는 확실히 한데 뒤섞여 있었다. 명망 있는 집안에서는 삽입 성교를 하고 스팽킹을 하는 남녀들이나 커다란 성기를 달고 숲에서 마이나스*를 쫓는 사티로스들이 검은색과 붉은색으로 그려진 화병들을 전시했다. 고대 그리스인들은 이런 이미지들을 전복적이며 대단히 우스운 것으로 보았다. 사티로스들의 성기는 지나치게 컸지만, 그리스에서 이상적으로 여겨진 것은 아기자기하고 앙증맞은, 작은 페니스였다.

로마에서 아우구스티누스는 정절과 오로지 생식만을 위한 성교를 합법화하려 했지만, 좀 더 현명했던 테라코타 제작자들은 다양한 체위로 성교를 하는 우아한 남녀들이 그려진 컵을 쏟아냈다. 상류층 소비자들은 동일한 체위라도 더 정교하게 묘사된 고급품을 구매했다. 폼페이에 살던 로마인들은 목가적인 풍경에서 서로를 희롱하는 커플들의 그림으로 방을(심지어 손님맞이를 위한 방도) 꾸몄다. 유곽들에서는 짧은 성관계를 위한 작고 좁은 방들을 끝없이 사랑을 나누는 남녀가 그려진 상투적인 그림들로 꾸몄다.

* [옮긴이주] 디오니소스를 모시는 여사제들을 말한다.

고대 세계에서 (오늘날 몇몇 지역에서도 그렇듯) 남근상은 위험과 악함을 물리치는 것으로 여겨졌다. 많은 품위 있는 상점들, 목욕탕, 무덤 등에서 보호 효과를 누리고자 남근 이미지를 전략적으로 사용했다. 이는 현대적 의미의 포르노그래피가 아니었다. 론 강가에 주둔한 로마 병사들이 쓰던 포도주 항아리를 장식한 성적인 그림들 역시 마찬가지였다. 여기에 은밀한 구석이라고는 전혀 없었다. 성교와 성기는 모두가 보고 즐기기 위해 존재했다.

이랬던 것이 기독교의 압박 아래 많은 변화를 겪었다. 하지만 우리는 이미 충족 불가능한 사랑이 중세 학교에서 오비디우스를 읽은 학생들(남녀 모두) 사이에 익히 알려져 있었음을 보았다. 파블리오의 외설적인 시구들은 고삐 풀린 성관계가 흔하고 비판받는 주제였음을 명확히 보여준다. 심지어 짧은 가곡의 소재가 되기도 했으니, '트리볼레'라는 이름으로 알려진 한 음유시인의 다음 시구가 그 예다.

> 누구와도 사랑에 빠져 있지 않지만
> 박고 싶은 자는 늘 발딱 서 있었다
> 그리고 박을 수 있는 여자면 누구든
> 기꺼이 박으려 했다.

시인은 이 호색꾼이 사랑에 빠졌다는 것을 부인했다. 하지만 그건 호색꾼의 말과는 다르다.

그리고 그는 말했다, "밤낮으로 사랑하는 이에게

박지 않는 자는 옳게 사는 것이 아니다."[4]

트리볼레의 동시대인이었던 아라곤의 제임스 1세(1276년 사망)는 아내 세 명에다 정부를 적어도 세 명 더 두었는데, 선물 목록을 보면 그들 모두를 사랑한 듯하다. 그중 한 아내는 "사랑하는 이", "가장 소중한 이"였고, 나머지 모든 여인들은 "사랑하는 이"였다.[5]

그러나 사랑의 말을 찾겠다고 공문서를 뒤지는 일은 작대기 하나 들고 바위투성이 토양을 경작하려는 것과 비슷하다. 수많은 중세 남성들이 아내를 두고 더 푸른 초원을 찾아 떠났고, 일부 지역 관습법은 그렇게 할 수 있는 명시적인 권한을 부여했다. 하지만 사랑이 그것과 무슨 관련이 있었는지는 알기 어렵다. 파우사니아스가 말하는 충족 불가능한 사랑에 대해서는 이쪽이든 저쪽이든 그저 증거 자체가 부족하다. 그런 증거를 찾으려면 우리는 현대 초기를 돌아봐야 한다.

방랑하는 손

1600년경에 주로 글을 썼던 존 던은 자신의 정부들을 신대륙에, 자신의 손을 식민지의 즐거움을 탐사하는 열정적 탐험가에 비유했다.

> 내 방랑하는 손이 마음껏 다니도록 허락해주오
> 앞으로, 뒤로, 사이로, 위로, 아래로.
> 오 내 아메리카여! 새로 찾은 나의 땅이여.[6]

실제로 롤리가 이끄는 가이아나 원정에 참여하기도 했던 던은 의심할 바 없이 신대륙이 "아직 처녀성을 지닌 땅"이라는 데 동의했다. "한 번도 약탈당하거나 경작되지[채굴되지] 않은."[7] 이제는 열매를 딸 때가 됐다. 아메리카 대륙에 상륙하는 아메리고 베스푸치를 묘사한 16세기 회화에서, 대륙은 놀라서 잠에서 깨어난, 거의 벌거벗은 관능적 여성으로 의인화된다. 여자는 탐험가에게 환영하는 몸짓을 보내고, 탐험가는 여자의 놀란 표정을 흔들림 없는 시선으로 마주한다. 남자의 발은 땅에 단단히 뿌리내렸고 몸은 갑옷으로 안전히 보호를 받고 있다. 남자는 한 손에는 유럽의 과학적 진보를 상징하는 천문관측의를 들고 있고, 다른 한 손으로는 십자가로 장식된 깃발을 땅에 꽂는다. 그 그림은 모든 면에서 유럽의 우위를 선포한다. 남성, 불가침성, 그리고 기독교. 베스푸치는 여자를 "차지하고," 아무렇게나 자란 야생 덤불 속을 자유롭게 떠도는 동물들의 주인이 되고, 인간의 몸뚱이를 굽고 있는 불(여자 뒤의 토착민들이 그 불을 지키고 있다)을 끌 준비가 된, 정복자 영웅이었다.

르네상스 예술가, 인문학자, 시인들이 고대의 성애적 표상

스트라다누스(얀 판 데르 스트라에트)가 그린 〈아메리카의 발견〉(c. 1587-1589).

들을 새로운 방식으로 보게 된 이유를 설명하려면 우선 유럽인들의 기세등등한 '처녀지' 정복을 이야기해야 한다. 르네상스는 고대 유물을 '발견하지' 않았다. 그것은 늘 그 자리에 있었다. 책 속에, 프레스코화에, 중세 들어서도 오랫동안 인정받은 조각상들에 존재했다. 하지만 새로운 심취는 과거를 전용하는 풍조를 낳았다. 피에트로 아레티노(1556년 사망)는 폼페이 벽화를 연상시키는 다양한 '체위'를 묘사하는 판화들로부터 영감을 받아 소네트를 썼다. 페트라르크가 소네트들을 인내하는 사랑을 표현하기 위한 방법으로 삼았다면 아레티노는 그것을 전복시켰다.

허벅지를 벌리시오 내가 곧장 볼 수 있도록
그대의 아름다운 엉덩이와 보지를
그 즐거움이 천국에 맞먹는 엉덩이,
콩팥을 꿰뚫고 심장을 녹이는 보지.

이런 것들을 비교하노라니
갑자기 그대에게 입 맞추고 싶어지네
그리고 나르키소스보다 미남이 되는 기분이라네
내 음경을 꼿꼿이 세우는 거울 속에서.[8]

이것은 베네치아 사육제가 전복된 세계였다. 길거리에서 시로 옮겨 오자 선정성은 두 배가 됐다. 아레티노는 교회와 그

체면치레를 조롱하면서 성애적 표상의 "자연스러움"을 단언했다. 친구에게 보낸 다음 편지에서 그것을 확인할 수 있다. "나는 우리를 가장 즐겁게 하는 것들을 눈으로 보지 못하게 금하는 은밀한 태도와 추잡한 관습을 거부하네." 아레티노는 "자연이 종족을 보존하라고 우리에게 준 것"이라며 페니스를 칭송했다. "펜던트로 만들어 목에 걸고 다니거나 브로치처럼 모자에 꽂고 다녀야 해."[9] 이 편지를 쓰고 있을 무렵, 아레티노는 앞면에는 자신의 초상이, 뒷면에는 자신의 개인적 상징물(완전히 음경과 고환으로만 이루어진 사티로스의 머리)이 새겨진 청동 메달 제작을 의뢰하기도 했다.

아레티노가 쓴 또 다른 대담한 작품인 《대화》에서, 난나라는 이름의 창녀는 자신의 딸인 피파의 진로를 놓고 고민한다. 피파는 수녀가 되어야 할까 아니면 아내나 창녀가 되어야 할까? 난나의 친구 안토니아는 그것이 어렵지 않은 결정이라고 생각하는데, 난나가 이 모두를 차례로 경험해봤기 때문이다. 나중에 드러나듯이, 그것들은 거의 다를 바가 없다. 모두가 방랑하는 손의 제국들이다. 난나는 수녀원에 들어가자마자 동정을 잃고, 일개 대대에 이르는 연인들을 거쳐 자기 방 벽 틈새로 난교 파티를 구경하고, 신체에 난 모든 구멍의 성애적 용도를 발견한다. 간단히 말해, 아레티노의 상상 속 숲과 산에 사는 마이나스처럼 방탕하게 놀아난다. 질투심 강한 연인에게 거의 산 채로 살가죽이 벗겨질 뻔한 위기를 넘긴 난나는 어머니 덕분에 수도원 생활의 "평온함"에서 벗어나 곧 남편을 만나 정착한다. 하지만 그다지 달라질 것은 없다. 남편들은 거의 만족을 주지 못하니, 모든 아내는 애인을 두어야 하기 때문이다. 난나와 안토니아는 사제나 은자나 수사 같은 젊은 남자들을 애인으로 둔 "신앙심 강한" 아내들 이야기를 하며 엄청나게 재미있어한다. 한 연인은 "끝이 불그스름한 1야드 길이의 흰 막대"를 뽐내고 또 다른 연인은 "활활 타면서 연기를 뿜어내는, 온통 사마귀로 뒤덮인 긴 의자 다리"를 자랑한다.[10] 창녀들의 경우, 그들은 동일한 쾌락을 즐기면서 쏠쏠하게 돈까지 번다. 결론 났다. 피파는 창녀가 되어야 한다.

아레티노는 당대 사회를 조롱하고 있었다. 이탈리아에서는 수많은 가족들이 딸들을 규율 없는 수녀원에 집어넣었는데, 지참금을 마련할 형편이 안 되거나 그렇게 함으로써 신앙심을 입증하고 싶어서였다. 이와 유사하게 수많은 부모들이 딸들을 난나의 남편 같은, 늙고 부유하며 오로지 "먹으려고" 살아 있는 남자들과 결혼시켰다. 일부 여성들은 실제로 창녀가 되거나 성매매를 하다 만난 애인과 결혼하기도 했다. 개인적 예외를 제외하고(예컨대 미술과 음악에서, 혹은 상상 속 마법에서) 당시 이탈리아에서 여성들이 택할 수 있는 다른 직업은 거의 없었다. 비록 풍자에서 허용되는 과장이 어느 정도 섞여 있었지만, 난나와 안토니아가 이야기한 것은 엄연한 현실이었다.

하지만 그들이 사랑에 관해 이야기하고 있었을까? 그렇다. 실제로 아레티노는 다음과 같이 주장했다. 난나는 사랑의 본질을 드러내고 있었다고. 《대화》에서는 사랑 시인들이 지어낸 모든 사랑의 어구들이 성교에 따라붙는다. 애정을 담은 달콤한 말("영혼들 중의 내 영혼, 심장들 중의 내 심장, 삶들 중의 내 삶." 당장 덤벼들 준비가 된, 홀딱 반한 연인은 이렇게 선언한다), 강렬한 질투, 시에서 가져온 인용구, 사랑amore과 연인들amanti이라는 말 그 자체. 거기다 자식들도 있었다. 한 가짜 수사가 수녀들에게 한 설교 내용처럼, 자연은 "자신의 피조물이 증가하고 증식하는 데서 즐거움을 느끼기" 때문이다. 창녀의 사랑에 대해 난나는 이렇게 설명한다. "그 여자의 사랑은 흰개미의 그것과 같다. 더 많이 갉아먹을수록 더 소중해진다." 이것이 세상이 돌아가는 방식이다.

아레티노는 충족 불가능한 사랑, 창녀들이 충족시키는 사랑을 자랑하고 즐기고 비웃고 혹평했다. 창녀의 삶은 개중 가장 덜 위선적이기 때문에 "성스럽다"고 단언했다. 이는 짐짓 성스러운 척하는, 탐욕에 대한 경고들을 웃음거리 삼는 행위였다. 아레티노에게 가장 좋은 종류의 삶은 쾌락과 돈이 함께하는 삶이었다. 그는 부자가 되는 데 관심이 있었다. 그가 쓴 책들은 금서 목록에 있었지만 그럼에도(어쩌면 오히려 그 덕분이었을까?) 해외 독자들에게 널리 읽혔다. 아레티노는 인쇄업이라고 알려진 자극적인 '신사업'에서 수익을 내는 방법을 잘 알았는데, 당대에 그런 사람은 극소수에 불과했다. 더욱이 그는 베스트셀러들에서 얻은 소득 덕분에 후원자들의 독재로부터 자유로울 수 있었다. 가장 인기 있는 것은 직접 쓴 편지들을 모은 서간집이었는데, 이는 대담하게도 아레티노 생전에 출간됐다. 저자의 폭넓은 사회적 인맥을 입증하는 그 편지들을 보면 세계 최초의 '인플루언서' 중 하나라고 부르기에 손색이 없어 보인다. 가까운 친구였던 화가 티치아노는 아레티노의 초상화를 몇 번 그렸고 한 번은 폰티우스 필라투스*의 조각상 제작을 위한 모델로 기용하기도 했다. 아레티노는 말년에 유명 인사였다. 기념 메달까지 만들어질 정도였는데, 메달 뒷면에 아레티노는 사티로스가 아니라 사업가로 묘사됐다. 그는 왕좌에 앉아, 고풍스러운 드레스를 입고 고개를 숙인 왕자 넷으로부터 공물을 받고 있다.

아레티노는 여성들의 성욕이 엄청나게 강하다는 고대의 편견에 동의하긴 했지만, 여성들에게 어느 정도 주체성을 부여했다. 실제로, 여성들은 순수하고 고분고분하며 또 자발적으로 처녀 역할(남성 판타지)을 연기함으로써 판도를 결정했다. 난나는 피파에게 아무리 늙고 추한 연인이더라도, 심지어 연인이 악취를 풍기고 방귀를 뀌어도 그 앞에서 어떻게 여성스러운 척할 수 있는지 말해준다. 우선 반드시 한숨을 쉬고 얼굴을 붉혀야 하는데, 그것이 "사랑의 신호이며 망치처럼 쿵쿵 때리는 열정에 불을 붙이기" 때문이다. 《좋은 아내 지침서》(3장을 볼 것)의 아내처럼 굴되, 침대에서 배우자와 사랑을 나눌 때는 기쁨을 느끼는 척해야만 한다. 하지만 이 일은 쉽지 않다. 판타지를 유지하는 책임은 여자에게 달려 있다. 비록 아레티

* [옮긴이주] 성경에 등장하는, 예수에게 십자가형을 언도한 본티오 빌라도.

노가 그 거짓말에 속아 넘어가는 남자들의 어리숙함을 조롱한다 해도, 그가 상정한 독자는 주로 **남자들**이었다. 남자들의 욕구를 채우기 위해 존재하는 사랑의 한 모조품을 제공하고 있었던 것이다.

그로부터 한 세기 후, 아레티노가 창시한 전통은 급속히 성장하고 있었다. 표면적으로는 충족 불가능한 사랑(자신의 것과 상대의 것)을 충족시키는 법을 각각 남성과 여성에게 가르치는 척하면서 상대를 성적으로 자극하는 법을 다룬 책들이 급증했다. 예컨대 프랑스에서는《숙녀들의 아카데미》와《소녀 학교 또는 숙녀 철학》(1655)이라는 책이 나왔는데, 후자는 영어로도 번역됐다.《비너스 학교》라는 제목으로 소개된 이 영어판 첫머리에는 여성 상인으로부터 산 듯한 페니스들을 행복하게 탐구하고 있는 세 숙녀가 등장하는 삽화가, 본문에는 가능한 '성교 자세들'이 그려진 수많은 삽화들이 실렸다.[11]《비너스 학교》의 줄거리를 대충 말해보자면 어리고 순진한 케이티와 사랑에 빠진 로저와 세상 물정에 밝은 케이티의 사촌 프랜시스 사이의 계약이 중심을 이룬다. 프랜시스가 합의한 바에 따라, 그녀는 이 아무것도 모르는 사촌에게 어떻게 "세계의 절반이 다른 절반과 성교를 하는지"를 가르친다. 그건 누구나 하는 것이며, 넘어서는 안 될 선 따위는 없다. 이 모르는 게 없는 듯한 숙녀는 성교에 관련된 신체 부위들을 열거한 다음, 자신이 아는 온갖 저속한 단어로 이름을 바꿔 붙인다. 프랜시스가 전희의 성격을 묘사하고 체위를 자세히 설명하면서 그 쾌락을 어찌나 생생하게 찬탄했던지, 케이티는 "그 스포츠를 해볼 마음이 아주 크게" 들었다. 그리하여 결국 실행에 옮긴 케이티는 로저와 겪은 모험을 프랜시스에게 행복하게 묘사한다. 《비너스 학교》 같은 팸플릿들은 소설의 대체물이었다.

이런 글들은 전복적이었으며, 그렇게 취급되었다. 《비너스 학교》의 저자로 추정된 사람들은 법정에 끌려와 처벌받았다. 그들의 책은 급진적 주장을 내세웠다. (프랜시스의 말을 빌리자면) "나는 호색이 죄라고 생각지 않아. 지금 남자들이 그러듯 여자들이 세계와 교회를 지배했다면 성교는 너무나 합법적이어서 즉각 경범죄 목록에서 지워질 거야." 남자들이 그걸 죄라고 부르는 유일한 이유는, 하고 프랜시스는 말을 잇는다. "여자들에게 너무 많은 자유를 주는 게 겁나서야." 이러한 사상은 독실한 척하는 인습을 비웃었다. 이는 동시에 17세기의 새로운 과학과도 잘 맞아떨어졌다. 뉴턴과 갈릴레오를 비롯한 많은 이들이 서로 다른 물체들을 추상적인 '질량'으로 바꾸었다. 각각은 또 다른 물체의 작용이 없는 한 아무 제약을 받지 않는 힘을 서로에게 행사했다. 그리하여 남자들과 여자들 또한 동등하게 서로를 끌어당겼고, 그 사실은 서슴없이 성교의 밀고 당기는 힘, 들어가고 나가는 움직임으로 이어졌다. 사랑의 욕구들은 지구가 태양 주위를 도는 것만큼이나 자연스러웠다.

아니, 어쩌면 그보다는 둥근 공이 아무것도 없이 매끈한 표면 위를 영원히 구르는 것처럼 자연스럽다고 해야 할지도 모른다. 비록 성교를 통해 하나가 되더라도 《비너스 학교》의 연인들은 평범한 삶의 맥락에서 유리돼 있었기 때문이다. 《비너스 학교》는 빈둥거리는 하녀가 등장하는 모호한 상류층 환경을 배경으로 하지만, 그 주인공들은 친족망, 교회, 공동체로부터 유리되어 주로 섹스 머신으로만 존재한다. 그들은 동시대에 활동한 물질주의 철학자 토머스 홉스(1679년 사망)였다면 아마도 '상상력'과 '열정'이라고 불렀을 것을 기준으로 따르며 세상에서 자신들만의 길을 갔다. 임신에 대한 프랜시스의 태도는 그에 관련된 극단적인 원자화를 보여준다. 만삭이 될 때까지 배를 숨기고 있다가 시골로 가서 아기를 낳고 거기 두고 와라. 그보다 더 좋은 것은 결혼이다. 네가 낳을 아이를 남편의 아이로 속일 수 있게. 실제로 남편의 아이인지 아닌지는 상관없다. 이는 분명 남성 작가의 판타지였다.

실제로 이런 유의 글을 쓴 익명의 작가들은 아마도 (거의 항상) 남자였을 것이다. 그렇긴 해도, 그 시대 파리 경찰 기록을 훑어보면 적어도 프랑스에서는 그런 책을 제작하고 배포하는 데 여성들이 깊이 관여했음을 알 수 있다.[12] 게다가 우리가 거기서 듣는 목소리들은 여성의 것이다. 분명 남성 청중을 자극하고 남근 중심적인 쾌락에 초점을 맞춘 이야기들이었지만, 주인공은 여성들이었다. 비록 남성 판타지였을지언정 그것들은 코페르니쿠스가 천동설에 저항한 것만큼이나 확실하게 기독교 도덕성의 제약을 박살 냈다. 이런 여주인공 중에는 《비너스 학교》의 사촌 자매에 비해 덜 고지식한 이들도 있었는데, 이들은 심지어 남자들이 남자들과, 여자들이 여자들과 짝짓기

할 때 그리고 때로는 모두가 함께 하나가 될 때 느끼는 즐거움을 이야기하기도 했다.

✧

18세기 소설은 내적 사고와 주관적 감정에 대한 탐색을 새로운 수준으로 끌어올렸다. 다른 많은 소설들처럼 새뮤얼 리처드슨의 《파멜라 또는 보상받은 미덕》(1740)은 독자들이 동일시, 감정이입, 상상력을 통해 주인공들의 마음속을 들여다볼 수 있도록 편지의 직접성을 이용했다. 《파멜라 또는 보상받은 미덕》은 일종의 영국 프로테스탄트 성인의 전기로, 결국은 극복했지만 유혹에 시달렸던 수많은 가톨릭 여성(때로는 남성들도) 성인들을 떠올리게 한다. 이 소설의 새로운 점은 (남성 쪽의) 성욕과 (여성 쪽의) 혐오감이 사랑과 결혼으로 변한다는 것이었다.

리처드슨의 긴 책은 가난하지만 아름다운 하녀 파멜라가 '주인'인 "쾌락과 음모의 신사" B씨의 강간 시도로부터 후디니* 처럼 벗어나는 내용을 다룬다.[13] 끝에 가면 파멜라는 자신이 주인을 사랑한다는 것을 깨닫고(주인 역시 자신이 파멜라를 사랑한다는 것을 깨닫는다), 두 사람은 결혼한다. 그런 다음에야 비로소 두

* [옮긴이주] 19세기 말에 활동했던 전설적인 마술사로, 위험천만한 탈출 묘기로 유명했다.

사람은 성관계를 맺는다(비록 독자들은 두 사람의 첫날밤을 알아서 상상해야 하지만). 하지만 남편은 이내 파멜라에게 좋은 아내가 따라야 할 48개조의 행동 강령을 주는데, 거기에는 "우화에 나오는 갈대처럼 유연해야 하고, 그렇지 않으면 거센 폭풍에 저항하는 오크나무처럼 뿌리부터 찢길 것이다"라는 요구가 포함되어 있다. 이는 남편이 결혼한 후에도 계속해서 파멜라를 '강간'하려 할지도 모른다는 가능성을 암시한다. 내가 강간에 따옴표를 친 것은 당시 영국법이 '부부 강간'의 가능성을 명시적으로 부인했기 때문이다. 아내의 동의가 있든 없든 남편은 늘 아내와 성관계를 맺을 권리가 있었다. 이는 영국과 웨일스에서 1990년대까지 법으로 유지됐고 미국에서는 1970년대까지 관습법의 유산으로 남았다.[14]

《파멜라 또는 보상받은 미덕》은 출간 즉시 베스트셀러가 됐지만 동시에 비판과 풍자의 대상이 되었다. 아마도 가장 날카롭게 공격한 것은 헨리 필딩의 《샤멜라》였을 것이다. 주인공은 창녀의 딸로, 아무것도 모르는 주인을 속여 자신과 결혼하게 만드는 음탕한 책략가다. 하지만 《파멜라 또는 보상받은 미덕》에 대한 단연코 가장 인기 있고 오래간 '응답'은 존 클리랜드의 《쾌락의 여인에 대한 회고록》(1748~1749)인데, 《패니 힐》이라는 제목으로 더 잘 알려져 있다. 패니는 창녀라는 점에서 난나와 닮았다. 성교의 희열에 탐닉한다는 점에서는 케이티와 흡사했다. 결국 사랑하는 남자와 결혼한다는 점에서는 파멜라와도 비슷했다.

클리랜드의 첫 작품이자 빚을 갚지 못해 투옥된 상태에서 쓴《쾌락의 여인에 대한 회고록》은, 작가의 진지한 문학적 야심과 다른 많은 작품들에 대한 평판에 영원히 따라붙었다. 분명한 것은 이 소설이 완판됐다는 것, 은밀한 판본들이 다수 돌아다녔다는 것, 여러 언어로 번역됐다는 것이다. 하지만 미국에서는 1963년까지, 영국에서는 1970년까지 금서였다. 달콤한 관능적 쾌락에 대한 패니의 상세하고 열정적인 묘사는, 스치듯 지나가는 두 남자의 성교 장면과 함께, 대부분의 독자들에게 그 작품의 진지한 주장, 즉 관능적 실험은 남녀 모두에게 진정한 사랑과 미덕으로 향하는 탁월한 서곡이라는 주장을 곧이곧대로 받아들이기 어렵게 만들었다. 다른 식으로 말하면, 충족 불가능한 사랑은 어쩌면 일부일처제를 위한 길을 닦아줄지도 모른다는 것이었다.

클리랜드는 당대의 최신 사상을 밑바탕에 깔고 있었다. 존 로크(1704년 사망)는《인간 지성론》에서 우리는 하나님이나 자연이 우리 안에 심어놓은 선천적인 사상을 가지고 태어나지 않는다고 주장했다. 우리가 아는 모든 것은 오로지 우리가 가진 감각을 통해 습득한 것이다. 경험이 열쇠다. 물론 우리 중 일부는 로크의 보편 원칙 "나는 뭐든 내게 쾌락을 주는 것을 사랑한다"[15]처럼 단순한 사상과 몇 가지 손쉬운 연상 작용을 고수할 뿐이다. 혹은 "내 어머니가 동정이 고결하다고 말씀하셨으니 동정은 고결한 게 틀림없다" 같은 습관적이고 몸에 밴 몇몇 개념들에 매달리거나. 하지만 다른 사람들, 우월한 사람들은 자기들의 사상과 연상을 고찰하고, 그것들을 다른 고찰들과 합치하도록 바꾼다.

패니는 로크가 한 번도 논하지 않은 한 가지 주제, 즉 성교를 사색했다. 로크가 그 주제를 생략했다는 것은 어쩌면 이상해 보일지도 모른다. 성교는《비너스 학교》를 비롯해 그와 비슷한 유형의 다른 문학 작품들에서 중심을 차지하는 감각 경험이었으니 말이다. 로크가 생전에《파멜라 또는 보상받은 미덕》을 읽었다면, 파멜라의 행동을 논평할 마음이 있었다면, 파멜라가 "동정을 고수하는" 것 같은 도덕 원칙을 갖게 된 것은 단지 관습 때문이라는 사실을 고찰했을지도 모른다. 그야 아무런 경험이 없던 파멜라가 어떻게 성교가 무엇인지 또는 성교가 좋은지 나쁜지를 알 수 있었겠는가? 그리고 로크의 보편적 쾌락 원칙을 감안하면 파멜라가 어떻게 자신에게 오로지 고통만을 준 남자와 "사랑에 빠질" 수가 있었겠는가?

파멜라와는 달리, 패니는 상상할 수 있는 모든 종류의 성교를 경험한다. 그래야만 한다. 패니는 자신의 주요 감각기관을 "부드러운 사랑의 실험실" 삼아, 그 안에서 훌륭한 과학자처럼 실험들을 수행한다.[16] 클리랜드가 아레티노만큼 용감하지 못했다는 것은 사실이다. 여기서 사랑은 연속체인데, 그 꼭대기에는 패니가 동정을 잃은 상대이자 젊고 잘생긴 남자 찰스에게 느끼는 "진정한" 사랑이 있다. 하지만 패니로부터 10년 후에 등장한 볼테르의 캉디드처럼, 패니는 찰스가 남태평양으로 보내지면서 뜻하지 않게 자신의 낙원으로부터 쫓겨난다. 좋은 사람과 나쁜 사람과 무심한 사람으로 가득한 이 세상에서 자신을 지키기 위해 패니는 현명해진다.

육신은 정신보다 더 많은 것을 안다. 찰스를 만나기 전, 브라운 씨의 유곽에 있는 다른 여자들을 통해 처음으로 관능적 접촉을 경험한 패니는 "정신이 흐려지고 혼란스러워져 자신의 육신을 떠난다." 사고의 틀이 거의 형성되지 않은 어리고 순진한 15세의 동정 패니는 자신의 감각을 어떻게 받아들이고 처리해야 할지 모른다. 패니에게는 "사상의 자유"가 없다. 하지만 다른 여자애들의 "방탕한 모습"과 유곽에서 얼핏 본 성교 장면들은 패니의 "쾌락 원칙"에 불을 지핀다. 자라면서 습득한 습관만이 있을 뿐, 사려 깊은 고찰은 갖추지 못한 패니의 도덕관은 곧 유곽의 여자들과 같은 수준으로 추락한다. 옆방에서 들리는 소음에 호기심이 생긴 패니는 이윽고 작은 구멍을 통해 한 남자가 바지 단추를 풀고 "벌거벗은, 빳빳이 곧추선 그 경이로운 기계"를 내놓는 것을 목격하고 거의 넋이 나간다. 그 광경은 패니의 "쾌락의 중심"을 흔들어놓는다. 패니는 자신이 그 빳빳한 "기계"로부터 "[자연이] 그토록 감탄스러울만치 서로 꼭 들어맞는 부위들의 만남에 부여한 지대한 쾌락을 기대해야 한다는 것"을 "자연의 본능"으로 알아차린다.

비록 다른 많은 형태의 성적 지식들 역시 인간에 대한 이해를 형성하는 데 도움을 주긴 했지만 그 "감탄스러울만치 꼭 들어맞"음은 패니가 배운 수많은 교훈들 중 하나였다. 자위를 생각해보자. "자신을 보고 자신을 만지고 자신을 즐기고, **마침내**

… **자신을 알아가는** 그 모든 수단들." 그것은 자기만족적 사랑의 최선은 아닐지언정 최극단이었다. 그 너머에는 남자들과 할 수 있는 그 모든 경험이 있었다. 하지만 패니가(아마 클리랜드도) 비난한 한 가지 형태의 앎이 있었으니, 남자들 간의 성교였다. 패니는 그것을 "범죄와 같다"고 말했는데, 이는 '남색'이 금지된 18세기 영국의 시대상을 반영한다. ('동성애'라는 단어는 19세기 말에야 만들어졌다) 하지만 패니는 그것을 매도하면서도 자신이 본 동성애 장면을 굉장히 자세하게 묘사했다. 독자들은 오로지 그것을 간접 경험함으로써만 그 그릇됨을 고찰할 수 있을 테니까. 클리랜드 자신이 그런 관계를 가졌다는 혐의로 비난받았음을 생각하면 정말이지 아이러니한 일이다!

하지만 이제 남녀의 "그 부위"가 제대로 한데 들어맞는 수많은 순간들로 돌아가자. 그럴 경우, 성교는 지복 그 자체다. 가장 좋은 것은 쾌락을 추구하는 두 사람이 모두 아름다운 경우다. 여자는 패니 자신처럼 사랑스럽고, 남자는 "듬직하"거나 (패니의 말을 빌리자면) "여자처럼 예쁘다." 아름다운 사람들은 흥분하면 서로에게서 "수동적인 육신의 영향으로 인한 이성 간 충돌"의 평범하고 "단순히 동물적인 쾌락"을 넘어서는 황홀한 즐거움을 얻는다. 그리고 패니가 유혹하는 젊은 윌(패니는 윌을 엄청나게 발기시키는 자신의 능력에 즐거워한다)처럼 남자가 매우 매력적인 성품까지 갖췄을 경우에, 패니는 사랑을 말한다. 하지만 여기서 클리랜드는 동물적 성교와 사랑의 성교를, 사랑의 성교와 진정한 사랑을 구분 짓고자 한다. 윌은 패니의 진정한 사랑이 아니다. 패니는 윌과 함께할 때 "두 심장이 다정하게 진정으로 결합하고, 그 즐거움을 한층 더 끌어올리는, 상호적인 사랑과 열정의 즐거움을 완성시키는 그런 달콤한 불길, 그 적극적 기쁨의 폭발을" 전혀 느끼지 못한다. 결합하다club라는 단어는 이 맥락에서 좀 이상해 보이지만 클리랜드가 살던 18세기에는 그렇지 않았다. 그것은 서로 함께한다는 뜻이었다. 여기서도 로크의 메아리가 울려 퍼진다. 로크는《통치론》에서 남자의 사회성, 다른 이들과 한데 어울리고 싶은 자신의 필요와 욕구를 강조했다.

오랜 항해에서 마침내 돌아온 찰스와 패니의 결합은 오디세우스와 페넬로페의 그것만큼 열정적이다. 하지만 패니는 찰스가 돌아오기까지 눈물 흘리면서 시간을 보내지 않았다. "모든 면에서 더 낫다"는 것이 클리랜드의 암묵적인 대답이다. 오로지 성교를 통해서만, "진실! 냉혹한 벌거벗은 진실"을 고찰하고 자신의 경험을 비교함으로써만 패니는 자신의 충족 불가능한 사랑의 삶이 **왜** "수치스러운지"를 볼 수 있었다. 오로지 그때 가서야 패니는 "사랑, 건강, 행운이 내리는 모든 축복"을 받을 자격이 있다. 그런 축복에는 결혼과 아이가 포함되는데, 이는 클리랜드의 사회적 관습과의 화해를 보여준다.

독자들이 패니의 삶을 읽은 것은 그것이 로크의 원칙들을 설파해서가 아니었다. 충격적이고 쾌락적인 사랑, 파우사니아스가 열등하다고 낙인찍은 종류의 사랑을 (적어도 피상적으로나마) 옹호했기 때문이다. 이 두 지점에서, 그것은 18세기의 종교적 감수성과 상류층 사회의 위선 및 가식적인 정절에 도전한 성적 협잡꾼들, 범법자들, 난봉꾼들이 주체가 되는 더 폭넓은 문학의 일부였다.

하지만 《쾌락의 여인에 대한 회고록》을 제외하면, 대다수 소설들이 충족 불가능한 사랑의 끝없는 이중성을 찬양하기보다는 폄하했다. 쇼데를로 드 라클로의 《위험한 관계》(1782)에서 음모를 꾸미는 두 주인공, 발몽 자작과 메르테유 후작부인은 성교와 사랑을 주의 깊게 구분하고 사랑을 업신여긴다. 사랑에 빠지는 것은 오로지 바보들뿐이다. 그럼에도 그들은 그들 자신의 목적을 위해 욕망에 찬 중세 시인들의 교본에서 곧장 가져온 듯한 사랑의 모든 "기생적인" 단어들과 어구들에 통달했다.[17] 눈물, 한숨, 끝없는 열정의 고백 같은, 말과 행동을 모두 아우르는 무기들로 단단히 무장한 두 사람은 먹잇감들의 가슴속에 있는 감정의 보석함을 비집어 열고는 장난감으로 삼는다. 발몽은 관능적 욕망의 새로운 대상인 아름답고 지조 있는 투르벨 부인에게 다음과 같은 서한을 보낸다. "지금 이 편지를 쓰고 있는 탁자를 이런 목적으로 쓰는 것은 이번이 처음입니다. 이 탁자는 내게 사랑의 성스러운 제단이 됐습니다." 이 "탁자"란 사실 그 순간 다른 여자가 발몽에게 내주고 있는 엉덩이다. 라클로는 여기서 프랑스 혁명으로 가는 길을 닦는 데 한몫한 귀족들의 방탕함과 부도덕성을 그려낸다.

하지만 이 이야기에는 단순한 풍자 이상의 무언가가 있다. 모든 독자는 이 소설에서 진정 중요한 관계는 발몽과 메르테유, 두 협잡꾼 사이의 관계임을 곧장 깨닫는다. 비록 두 사람이 이를 들었다면 웃어넘겼겠지만 말이다. 발몽이 사랑이라는 개념을 가지고 노는 유일한 사람이 아니라는 것은 명확하다. 투르벨 부인은 (처음에는) 모든 접근을 거부하고 발몽의 열정적인 편지를 면전에서 갈가리 찢어버리지만 (혼자 남자) 타인에게서 그런 열정을 불러일으키는 자신의 능력에 마음이 크게 움직인다. 그녀는 이유도 알지 못한 채, 자신이 찢은 편지를 다시 모아 붙이고 눈물로 적신다. 투르벨 부인과 유혹자 둘 다 상대에게서 사랑을 고취하는 자신의 능력에서 큰 기쁨을 얻는다. "내 방랑하는 손을 허락해주오." 존 던의 시구를 떠올려보자. 바로 이러한 사랑의 선언은 비록 겉으로는 복종하는 것처럼 보여도, 타인에게 권력을 행사하는 행위다.

전쟁과 사냥의 언어는 사랑의 언어이기도 하다. 발몽은 아름다운 여성들을 사냥하는 데 평생을 바쳤다. 발몽이 욕망하는 것은 오로지 사냥감이 "오랜 고통" 후에야 정절을 포기하도록 자신의 구애를 길게 끄는 것뿐이다. 한편 메르테유의 경우, 이 후작부인은 자신이 사랑에 빠진 척하는 기술에 완전히 통달했다고 주장한다. 패니가 그러했듯이 주의 깊게 관찰했고 "오랫동안 열심히 생각했다." 하지만 패니와 달리 메르테유는 자신의 감각에 초점을 맞추기보다는 상류 사회 남녀가 무엇을 "숨기려 하는가"에 초점을 맞춘다. 그녀는 관찰을 통해 '숨기는' 법을 배운다. 자신의 감정을 감추고 그에 반대되는 몸짓과 표정을 내세우는 것이다. 메르테유는 정확히 사랑을 느끼지 않음으로써 상대의 사랑을 얻는 법을 알아낸다. 정절과 내숭의 가면을 쓴 채, 실상은 폭풍 같은 즐거움과 쾌락에 한 발 한 발 다가가는 것이다. "그대는 그런 결론에 도달하지 않았나요?" 메르테유는 발몽에게 보내는 편지에 이렇게 쓴다. "[내가] 내 성性에 앙갚음하고 당신의 성을 정복하기 위해 태어났다는 결론 말이에요."

이런 사람들은 자기들이 사랑의 모든 수완을 갖췄고 욕구는 전혀 없다고 생각한다. 하지만 이는 자기기만이다. 욕구는 발몽이 투르벨 부인과 사랑에 빠졌을 때 한 번 승리한다. 그리고 메르테유가 지독한 질투를 억누르지 못할 때 다시 한 번 승리한다. 하지만 라클로는 자신의 주인공들에게서 단순히 감정적 약점을 넘어 더 많은 것을 보여주고 싶어한다. 라클로가 폭로하고 싶어하는 것은, 스스로 자유롭다고 생각하는 그들이 실제로는 사회적 요구에 순응한다는 것이다. 따라서 메르테유에게서 투르벨 부인과의 모든 연락을 끊으라는 요구를 받은 발몽은 사회적으로 웃음거리가 되는 것이 두려워 순순히 따른다. "낭만적이고 불행한 연애"를 했다는 비난이 두려운 것이다. 평판이 곧 전부다. 메르테유는 그 점을 날카롭게 포착한다. "그대는 비웃음을 당하느니 [여성] 천 명을 더 희생시켰을 겁니다." 라클로가 《위험한 관계》를 출간하기 20년 전에 나온 루소의 《사회계약론》은 남자들(과 여자들)은 자유롭게 태어나지만 모든 면에서 사슬로 묶여 있다고, 사회적 인습의 족쇄를 차고 있다고 주장했다. 라클로도 같은 생각이었다. 메르테유와 발몽은 자신들이 목줄을 차버렸다고 생각했지만, 실은 거기에 단단히 매여 있었다.

움직이는 연인들

《위험한 관계》의 모든 주인공과 그 피해자들은 결국 고통을 맞닥뜨린다. 아닌 게 아니라 그게 18세기 소설 속 난봉꾼 대다수가 맞이하는 운명이었다. 비록 그렇게 되기 전에 과분한 쾌락을 즐기고 남들의 인생을 엉망으로 망가뜨렸지만 말이다. 계몽주의는 라클로가 그토록 징글징글하게 묘사한 상류층 사이에서만이 아니라 부르주아 사이에서도 새롭게 성애화된 문화의 출현을 정당화했다. 사회 변화는 그것을 부추겼다. 새로운 에로티시즘은 "해방된" 메르테유가 바랐던 대로 여성들에게 힘을 실어주기보다는 남성들로부터 더 큰 성적 통제를 받게 만들었다. 큰 영향력을 미친 철학자 이마누엘 칸트(1804년 사망)는 여성의 본성을 도덕적·지적으로 열등한 것으로 이론화했다. 여성의 "아름다운 영혼"은 남편에 의해 (칸트의 표현에 따르면) "엄선될" 필요가 있었다. 18세기 여성 간행물들(오늘날의 블로그, 소셜미디어, 여성지들과 매우 유사하게)은 새로이 문해력을 얻게 된 중류층 여성 독자들을 대상으로 남자의 관심을 얻고 유지하려면 얼굴과 몸이 아름다워야 한다는 주장을 설파했다.

이 모든 것은 유혹의 문학을 부추겼는데, 이런 문학은 처음에는 (《위험한 관계》처럼) 비난받았지만 나중에는 갈수록 칭송받았다. 사드 후작(1814년 사망)은 자신의 방종한 삶에 관해 털끝만큼도 뉘우침이 없었고, 자신의 소설을 통해 '죄악'(자신은 미덕으로 간주한)을 자랑스럽게 전시했다. **철학자**를 자처하면서, 사드는 자연을 자신의 길잡이로 삼았다.

> 모든 나이, 모든 성별, 모든 취향을 아우르는 난봉꾼들이여, 그대들에게 이 작품을 바치노라. 차갑고 음울한 도덕주의자들은 그대에게 열정을 두려워하라고 훈계하지만 열정은 그저 자연이 그대로 하여금 자연의 일을 하게 만들기 위한 수단일 뿐이다. … 젊은 동정들 … 우스꽝스러운 그대 종교의 규율을 던져버리고 어리석은 부모들의 계율을 퇴짜 놓으라. 대신 논리에 부합하는 자연 법칙에, 그대의 연인이 될 이들의 품에 안겨라. 음탕한 남자들이여 … 그대의 욕망 말고 그 어떤 통치자도, 그대의 상상력 말고 그 어떤 한계도 인정하지 마라.[18]

인생은 시궁창이다. 우리는 태어나게 해달라고 요청한 적 없다. 우리가 할 수 있는 최선은 언제든 기회가 올 때마다 쾌락을 재빨리 손에 넣는 것뿐이다.

한 학자가 출간한 사드 작품 모음집에 실린 작가의 연표를 읽다 보면 마치 범죄 기록을 읽는 듯한 착각이 든다. 사드는 열아홉 살에 이미 "외설적인 행위로 이름이 났다." 그 후 남녀 가릴 것 없이 유혹하고 가학 피학적인 만남을 즐겼을 뿐만 아니라 예컨대 십자가상을 훼손하는 등 "끔찍한 불경함"을 의기양양하게 자랑했다. 사드가 31세이던 1771년 한 해 동안 일어난 일들을 보면, 아내에게서 셋째 아이를 보았고 빚 때문에 감옥에 갇혔으며 처제를 유혹했다. 1772년에는 자신의 종자와 네 명의 매춘부와 함께 파티를 벌였다. 그 여자들 중 하나는 최음제 때문에 병에 걸렸고, 사드는 법망을 피하기 위해 자신에게 미쳐 있던 처제와 함께 이탈리아로 도주했다. 하지만 거기서 체포되어 투옥됐다. 사드는 이 감옥 저 감옥을 전전하는 시간을 이용해 소책자, 희곡, 소설들을 썼다.[19] 그중에 혹시 사랑에 관한 글도 있었을까? 사드라면 그 모든 게 사랑에 관한 글이라고 대답했으리라. 사드의 《규방 철학》 앞머리에 실린 대화를 살펴보자.

> 장면: 생탕주의 침실. 여자는 오로지 나이트가운만 입은 채 침대에 누워 있다. 문 두드리는 소리가 들린다. 기사[생탕주의 오빠]가 들어온다.
>
> **생탕주** 좋은 오후예요, 기사. 부디 말해줘요. 그대 친구인 돌망세는 어디 있나요?
>
> **기사** 곧 올 게다, 내 사랑. 네가 한두 시간 정도는 열정을 억누른 채 기다릴 수 있을 거라 믿는다. 그게 아니라면 달콤한 네 허벅지를 벌리고 내가 봉사하게 해다오.[20]

"내 사랑," "달콤한 네 허벅지", 봉사의 맹세. 이들은 서구의 사랑의 언어에서 중요한 부분이었고 지금도 여전히 그렇다.

파우스트와 돈 후안은 처음 등장했을 때 도덕적 비난을 받았지만, 18세기가 저물 무렵에는 찬탄을 받았다. 원래 16세기 독일어판에서는 마법사에 무신론자이기까지 했던 파우스트의 이야기는 악마에게 영혼을 팔고 (독일 시인 괴테의 버전에 따르면) 그럼으로써 결국 칭송받은 바람둥이의 이야기로 변질됐다. 유럽 전역에 퍼져 있었던 이 이야기를 괴테는 틀림없이 어린 시절 순회 인형극을 통해 접했을 것이다. 그것은 생애 내내 괴테를 사로잡았다. 가장 초기에 발표한 이른바《우르파우스트》, 즉《파우스트》초고(1770년대)에서 괴테는 쾌락을 좇기 위해 무고한 마르가레테를 유혹하고 버린 주인공을 비난했다. (이는《젊은 베르테르의 슬픔》을 쓴 것과 비슷한 시기였다)

하지만 파우스트 이야기 최종판에서 괴테는 자신의 주인공을 구하면서 파우스트의 바람기를 "쉴 줄 모르는 분투"의 원천으로 칭송했다. 삶에서 가장 중요한 것은 남성의 충족 불가능성이다. 사랑과 전쟁도, 재산과 권력도. 그 무엇도 결코 충분하지 않다. 쉴 줄 모르는 영혼은 안정성을 견디지 못한다. 그리하여, 파우스트는 마르가레테와 관계를 가지고 트로이의 헬레네와 더없이 황홀한 밀회를 가진 후 성공적인 19세기 사업가가 되어 토지를 개간하고 둑을 쌓고 앞길을 막아서는 모든 이를 가차 없이 살육한다. 여기서 욕망은 탐욕과 짝을 짓는데, 둘 다 미덕이다. 파우스트는 자신의 삶의 방식에 관한 그 어떤 불안과 의심도 "허깨비"로 일축한다.

계속해서 나아가지만, 그는 계속해서
모든 순간에 만족하지 않으리!(11451-2)[21]

파우스트가 죽자 천국의 천사들은 약속한 악마를 속이고 주인공의 영혼을 최고천의 영역으로 데려가면서 이와 같이 설명한다.

이 고귀한 영혼은 풀려났다
악으로부터 그리고 지옥으로부터
분투를 결코 멈추지 않은 이들은
우리가 구원으로 이끌 수 있으니.(11934-7)

괴테는 마지막 두 행을 이탤릭체로 강조했다. 파우스트가 그 모든 죄**에도 불구하고** 구원받았다는 뜻이었을까? 전혀 그렇지 않았다. 오히려 그것들 덕분에 구원받았다. 파우스트에게 유혹당하고 버림받아 이제 천국에서 참회 중인 마르가레테는 기뻐하며 "영광스러운 어머니" 마리아에게 외친다.

견줄 데 없는 우아함을 지니신
우리의 귀부인이 고개를 숙여
당신의 빛나는 얼굴로

이 내 행복을 보시네!

내 연인이, 보소서,

달라졌네, 그이가

내게 돌아오네!(12069-75)

파우스트가 과연 천국에서는 마르가레테에게 신의를 지킬까? 의심하는 것도 무리가 아니다. 이 장편 운문 희곡의 가장 마지막 부분에 가면 신비로운 성가대가 마치 작품의 교훈을 요약하기라도 하듯 다음과 같이 선언하기 때문이다.

이해할 수 없는 일이

여기서 이루어진다

영원한 여성성이

우리 모두를 끌어당기노라.(12108-11)

영원한 여성성, das Ewig-Weibliche. 마르가레테와 헬레네는 단순히 남자들을 끌어당겨 위업을 성취하게 만드는 자석이었을 뿐이다. 파우스트 전설은 파우사니아스의 열등한 에로스를 비판함으로써 시작됐다. 그리고 거기에 후광을 비추면서 끝났다.

✧

이는 간단히 말해 돈 후안의 행복한 결말과도 일맥상통한다. 원래 티르소 데 몰리나가 1630년 출간한 희곡에서 돈 후안은 자기가 만나는 모든 여성을 유린하고 망가뜨리는 사기꾼이었다. 나폴리에서는 어느 공작부인의 잠자리에 들기 위해 부인의 연인으로 위장하기까지 한다. 후에 그는 타고 있던 배가 난파되어 스페인 해변으로 쓸려오지만, 어부의 딸인 티스베아의 품 안에서 무사히 깨어난다. "고귀한 젊은 남자, 너무나 잘생기고 유쾌한/그리고 황홀한 이여, 깨어나라, 내 말하노니!"[22]

돈 후안에게서 영원한 사랑을 약속받은 티스베아는 사랑을 나누기에 앞서 다음과 같이 짚고 넘어간다. "하나님은 존재하십니다. 그리고 죽음도요." 하지만 바람처럼 근심 걱정 없는 돈 후안은 이미 동침하자마자 꽁무니를 뺄 수 있도록 말에 안장을 얹어두었다. 거기에 들키지 않고 탈출할 수 있도록 딱한 티스베아의 오두막을 불태우라는 지시도 내려두었다. 이런 식으로, 돈 후안은 여자들을 유혹해 발밑에 무너뜨리며 스페인을 종횡무진한다. 하지만 쾌락은 굶주린 사랑을 만족시키는 것보다는 속이는 행위 자체에 있으니, 돈 후안은 다음과 같이 고백한다.

… 세비야에서

나는 사기꾼이라고 불린다
그리고 내 가장 큰 쾌락은
여자들을 속여 명예를 더럽히는 것이다.

디오티마의 어휘를 다시 떠올려보면, 우리는 돈 후안의 충족 불가능성이 욕구보다는 수완에서 얻는 즐거움 탓이 더 크다고 말할지도 모른다. 하지만 똑같은 수법을 너무 많이 써먹은 돈 후안은 거의 정복할 뻔한 도냐 아나(성공을 앞두고 돈 후안의 정체를 알아차린)의 아버지인 돈 곤살로를 살해하고 만다. 후에 곤살로의 석상은 술수를 부려 후안을 텅 빈 무덤으로 초대해 정찬을 가진다. 뱀, 식초, 손톱, 얼음으로 이루어진 식사를 마칠 무렵 석상이 내민 손을 잡은 후안은 지옥불을 느낀다. 그는 사제에게 용서를 빌지만 석상은 너무 늦었다고 대꾸한다. 후안은 쓰러져 죽음을 맞이한다.

하지만 몰리에르의 1665년 희곡 《동 쥐앙》*에서 보듯, 돈 후안은 곧 회개하기를 **거부한다**. "아니, 아니, 그런 말은 끝끝내 하지 않을 것이다. 무슨 일이 있어도, 내가 회개한다는 말만은."[23] 돈 후안은 바람둥이라는 자신의 평판이 사후에도 그대로 유지되기를 바란다. 그 삶에서 누리는 즐거움은 모차르트가 극작가인 다 폰테와 함께 쓴 오페라 〈돈 조반니〉(1787)에서

* [옮긴이주] 동 쥐앙, (아래에 나오는) 돈 조반니 둘 다 돈 후안을 가리킨다. 각각 프랑스어와 이탈리아어여서 발음이 다를 뿐이다.

한층 더 명확히 드러나는데, 거기서는 돈 조반니의 유혹이 음악과 운문을 통해 어찌나 매력적으로 그려지는지, 우리는 돈 조반니의 구애 대상인 소작농의 딸 체를리나가 그의 애원에 넘어가는 것을 도저히 탓할 수 없다.

돈 조반니 오라! 오라!
거기서 그대는 내게 그대의 손을 주리.
체를리나 나는 곧 저항 못 하게 될 거야.[24]

이미 돈 조반니에게 한 번 유혹당했고 버림받은 돈나 엘비라 역시 조반니를 되찾겠다는 희망을 놓지 못한다.

돈나 엘비라 내 눈물이 그대의 심장을 얻었다고 믿어도 될까요? 참회하는, 내 사랑하는 돈 조반니가 내게 돌아와 의무를 다 한다고?

그런 믿음은 버리는 게 좋다. 돈 조반니는 파우사니아스와 혼인 성사와 사회 대다수가 매도했던 바로 그 충족 불가능한 사랑 없이는 살 수 없으니까. "사랑은 어떤 형태로든 거의 비슷하다. 한 사람[여인]에게 정절을 지키는 자는/다른 여인들을 매정하게 내치는 자다." 모차르트의 돈 후안은 회개를 열 번이나 거부한다.

그리하여 바이런 경(1824년 사망)이 이 주제에 손을 댔던 시대에, 돈 후안은 여성들을 술수로 잘 후리는 귀족 남성이라서가 아니라 무엇보다도 신분 높은 남자가 자기 자신에게 진실하다는 이유로 낭만적인 영웅이 되었다. 바이런의 후안은 대단히 매력적인 젊은 친구이며 꾀바르기도 하다. 첫사랑과의 **간통 현장에서** 붙들린 그는 대륙과 바다 위를 방랑한다. 그러다 오디세우스처럼 그리스 어느 해안에서 난파되어 아름다운 여성 아이데의 보살핌을 받아 건강을 되찾는다. 나우시카처럼 아이데 역시 후안과 사랑에 빠진다. 하지만 후안은 호메로스의 모범을 따르지 않는다. 요컨대 자못 경건한 척 좋은 결혼에는 한마음이 필요하다는 둥 하는 충고를 늘어놓으며 아이데의 요청을 거절하지 않는다. 오히려 반대로, 후안과 아이데는 페넬로페의 모든 구혼자들이 꿈꿨던 판타지 같은 삶을 산다. 아이데의 아버지인 람브로가 바다로 나가 다른 영토와 사람들을 약탈하고 노예로 삼을 때, 두 연인은 람브로의 돈으로 연회를 벌이고 상호 열정의 무한한 쾌락을 즐긴다.

> 여자는 사랑하고 사랑받았다
> 감탄하고 숭배받았다
> 자연의 방식을 따라
> 그들의 강렬한 영혼은 서로의 안에 부어넣어졌다.(2.191)[25]

"자연의 방식을 따라." 사랑은 자연적이다. 그러니 여러 번, 자주 그리고 여러 사람과 사랑에 빠지는 것 또한 자연적이다.

그것은 인간 조건의 한 진실이다. 사랑의 불길을 끄는 데 결혼보다 더 효과가 좋은 것은 존재하지 않는다, 이는 남녀 모두에게 마찬가지다. 여자들은 변덕을 타고났다. "결혼했든/과부든 처녀든 어머니든, 여자는/바람처럼 마음을 바꿀 수 있다."(9.64) 남자들이라고 별로 다를 바는 없다. 비록 아래와 같이 되고자 노력할지라도 말이다.

이랬다저랬다 하는 건 질색이야
그런 인간은 혐오하고 증오하며 규탄하고 버리지
가슴에 그 어떤 영구적 기반도 놓일 수 없는
태생이 변덕스러운 자들
사랑, 변함없는 사랑은 내 변함없는 손님이니
그럼에도 어젯밤, 한 가장무도회에서
난 더없이 아름다운 존재를 보았노라
밀라노에서 갓 온 그는
내게 악당 같은 감각을 불러일으켰다.(2.209)

"악당 같은 감각"은 이 맥락에 잘 들어맞는 어구인데, 《돈 후안》이 영국 정부 검열이 유달리 기세등등했고 "외설적인 문학"을 금하려고 애쓰는 민간인들이 든든한 재정적 후원을 받고 있던 시기에 쓰였기 때문이다. 바이런이 생각하기에 **진정한** 악당은 관용 없는 법과 사회적 관습 그 자체, 그리고 그 지지자가 되겠다고 나선 분노한 어머니들과 격노한 아버지들이었다. 도덕적 기준이란 미의 이상만큼이나 엉성하고 임의적이었다. "하지만 내가 팀북투*에 **있었다면**/그곳 사람들은 틀림없이 검은 것은 하얗다고 했으리라. … 중요한 것은 어떻게 보느냐다."(12.70-1)

하지만 더 깊이 들여다보면, 바이런에게는 에로스 자체가 악당이었다. "조만간 사랑은 그 자신에게 복수한다."(4.73) 사랑은 예기치 못한 결과를 가져오는데, 그 결과는 끔찍하기 십상이다. 단순히 상사병이나 성병 따위를 말하는 것이 아니라, 사랑이란 언젠가는 끝날 수밖에 없기 때문이다. 비록 바이런은 끝내 《돈 후안》을 마무리 짓지 못했지만, 그 작품의 명확한 교훈은 충족 불가능한 사랑을 하는 이는 지옥에 간다는 것이 아니라 "추운 겨울날을 대비해 온기를 미리 쟁여두는 편이"(10.9) 낫다는 것이다. 우리 모두가 그렇듯이 후안도 늙을 테고 열정은 시들 것이다. 이 서글픈 사실은 우리 중 가장 열정적인 이들에게도 해당된다. 무엇보다도 이 자의식 강한 시인이 염두에 두고 있는 것은 다름 아닌 자기 자신이다.

아닌 게 아니라, 바이런은 의도적으로 후안을 자신의 대역으로 삼았다. 영국 귀족 집안에서 태어난 바이런은 잘생긴 외모를 지녔지만 뒤틀린 오른발과 다리 때문에 고통받았고 거의 늘 경제적 어려움에 시달렸다. 케임브리지에서 수학한 후, 맹

* [옮긴이주] 아프리카 말리 중부에 위치한 도시의 지명으로, '아주 멀리 떨어진 곳'을 가리킬 때 쓰이는 말이기도 하다.

위를 떨치고 있던 나폴레옹 전쟁은 아랑곳없이 유럽 전역을 여행했다. 포르투갈과 스페인에서 그리스, 알바니아, 튀르키예로 이어진 그 여행길의 일부는 훗날 돈 후안이 다시금 거쳐 가게 된다. 바이런은 다르다넬스 해협을 헤엄쳐 건넜고, 남녀 모두를 연인으로 취했으며, 장편 시 〈차일드 해럴드의 편력〉의 첫 두 편을 발표하여 이름을 알렸다. 그 후 이 새로운 소비 문화에서 일종의 아이돌이 되었으니, 차이점이 있다면 그의 팬들은 바이런을 바꿔놓고 싶어했다는 것이다. 장래의 아내가 이렇게 말했듯이. "모든 심장이 사랑하고 따르게 만드는/바이런의 마법과도 같은 영향력으로 그를 개심시키기."[26] 아내 또한 바이런의 주문에 걸려 자신의 불신을 억누른 채 바이런과 결혼했고, 곧 후회했다. 바이런이 《돈 후안》을 쓴 것은 불명예스러운 이혼에 이어 영국으로부터 스스로 추방된 후였다.

✧

바이런과는 다르지만 사드와는 매우 유사하게, 자코모 카사노바(1798년 사망)는 자유 사상과 방탕함과 정치적 자유에 대한 반동이 아직 나폴레옹 후기 사회 질서에 단단히 자리 잡기 이전 시대에 살았다. 태평한 돈 후안의 현신이었던 카사노바는 베네치아에서 태어나 이탈리아를 떠나 그리스를 거쳐 프랑스로 갔다. 프랑스에서 다시 빈으로 갔다가 거기서 베네치아로 돌아왔는데, 간 크게도 베네치아의 주 교도

소에서 탈옥한 후 독일, 프랑스, 네덜란드로 도피를 떠났다. 그 후 다시 이탈리아로 돌아왔지만 이탈리아의 여러 도시에서 추방당하고 런던으로 갔다. 그는 거기서 멈추지 않고 베를린으로, 그다음에는 러시아, 폴란드, 스페인 등으로 옮겨 갔으니, 제트기가 발명되기 한참 전의 제트족이었다고 할 수 있겠다. 마지막 피난처는 보헤미아였는데, 그곳에 있는 발트슈타인 백작 성에서 사서로 일하며 다 폰테가 오페라 〈돈 조반니〉의 대본을 쓰는 데 어느 정도 도움을 준 듯하다. 카사노바는 어느 곳에 가든 (아주 말년의 몇 해를 제외하곤) 사랑을 주고받을 아름다운 여성들을 발견했다. 나이가 들어 《나의 편력》을 집필하던 카사노바는 과거의 수많은 쾌락과 모험과 사고들을 회상하면서 엄청난 즐거움을 느낀다고 주장했다. 하지만 그가 말하지 않았던 또 한 가지 사실은, 그 회고록이 팩션이었다는 것이다. 자신을 늘 문인으로 내세웠던 카사노바는 자신의 삶을 마치 밀가루 반죽처럼 이리저리 치대고 모양을 잡아 문인의 삶에 걸맞은 빵덩어리로 만들고 있었다.

카사노바는 돈 후안이나 사드나 바이런과는 달리 귀족이 아니었다. 떠돌이 연극배우들의 아들로 태어나, 말하자면 18세기식 긱이코노미*에 종사했다. 지금과는 달리 기업이 아닌 높은 지위에 있는 사람들에게 의탁하는 식으로. 카사노바의

* [옮긴이주] 정규직보다 필요에 따라 계약직 또는 임시직으로 고용하는 경향이 커지는 경제.

사랑 역시 필요, 기회, 욕망, 쾌락, 그리고 아마도 부에 대한 약속에 의존했다. 다만 한 가지 금기가 있었으니, 다른 남자와의 성교였다. 카사노바는 자매 사이인 여자들과 동침했고, 많은 호텔에서 묵으며 진수성찬을 즐겼으며, 셀 수 없이 많은 하룻밤 관계를 맺었다. 결혼을 고려했던 몇 명의 여자들을 만나기도 했다. 그는 자기 삶을 돌아보며 파우사니아스풍의 반죽을 만들었다. "쾌락이 존재한다면, 살면서 그걸 즐길 수 있다면, 삶은 행복이다. 물론 불행도 존재한다. 그건 누구보다도 내가 잘 안다. 하지만 이런 불행이 존재한다는 것 자체가 좋은 것의 총합이 더 크다는 사실을 입증한다."[27] 터놓고 말해 심지어 불행들조차 카사노바를 즐겁게 했다. 적어도 거기서 벗어난 다음에는 말이다.

카사노바의 여자들 중 다수도 마찬가지로 방랑벽이 있는 기회주의자들이었다. "카스트라토"* 벨리노를 생각해보자. 카사노바는 앙코나에 있는 어느 호텔에서 벨리노를 처음 만났다. 벨리노의 "얼굴은 내가 보기에 여자 같았다. 남자 같은 옷을 입고 있었지만 나는 가슴 부위가 불룩한 것을 알아차렸다. 겉모습에도 불구하고, 이 사람은 틀림없이 여자라는 사실이 내 머릿속에 각인됐다. 그런 확신이 있었기 때문에 나는 그가 내 안에 일깨운 욕망에 조금도 저항하지 않았다." 벨리노는 실제로

* [옮긴이주] 변성기가 오기 전에 거세해 미성을 유지케 한 남성 가수를 말한다.

테레사라는 여자였다. 위대한 카스트라토 살림베니와 함께 목소리를 연구했던 테레사는 진짜 카스트라토였던 살림베니의 제자가 죽자 망자인 척 행세하면서 볼로냐에서 살림베니와 다시 만날 날을 기다렸다. 하지만 위대한 스승은 얼마 안 가 세상을 떠났고, 카사노바를 만났을 때 테레사는 아무런 갈 곳이 없었다. 그리하여 카사노바에게 다음과 같이 호소한다. "아아 내 천사여! 나를 수치로부터 구해달라. 나를 함께 데려가달라. 나 그대의 아내가 되기를 요구하지 않으리. 오로지 그대의 사랑하는 정부가 되리." 두 사람은 힘을 합친다. 카사노바는 심지어 테레사와 결혼하고 싶어한다. 하지만 결혼하러 볼로냐로 가는 길에 여권을 잃어버린다. 그리하여 두 사람이 재회했을 때, 테레사는 리미니(이탈리아는 도시마다 규제가 각각 달랐는데, 이곳에서는 여성이 무대에 설 수 있었다)에서 여성 가수로서 한 차례 공연을 마치고 나폴리에 1년간 공연하러 가는 길이었다. 한편 카사노바는 콘스탄티노플에서 의뢰받은 일이 있었다.

두 사람은 그로부터 17년 후 피렌체에서 다시 만나게 되는데, 거기서 극히 짧은 정을 나눈다. 테레사의 남편이 핫초콜릿을 준비하는 사이에! 하지만 테레사는 카사노바에게 남편을 "여전히 사랑한다"면서 친구로만 만나자고 선을 긋는다. 그리고 바로 그날 저녁 자기 "남동생"을 카사노바에게 소개하는데, 그 젊은 남자는 사실 테레사와 카사노바의 아이이다. 테레사의 보호자이자 테레사가 나폴리에서 데뷔할 수 있게 해준 공작이 아이의 양육을 맡아 처음에는 유모를, 나중에는 음악 교사를 붙여주었다. 이제 그 젊은이는 새로운 공연 일정을 잡는 "누나"를 따르고 있다. 그로부터 얼마 지나지 않아 카사노바에게 전해진 소식에 따르면 테레사는 런던에 있고 "앤절라 칼로리"로 불린다. 몇 년 뒤, 카사노바는 프라하에서 테레사를 만난다.

이렇듯 그들의 삶은 멈추지 않는 여행으로 이루어진다. 가능하면 어디서든 쾌락을 즐기고, 사랑하고, 자식이 생기면 다른 사람이 보살피도록 맡겨두고 떠나는 삶이다. 이 철 지난 파우사니아스적 삶은 여기서 조금도 비난할 것이 아니다. 가만히 멈추어 있는 것을 견디지 못하는 카사노바와 테레사 같은 사람들에게 이는 생동감 넘치고 만족스럽고 적절한 삶이다. "1797년 올해 72세"의 카사노바는 지나온 삶을 돌이켜보며 "갓길로 빠지는 데서 즐거움을 얻었고 끊임없는 실수 속에 살았다"고 인정한다. 카사노바는 루소와 그 이전의 아우구스티누스를 참조해 자신의 삶을 "고백"이라고 부른다. 그러나 아우구스티누스와는 달리 자신의 죄악 앞에 어떤 자기 부정도 보여주지 않으며, 루소와 달리 자신의 실패에 아무런 허풍도 떨지 않는다. 후회할 것은 무엇이고 숨길 것은 또 무엇인가?

> 내 어리석음은 젊음으로 인한 것이다. 내가 그것들을 비웃는 것을 그대도 보게 될 것이다. 그리고 그대가 너그러운 사람이라면 그대 역시 나와 함께 비웃을 것이다. 꼭 필요한 경우 내가 멍청이와 악당들을 속여 넘기는 것에 대해 종종 아무런 양심의

가책도 느끼지 않는 것을 보고 그대는 웃을 것이다. 여성들의 경우 이런 종류의 상호 기만은 저절로 상쇄되는데, 사랑에 관한 한 보통 양쪽 다 사기를 당하기 때문이다.

카사노바는 "자유로운 주체"를 자처하면서도 신과 기도를 믿었다. 자신의 본성을 알고 자신의 열정을 즐겼으며 모든 것(심지어 잔혹함과 부패까지도)에 호기심을 가졌고 자신의 사소한 잘못들을 용서했다. 쾌락을 위해 살았고 살아 있다는 데 기뻐했다. 사랑은 카사노바의 제2의 천성이었다. "난 나와는 다른 성을 위해 태어났다. 늘 그들을 사랑했으며 그들로부터 사랑받기 위해 할 수 있는 모든 일을 다 했다." 카사노바는 독자들이 자신을 흠모하기를 바랐다. "하지만 야유 당할 거라는 두려움을 떨쳐버릴 수 없음을 털어놓는다."

그다음 세기는 이전 세기보다 비판적이었으니, 카사노바는 엄밀히 말해 야유 당하지는 않았으나 삭제와 검열을 당했다. 당시는 메테르니히, 프랑스 왕정복고, 산업 혁명, 그리고 빅토리아인들의 시대였다. 미국에서는 '교양decency'과 '도덕적 부패'에 관한 사람들의 우려가 점차 커지면서 법정 소송들로 이어졌는데, 예컨대 1815년 펜실베이니아에서는 도덕성을 "타락시키고 부패시키고" "마음속에 과도하고 욕정을 깨우고 만들어낼" 의도로 몇몇 젊은이들에게 "외설적이고 사악하고 불명예스럽고 악랄하고 음란한 그림"을 보여주었다며 제시 샤플리스를 비롯한 인물들을 제소한 사건이 있었다.[28] 다른 목적은 전혀 없이 오로지 성적 자극을 주고 "외설적인 관심을 끄는" 것만을 목적으로 하는 '포르노그래피'라는 범주는 19세기에 태어났다.[29] 포르노그래피는 충족 불가능한 사랑이 아니다. 그 목적은 단순한 성적 자극이다.

평생 가는 사랑

'교양'이 포르노그래피를 혹평하는 한 범주가 됨과 동시에 사랑은 길들여졌다. 19세기에는 수많은 정사와 성교와 결혼이 있었다. 하지만 유일하게 결혼(또는 그것의 모조품인 평생 가는 사랑)만이 칭송받았다. 샬럿 브론테는《제인 에어》의 짧은 최종장을 "독자여, 나는 그와 결혼했다"라는 문장으로 시작한다. 그로써 그 이전에 있었던 모든 일을 행복으로 완결 지으려는 의도였다.

탐욕스러운 사랑은 대체로 사라졌다. 한편으로는 포르노그래피에, 다른 한편으로는 결혼에 익사당했다. 톨스토이의《안나 카레니나》(1878)에서 알렉세이 브론스키는 바람둥이다. 하지만 안나를 만나면서 그런 생활에 종지부를 찍는다. 이후로 두 사람의 삶을 지배하는 것은 사랑이다. 브론스키가 더는 자신을 사랑하지 않는다고 확신한 안나가 열차 아래로 몸을 던지면서 두 사람의 이야기가 끝날 때까지. 무심한 카사노바는 떠났다. 괴테도, 바이런도, 테레사도 모두 떠났다. 만약 브론스키를 잃은 것이 그들이었다면 눈물을 좀 뿌린 후 다시 앞으로 나아갔을 것이다. 하지만 안나는 앞으로 나아갈 수 없었고, 안나의 자살 이후 브론스키 역시 그럴 수 없었다. 그리하여 죽음에 구애하기 위해 튀르키예와 싸우러 세르비아로 떠난다.

스탕달의 《적과 흑》(1830)의 몇몇 장은 마치 그 주인공이 위대한 바람둥이라고 예고하려는 듯 바이런의 《돈 후안》에서 가져온 인용구로 서두를 장식했다. 하지만 이는 어불성설이다. 스탕달의 주인공인 쥘리앵 소렐의 정사는 오로지 두 건이 전부다. 태생은 가난하지만 예민하고 야심 강한 독서가인 쥘리앵은 워털루 전투 이후 나폴레옹을 존경하게 된다. 그는 출세에 뜻을 품는다. 그러나 어느 지점에서 영광스러운 전쟁의 '적'이 반혁명적 두려움, 쩨쩨한 위선, 음해, 험담 및 책략의 '흑'에 밀려나는 것을 깨달은 후에도 결코 그 사실에 적응하지 못한다. 좀 더 근본적인 차원에서, 쥘리앵은 자기가 속한 사회를 경멸하고 자기 계급 남자들의 중상모략에 분개하기 때문에, 순수한 명예, 의무, 영광의 남자로 우뚝 서고 싶기 때문이다. 쥘리앵은 마치 소규모 전투를 벌이듯 자신의 행보를 계획하면서 자신의 정사를 (자신의 다른 행위들처럼) 실천한다. 쥘리앵이 도대체 자기 자신이긴 한가? 실은 그렇지 않다. 쥘리앵은 늘 역할 놀이를 하고 있다. "그는 수치를 입게 될까 봐 두려웠다. … 스스로 자신에게 부과한 이상적 행동을 버린다면. 한마디로, 쥘리앵을 우월한 존재로 만든 것은 앞길에 빤히 놓여 있는 쾌락을 움켜쥐지 못하게 만든 바로 그 본성이었다."[30]

그러는 와중에, 쥘리앵의 두 번째 정복 대상인 마틸드-마르그리트 드 라 몰은 자신의 선조라 할 마르그리트 드 나바르 여왕(1549년 사망)의 열정적 사랑에 기반한 무척 다른 판타지를 펼치고 있었다. 소설 속에서 마틸드는 그 이야기를 직접 들려주는데, 마르그리트 여왕은 어찌나 절절하게 사랑했던지 연인의 목이 잘리자 "그 목을 마차에 싣고 자기 손으로 직접 묻으러 갔다."

그 소설에서 연기를 하지 않는 유일한 인물은 쥘리앵의 첫 정부인 드 레날 부인이다. 부인의 사랑은 "진정한 사랑," 스탕달이 다른 곳에서 "결정체"라고 부른 열매다. 이는 모든 면에서 너무나 흠모할 만하여 자신의 모든 행복의 근원이 되는 타인을 찾는 순간이다.[31] 쥘리앵과 사랑을 나누기 한참 전에 드 레날 부인은 명확히 그런 생각을 밝힌다. 그러나 불행히도 드 레날 부인을 향한 쥘리앵의 사랑이 결정을 맺으려면 소설 끝까지 가야 한다. 이는 너무 늦다. 편지에서 부인이 자신의 명예를 더럽혔다는 "나폴레옹적" 분노를 느낀 쥘리앵은 궁극의 영웅적 행보로서 부인을 죽이려 한다. 하지만 총탄은 부인을 스칠 뿐이고, 두 사람은 쥘리앵의 감방에서 열정적으로 재결합한다. 그 후 쥘리앵은 명랑하게 자신의 죽음을 향해 간다. "트인 공간을 걷는 것은 기분 좋은 일이었다. … 이제 상황은 매우 순조롭게 흘러가고 있다고, 그는 자신에게 말했다. 내 용기는 결코 부족하지 않을 것이다." 드 레날 부인과 처음 만났을 때의 행복한 기억들이 다시 밀려들고, 아마도 쥘리앵의 생애에서 처음으로 "모든 것이 단순하고 품위 있고 추호의 가식도 없이 이루어졌다."[32] 결국 스탕달은 파우사니아스적 좋은 사랑, 평생 지속되는 변함없는 사랑을 옹호한다.

이런 점에서 스탕달은 자기 시대의 남자다. 라클로와 사드가 그린 프랑스 귀족계급의 무도함은 동반자적 결혼이라는 이상을(비록 현실은 아니었지만) 낳았다(이미 3장에서 우리는 새로 독립한 미국에서 아주 유사한 흐름을 보았다). 심지어 1815년의 프랑스 왕정복고 이후에도, 대중은 "방종한" 상류층에 대한 단호한 거부감을 유지하면서 결혼의 행복이라는 이상을 "미덕 있는" 중류층의 것으로 여겼다. 그럼에도, 자기 시대 "성적 관습의 설명되지 않는 공존"을 반영하듯, 스탕달 자신은 카사노바적인 삶을 열망했다.[33] 스탕달은 자서전에 자신이 살면서 사랑했던 여성 열두 명을 (이니셜로) 열거한 후, 다음과 같이 씁쓸하게 적었다. "실제로 나는 이 여자들 중 겨우 여섯 명만을 소유했다." 이어 그는 후회하기를, "나는 난잡하지 않았다. 충분히 난잡하지 못했다."[34]

19세기 후반이면 프랑스에서는 거의 누구나 글을 읽을 수 있었고 새로운 여성 독자층이 뿌리를 내렸다. 그것이 플로베르가 《마담 보바리》를 쓴 당시 상황이었다. 보바리 부인은 폴과 버지니아의 로맨스에 너무도 깊이 빠진 나머지 현실이 그것을 반영하기를 기대했다. 하지만 사랑에 관한 환상을 품은 건 여성들만이 아니었다. 그것이 플로베르의 《감정 교육》

(1869)의 핵심이었다. '교육'을 받는 표면적인 '학생'은 프레데릭 모로인데, 그는 아르누 부인을 보고 첫눈에 사랑에 빠진다. 아르누는 나이가 어느 정도 있는 유부녀다. "마치 유령 같았다. 그녀는 벤치 중간에 혼자 앉아 있었다. 아니, 어쩌면 그녀의 눈이 그에게 던진 눈부신 빛 때문에 다른 누구도 보이지 않았는지도 모른다."[35] 한때 두 사람은 그들의 사랑을 완성시킬 뻔했지만, 그렇게 하기에 아르누는 너무나 충실한 아내이자 어머니다. 결국 두 사람은 헤어진다. 하지만 사랑의 판타지는 둘 모두에게 생생히 남아 있다. 소설 끄트머리에 이르러 프레데릭은 아르누의 흰머리를 본다. 두 사람은 이제 나이가 들었고, 사랑은 그들을 스쳐 지나갔다. 두 사람과 독자의 '감정 교육'은 소설의 배경을 이루는 1848년 혁명과 매우 비슷하게 달콤쌉싸름하다. 자유에 관한 환상이든 사랑에 관한 환상이든, 환상을 키운다는 건 무모한 짓이다. 그렇게 하기는 쉽지만, 더 큰 세상의 틀 속에서 그 중요성을 의심하는 것이 최선이다.

실제로 플로베르의 감정 교육 대상은 그 자신과 독자들이었다. 심지어 충족 불가능성이라는 판타지가 거의 매장당한 후에도, 변함없는 사랑이 반드시 이상은 아니었다. 플로베르에게 있어 사랑은 예술의 뮤즈였다. 프레데릭처럼, 플로베르 역시 10대 중반에 아름다운 유부녀를 보았다. 존재의 중심이 흔들리는 순간이었다. "그녀가 나를 보았다. 나는 눈을 내리깔고 얼굴을 붉혔다. 실로 굉장한 눈길이다! 얼마나 아름다운 여자였는지! 검은 눈썹 아래에서 마치 태양처럼 내게 못 박힌 그 열정적인 눈동자가 지금도 생생히 떠오른다."[36] 플로베르는 그 여자를 거의 보지 못했음에도 자신은 오직 그녀만을 사랑했다고 주장한다. 단테의 베아트리체처럼, 페트라르크의 라우라처럼, 그녀는 사랑의 꿈이었다. 플로베르는 사랑의 쾌락들에 민감했다. 그는 루이즈 콜레와 거의 8년에 걸쳐 연애 관계를 맺었는데, 그 관계가 시작될 즈음 쓴 편지를 살펴보자. "다음번에 그대를 만나면 그대를 사랑으로, 애무로, 황홀로 뒤덮고 싶습니다. 그대가 정신을 잃고 숨을 거둘 때까지 육신의 모든 즐거움으로 그대를 가득 채우고 싶습니다." 하지만 막상 루이즈와 자주 만나려 하지는 않았다. 열정적인 서신을 주고받던 첫 2년간, 두 사람이 만난 횟수는 겨우 다섯 번에 불과했다. 심지어 루이즈가 그에 대해 불만을 토로했고 두 사람이 멀리 떨어져 살았던 것도 아닌데 말이다. 어찌 보면 플로베르가 몰두한 것은 카사노바처럼 충족 불가능한 사랑이었다. 하지만 실제로 그런 사랑을 실천하기보다는 거기에 대해 판타지를 품는 데 더 몰두했다. 루이즈에게 설명했듯, "나는 방탕을 즐기며 수도사처럼 삽니다." 하지만 루이즈 콜레 자신은 유부녀였음에도 수많은 애인들을 만들고 버렸다. 가볍게는 아니었다 해도 매번 새로운 희망을 품었다. 플로베르가 편지에 썼듯이, "그대는 열정을 존중하고 행복을 갈망하지요." 넘쳐나는 문학적 증거 덕분에, 우리는 익히 알려진바 부르주아가 그토록 품위와 교양을 강조했던 19세기에도 난봉꾼의 삶이 많은 이들을 유혹했음을 볼 수 있다.

풀려난 에로스

19세기 말엽에는 먼저 리하르트 폰 크라프트 에빙(1902년 사망)과 지그문트 프로이트(1939년 사망)가 거의 잇따라 성교와 사랑에 현미경을 들이댔다. 우리가 2장에서 보았듯이, 내과 의사들은 수 세기에 걸쳐 집착적 사랑에 대한 다양한 치유법을 제시했다. 하지만 상사병에 대한 그들의 가장 기본적인 개념은 19세기 과학자들이 보기에는 너무 단순했다. 크라프트에빙의 《성적 정신병리》(1886)는 린네가 생물종에 관해 한 작업을 성에 관해 했다. 각 병리적인 (그리고 '정상적인') 형태에 이름을 준 것이다. 몇몇 다른 의학 저술가들과 더불어 크라프트에빙은 마조히즘, 사디즘, 페티시즘 같은 성적 '일탈'의 유형들과 함께 '동성애'와 '이성애'라는 용어를 대중화했다. 그리고 '성욕'이 이 모든 다양성의 기저에 있음을 공언했다.

크라프트에빙은 '욕망drive'이라는 용어를 사용함에 있어 1세기 전 헤르더와 실러의 저술에 나타난 독일 사상의 한 갈래에 기반하고 있었다. 거기에 따르면 욕망에는 두 종류가 있다. 하나(굶주림)는 자기 보존을 위한 것, 또 하나(성교)는 재생산을 위한 것. 그런 개념은 괴테의 파우스트에서 암묵적으로 드러나는데, 파우스트는 **탁월한** 노력가인 동시에 바람둥이였다. 그 욕망들이 정확히 무엇이었는지, 타고나는 것인지 아니면 경험의 산물인지, 우리 몸의 정확히 어디에 위치하는지(만약 위치한다면),

이 모두는 논쟁 대상이었다. 크라프트에빙이 논쟁에 발을 들인 것은 그런 욕망들이 인간의 보편적 조건임을 주장하기 위해서였다. 날것의 형태일 때, 재생산을 위한 욕망은 "고삐 풀린 사랑"과 동일했다. 크라프트에빙은 그것을 일컬어 "주위의 모든 것을 불태워 재로 만드는 화산"이라 했다. "모든 것 … 명예, 실체, 건강을 집어삼키는 심연."[37] 크라프트에빙은 사랑의 "고삐들"(이 발상의 원류는 분명 플라톤이다)이 도덕, 양육, 교육, 유전이라고 말했다. 이들 모두는 사랑을 적절한 목적, 예컨대 재생산 같은 목적에 맞게 비끄러매지만, 불행한 경우에는 일탈의 길로 밀어넣기도 한다. 크라프트에빙의 책은 성인의 비정상성을 유발한 초기 경험들을 보여주는 간략한 사례 연구로 가득했다. 거기서 제시된 연결고리들은 직접적이고 단순했다. 예컨대 사랑하는 남자에게 엉덩이를 맞고 싶어하는 젊은 여자에 관해, 어렸을 때 친구 아버지에게 장난으로 엉덩이를 맞았던 게 그 이유라고 설명하는 식이었다.

하지만 크라프트에빙은 성적 욕망이 더 폭넓고 심오한 결과들을 초래한다고 주장했다. "남성의 사회관계에서 성생활이 정서, 사고, 행동에 얼마나 깊은 영향을 미치는지를 제대로 인지하는 사람은 드물다." 이런 관점은 정상적이거나 병리적인 정신생활을 모두 해명할 통합된 이론을 세우려 애쓰고 있던 프로이트에게 점점 더 중요해졌다. 성적 욕망은 "사고와 행위"를 뒷받침할 뿐만 아니라 "예술적 성취, 종교적 정서와 이타적 정서 같은 것들을" 부추기기도 했다.[38] 프로이트 역시 성적 충동drive에 도달했지만, 크라프트에빙이 "무엇이 성적인가에 대한 개념을 통상적인 범위를 한참 넘어서까지 확장시켰다"는 것은 맞는 말이다.[39]

프로이트는 "유아의 성애"를 거론했는데, 여기에는 그저 사춘기에 시작하는 성애만이 아니라 어머니의 젖을 빠는 아이들의 성애도 포함된다. 아기들은 단순히 배고픔을 충족시키는 것만이 아니라 빠는 감각 자체에서도 쾌락을 느낀다. 그리고 곧 입 이외의, 사실상 신체의 모든 표면에 존재하는 다른 성감대들을 발견한다. 유아들의 성적 충동은 처음부터 사랑과 불가분하게 얽혀 있다. 아기들은 처음에는 어머니에게, 이어 양친 모두에게 사랑을 느낀다. 나중에 그것은 다른 대상들 및 행위들과도 얽힌다.

프로이트에게 어린 시절 경험과 (무엇보다도) 판타지는 단순히 성적 행동만이 아니라 모든 면에서 성인의 발달을 형성한다. 사실 성적 충동의 목적은 관능적 쾌락에 몰두하는 것이지만, 그런 쾌락에는 이념, 판타지, 이상화 같은 정신적 표상들이 딸려온다. 승화되고 우회적인 성적 충동은 예술과 음악을 비롯한 모든 종류의 삶을 꽃피우는 씨앗이기도 하다. 크라프트에빙처럼 프로이트의 저서 역시 사례 연구로 가득했지만 프로이트 쪽이 훨씬 길었는데, 그 이유는 프로이트에게 정신 건강은 과거 선례들을 파악하기 위한 몇 편의 인터뷰에 달려 있지 않았기 때문이다. 그보다 프로이트는 성인의 인생에서 정말 중요한 경험들은 오랫동안 의식 속에 "억눌려" 있었다고 주장했다. 그것은 오로지 긴 치료 과정을 통해서만 밝혀지고 조명이 비춰진다. 정신의 병으로 고생하는 사람들은, 예컨대 친구의 아버지가 옛날에 나를 때리는 척했던 기억을 떠올렸다고 해서 나아지지 않는다. 나아질 방법은 오로지 "새로운 도피를 불가능하게 만드는 … 충분한 애착을 형성한(전이)" 치료사의 도움으로 오랫동안 묻혀 있던 기억을 파헤치는 고통스러운 경험을 통해서다. 이 "전이적 사랑"은 정신분석 경험과 건강한 결과로 가는 열쇠다. 환자들은 치료사들과 사랑에 빠진다. 치료사들 역시 반쯤 사랑에 빠져 있지만 반드시 그 감정을 "비현실적인" 것으로, 사후에 처리하고 통제할 수 있는 무의식적 판타지의 아바타로 간주해야 한다.[40] 간단히 말해서, 성인의 사랑은 유아기 사랑의 패턴을 반복하는데, 전이적 사랑은 다른 많은 경우에 비해 더 직접적으로 그렇게 한다는 것이다. 일단 그 반복 패턴에 조명이 비춰지면, 초자아가 도저히 수용할 수 없어서 무의식의 심연에 밀어넣은 모든 두렵고 불쾌한 감정과 사고 및 판타지들에도 조명이 비춰진다.

프로이트는 에로스가 우리 삶의 모든 면에 침투한다고 보았다. 이는 우리가 깨어 있든 잠들어 있든 아니면 각자가 중시하는 창조적 활동과 직업에 몰두해 있든 상관없다. 치료의 목적은 우리의 성적 충동을 자유롭게 풀어놓는 것이 아니라(이는 그 자체로 병리일 터이므로) 우리에게 허락된 쾌락들을 더 온전히 누릴 수 있도록 성적 충동의 억눌린 요소들을 해방하는 것이다.

파우사니아스가 말한 두 가지 사랑 모두 그럴 것이고, 파우사니아스가 한 번도 염두에 두지 않은 사랑 역시 그럴 것이다. 양면적 감정을 느끼는 게 정상이라는 주장은 완벽하게 프로이트적이다. 우리는 어떤 한 사람이나 대상을 사랑하고 증오하고 두려워하는 동시에 욕망한다. 이것이 이른바 오이디푸스 콤플렉스의 역학이다. "어머니를 둘러싼 경쟁심에서 나오는 증오는, 금지 없이는 남자아이의 심리적 삶에 스며들 수 없다. 아이는 아버지에게 느낀 애정 및 흠모와 처음부터 싸워야 했다."[41]

✧

우리는 프로이트 이후의 세계가 온갖 종류의 사랑과 섹슈얼리티를 찬양하거나 적어도 너그럽게 보리라고 생각할지도 모른다. 정신분석이 내세우는 목적은 환자의 "사랑할 능력"을 향상시키는 것이기 때문이다.[42] 부분적으로나마 이는 분명히 사실이다. 오늘날 많은 사람들이 동성 결혼, 트랜스젠더 결혼, 개방 결혼을 받아들인다. 로라 키프니스는 평생 가는 사랑이란 신기루일 뿐이라고, 쾌활하고 태연하게 주장했다. "가정의 부부생활"은 "현대인의 사랑의 의무적 병영"이다.[43] 파스칼 브루크너는 분리를 제시한다. 함께 살되, 필요하다면 사랑과 욕망은 다른 곳에서 찾아라.[44] 어떤 사람들은 폴리아모리를 택했다. 모두의 합의하에 낭만적이고 성적인(또는 성적이진 않더라도 내밀한) 관계를 가진다. 그와는 대조적으로 어떤 이들(주로 여성인 듯한데)은 전통적인 결혼으로부터 영향을 받은 "자신과의 결혼"을 택한다. 가족과 친구들을 초대하고 신부 행진과 반지, 꽃, 케이크에 다음과 같은 (한 유튜브 영상에서 보듯이) 혼인 서약도 한다. "나 자신을 현실적으로, 금전적으로, 육체적으로 잘 보살피겠습니다. 내 창조적 실천을 지지하고 내 영혼의 모험심을 고이 간직하고 감정의 문제에서는 더 대담해지겠습니다. 또한 다른 사람들도 나처럼 할 수 있도록 개인적 변화를 위한 개인적 여행에 헌신하겠습니다."[45] 이 영상에 누군가는 이런 댓글을 달았다. "그래서 첫날밤은 어땠어요?" 수 세기 전의 패니 힐이었다면 여기에 단호하게 대답할 수 있었을 것이다.

하지만 심지어 오늘날까지도 여전히 변함없는 사실은, 많은 사람들이 평생 가는 사랑에 높은 가치를 둔다는 것이다. 3장에서 언급한 장-클로드 카우프만의 현대인의 사랑에 대한 비판은, 커플이 조건 없는 사랑을 파트너에게로 확장하는 법을 배우면 공감과 열정 간의 오랜 갈등이 해소되리라는 희망을 담고 있다.

에이즈가 유행하기 이전 남성 동성애자의 삶을 쓰디쓰게 풍자한 래리 크레이머의 《패곳》에서, 주인공 프레드 레미시는 처음에는 동성애자 카사노바의 삶을 원하는 듯 보인다. 하지만 카사노바는 자신의 파트너를 모두 기억하고 모든 만남에서 쾌락을 얻을 수 있었던 반면, 자신의 수많은 성적 편력의 연대기를 기록하기 시작한 프레드는 "이제는 기억나지 않는 이름이 너무 많다는 데 당황한다. 배트, 이반, 토미, 샘 젤루는 누구였더라……. 셀 수도 없는 오르가즘들. 100명? 200명? 50명? 23명? 87명은 말할 것도 없고 23명 중 다수는 더 이상 기억도 나지 않는다."[46] 헌팅, 난나에게 견줄 법한 성적 모험, 장소를 가리지 않는 짧은 섹스로 가득했던 인생에도 불구하고 프레드는 진정한 사랑을, 시골의 저택을, "영원히 행복하게 살았습니다"를 열망한다. 딩키가 "바로 그 사람"일까? 프레드는 자기가 정말 원하는 것을 찾기 위해 이리저리 헤맨다. "아니, [평생 가는 사랑이] 판타지일 필요는 없어. 점점 딩키만이 유일한 판타지라는 생각이 들어. 딩키는 갈수록 덜 가정주부처럼 보이고 있어. 아니면 남편이나." 프레드는 계속해서 또 다른 "날씬하고 젊은 매력쟁이"를 찾고, "다시 빠진다. 다시 판타지에 빠진다. … 섹시한 여자에서 사랑으로 넘어가면서."

한데 뒤섞이고 서로 밀치락달치락하는 사랑의 판타지들은 전부 유혹적이다. 프레드는 이상적 결혼에 따르는 상호 의무와 조화로운 한마음을 열망한다. 동시에, 너무나 아름답고 욕망을 자극하면서도 너무나 멀어 자신의 삶에 의미를 주는 딩키에게(또는 다른 "젊은 매력쟁이"에게) 집착할 필요를 느낀다. 그리고 이 모든 것 너머에 "다음"의 유혹이 있다. 에로스를 "그 자극! 그 흥분! 섹스에 대한 또 다른 강렬한 변화의 치환"으로 몰아붙이는 충족 불가능한 조바심. 어찌어찌해서 운 좋게도 가장 마지막에 이르러 프레드의 "눈은 땅을 향한다." 프레드가 판타지의 유혹을 벗어났을까? 나는 그저 또 다른 상대를 찾은 거라고 본다. 자신과 결혼하는 것과 비슷하게 말이다. "나는 변화를 원한다. 자신을 변화시켜야만 한다. 자신의 엄마와 아빠가 되겠다. 나를 위해 충분히 강해지겠다." 이 또한 판타지다. 완전한 자족의 판타지.

충족 불가능한 사랑은 어둠의 심장, 고삐 풀린 욕망의 위협이다. 거기에 반항적인 대담함을, "점잖은" 사랑에 불꽃을 튀기는 광택을 주는 것은 바로 그것의 조야함이다. 이러한 조야함이 아마도 사랑의 목적이자 **존재 이유**, 타인을 유혹하고 파괴하는 판타지일 것이다. 고대 세계의 디오니소스적 광란, 중세 죄악의 육욕, 20세기 초 프로이트주의의 걸신들린 이드. 우리 시대에는 어떤가? 언제나 그랬듯 오늘날에도 그것은 관습을 실험하고 재정의하며 규범을 가지고 노는 한 가지 방식이다. 파우사니아스는 여자를 사랑한 남자들에게 분개했고 중세 성직자였던 페터 다미엔은 남자들을 사랑한 남자들에게 분개했다. 20세기의 프레드 레미시는 자신의 탐욕 때문에 좌절했다. 다음엔 또 어떤 경계가 깨질지 예측하기란 어려운 일이지만, 수완과 욕구는 그것을 분명 찾아내리라.

맺음말

《적과 흑》에서 쥘리앵 소렐에게 사다리를 타고 자신의 침실로 올라오라고 말한 마틸드 드 라 몰의 의도는 디오티마와는 달리 미덕으로 상승하라는 것이 아니었다. 마틸드는 쥘리앵이 16세기에 마르그리트 여왕이 가졌던 것과 같은 연인이 되기를 바랐다. 혹은 그런 연인이라고 상상했다. 하지만 막상 쥘리앵이 자신의 방에 오자 마틸드는 의무감밖에 느끼지 못했다. 그녀는 자신이 맡은 역할에 따라야 한다고 생각했고, 그렇게 했다. 하지만 그러고 나서 그녀는 실망했다. 느낀 것은 오로지 "비참함과 수치뿐이었다. … 소설들이 이야기한 성스러운 황홀함은 없었다." 한편 쥘리앵 역시 똑같이 김이 빠졌다. "자연스럽게 다정하고, 애인을 행복하게 만들고 나면 자신의 존재 따위는 조금도 생각하지 않는 정부라는 허깨비를 좇고 있었다."[1] 마틸드는 그런 정부가 아니었다. 그럼에도 두 사람은 서로가 사랑에 빠졌다고 상상하면서, 함께하는 삶을 계획하면서 만남을 이어갔다.

판타지들은 이제 막 태동하는 감정들을 조직하고 윤곽을 잡는 데 일조한다. 사랑이 존재하지 않는다는 말이 아니다. 사랑은 실제로 존재한다. 하지만 '사랑'은 어떤 단일한 것이 아니다. 그것은 애정, 다정함, 욕망, 분노, 증오, 원망, 필요, 의무, 명예, 상처, 멸시, 슬픔, 절망, 수치, 야심, 계산이 모두 한데 뒤섞여 형성된 것일 수도 있다. 사랑과 대척점에 있는 것은 오로지 무관심뿐이다. 그토록 복잡하다 보니 우리는 사랑을 범주화함으로써 길들이려 한다. 단순한, 딱 떨어지는 단어인 '사랑'은 그 자체로 하나의 범주다. 이 책 첫머리에 실린 사랑에 관한 흔한 격언들은 모두 사랑을 못 박고 심지어 거기에 도덕적 의미를 부여하려는 시도를 보여준다.

사랑 이야기들은 강력한 구체화를 제공한다. 사랑에 따라야 할 대본과 모범을 제공하고, 그 보상들을 보여준다. 프로이트는 초월적인 사랑을 "뭔가 비현실적인 것"이라 일컬었다. 하지만 이것이 완전한 진실이 아님을 스스로도 알고 있었다. **모든 사랑은** (초월적 사랑처럼) 우리의 감정과 삶의 경험, 판타지를 비롯해 그런 것들을 이해하는 양식들에 기반한다. 우리 마음에 들든 말든, 환상(아이들의 소꿉놀이에서부터 큐어난*까지)은 분

* [옮긴이주] 큐어난, 즉 QAnon은 Q Clearance(보안 자격)와 Anonymous(익명)의 합성어로, 온라인에서 활동하는 미국 극우 음모론 집단을 말한다.

명히 현실의 일부다. 상상적 역할 놀이는 별개 요소들로 이루어진 덩어리를 이해 가능하게 만들고 그것을 예술로 승화하는 우리의 방식이다.

사랑의 판타지들은 강력하다. 권력의 도구로 휘두르는 것도 가능할 것이다. 마틸드가 마르그리트 여왕 이야기에 멜로드라마적으로 집착하는 것이 그 좋은 예시다. 마틸드는 마르그리트 여왕의 사랑에 대한 생각을 자신의 것으로 삼았고, 쥘리앵의 운명을 여왕의 연인이 맞닥뜨렸던 운명으로 만들었다. 쥘리앵이 처형된 후, 마틸드는 쥘리앵의 잘린 머리를 가져다가 직접 매장했다. 16세기 여왕에 대한 판타지를 온전히 실현한 것이다.

마틸드가 따른 대본은 마틸드 혼자만의 것이었을 뿐, 사랑의 '보편적 진실'로 승인받지 못했다. 하지만 오랜 역사를 지닌 많은 사랑 이야기들이 오랜 시간에 걸쳐 수많은 세대에 지속적인 영향을 미쳐왔다. 사랑이 '다른 자아'에 대한 탐색이라는 생각은 호메로스만큼이나 오래된 것이다. 사랑이 집착이라는 판타지 역시 그렇다. 페넬로페의 멈출 줄 모르는 눈물과 음유시인들의 끝없는 갈망은 집착적 사랑에 대한 잊지 못하리만큼 인상적인 상징이다. 사랑이 우리를 이 세계 너머로 데려간다는 개념은 플라톤의 《향연》에 등장하는 디오티마의 연설과 중세의 종교적 신비주의에 그 시초를 두고 있다. 파우사니아스는 충족 불가능한 사랑이라는 개념이 당대에 익히 알려져 있었음을 보여준다. 하지만 신들의 성애적 행동으로 받아들여졌던 그것이 비로소 **인간** 사랑의 이상이 된 것은 교회와 국가의 제약에 맞서는 데 이용된 후, 인쇄 매체를 통해 대중적인 확산이 가능해진 후였다. 이런 서사들과는 대조적으로, 현대의 사랑이 의무로부터 자유롭다는 대중적인 판타지는 역사를 오독한 데서 그리고 과거의 억압에 대한 잘못된 시각에서 나온다.

사랑의 한 역사는 이런 이질적인 판타지들을 통해 서서히 그 풍요롭고 다채로운 윤곽을 드러낸다. 비록 수많은 이들이 들려준 이야기들을 지배하는 것은 대개 남성들이었지만 여성들 또한 남성 판타지를 수동적으로 듣고 있지만은 않았다. 자신들의 목적을 위해 그것들을 윤색하고 전용하고 개조했다. 성 페르페투아는 플라톤이 순교자의 고된 승격으로 그려낸 초월적 상승을 자기 식으로 바꿨다. 이는 오리게네스가 그 개념을 기독교 순결주의자들을 위해 고쳐 만들기 한 세대 전이었다. 엘로이즈는 수 세기에 걸친 기독교의 가르침을 거부하고, 아벨라르의 아내가 되느니 차라리 정부가 되겠다며, 사랑은 서약으로 묶이는 게 아니라 자유롭게 주고받아야 하는 것이라고 단언했다. 나무에 열린 페니스들을 따 모으는 수녀를 묘사한 잔느 드 몽바스통은 아레티노의 난나가 수많은 수사들 및 사제들과 사랑을 나누기 한참 앞서 교회를 신랄하게 조롱했다. 여성 음유시인인 트루바이리츠는 그 어떤 남성 음유시인 못지않게 뜨겁고 비통하게 사랑했다. 몽테뉴의 열정적인 편집자였던 마리 드 구르네는 '다른 자아' 전통에서 오로지 남자들 사이에서만 우정이 성립할 수 있다는 주장이 거짓임을 밝히는

데 누구 못지않게 한몫했다.

하지만 전체적으로, 서구의 사랑 판타지에서는 남성의 목소리가 지배적이었다. 심지어 여성의 목소리로 가장할 때조차 그랬다. 남자들은 사랑의 의무, 보상, 고통, 도덕적 가치에 관한 서사를 지배한다. 누가 누구를, 얼마나 오랫동안, 어떤 이유에서 사랑하는지 틀을 잡기 위한 사랑의 모델을 (명시적으로든 암묵적으로든) 제공하는 쪽은 남자들이다. 아우구스티누스는 인간의 사랑이 기독교의 하나님에 의존하게 만들었다. 모든 면에서 남성에 의해 지배되는 교회는 성서의 가르침을 혼인 서약에 적어넣음으로써 그것을 제도화했다. 플라톤은 사랑의 초월적 목적의 한 유형을 보여주고자 디오티마의 목소리를 빌렸다. 카사노바는 사랑의 쾌락이 사랑의 본질이라고 선언했다.

그렇다 해도, 남자들의 목소리가 여자들의 목소리보다 더 크게 들린다면 그건 단지 역사, 음악, 예술, 철학에서 여성의 기여가 경시되었기 때문일지도 모른다. 괴테의 낭만적 연작시인 〈줄라이카〉에 들어 있는 시들 중 몇 편은 사실 괴테의 정부였던 마리안네 폰 빌레머가 쓴 것이다. 아벨라르의 가장 독창적인 철학 개념들 중 적어도 하나는 엘로이즈에 의해 처음 제시되었던 듯하다. 그리고 어쩌면 디오티마는 실존 인물이었을 가능성이 있다!

✧

고대 그리스인들은 다수의 신을 믿었을 뿐 아니라 수많은 사랑의 판타지들을 허용했다. 입에서 입으로 전해지고 모방되기도 했음이 분명한(가망 없는 연인의 처지에 이입해 베르테르가 입었던 옷을 따라 입은 젊은 남자들처럼) 이런 이야기들은 다양한 감정적 공동체들에서 실천되면서 이런저런 시기에 인기를 끌었다. 그런가 하면 《향연》의 활발한 논의들에서 보듯 한자리에 모아져 연구되고 논의되기도 했다. 고대 성애적 모델의 자생종들은 결국 로마 지배층에 의해 길들여졌고, 아우구스티누스에 의해 종식이 선포되었다. 그는 자신이 제한하려는 바를 입법으로써 뒷받침했다. 그럼에도 해묵은 판타지들은 "지하에서" 명맥을 이어갔다. 그것들을 근절하고 사랑에 다른 일반적인 판타지(바울과 가짜 바울의 편지들에 암묵적으로 담겨 있고 점차 교회법에 고이 새겨진)를 씌우려는 더없이 진지한 시도들이 이루어지는 동안에도 그랬다. 심지어 그 유일한 사랑 이야기가 11세기와 12세기에 제도화될 때, 교회가 이전까지는 가족들에 의해 사적으로 통제되던 혼인 관습을 지배하기 시작했을 때조차 오래된 판타지의 불길은 계속 타올랐다. 학교 교실에서 퍼졌고, 부자들의 성채에서 정교하게 발전했고, 평범한 사람들이 독자이거나 작가였던 외설적인 우화시에서 환영받았다. 그렇다면 교회가 관할하는 모든 곳을 오직 단 하나의 판타지가 지배했다는 믿음 역시 오류일 것이다. 아가의 희열에 찬 사랑은 수도원에 침투했는데, 그곳에서는 하나님에 대한 열정이 귀부인에 대한 음유시인의 열망과 그리 다르지 않은 길을 걸었다. 무엇보다 아가는 무슬림, 유대교, 그리고 이른바 이단 공동체들에서 배양되었음이 명백한 사랑의 수많은 판타지들(일부는 여기서 추적한 것들만큼이나 '서구적'인)을 다루지도 못했다. 한편 우리가 보았듯, 주류 판타지들은 빠르게 확산되고 가지를 뻗고 새로운 형태를 띠었다.

인쇄매체의 경우, 종교개혁 동안 종교적 분파들이 생기고 민족국가들이 일어나고 그 결과로 기독교 및 정치 제도를 비판하는 이들의 운신 폭이 넓어지면서 고대 세계에서 그토록 무성했던 사랑의 판타지들은 이제 기독교의 이상들과 뒤섞이거나 거기에 단호히 맞서면서 꽃피웠다. 그리하여 불손한 피에트로 아레티노가 고삐 풀린 섹스를 유일한 사랑의 형태로 만든 것과 비슷한 시기에, 미셸 드 몽테뉴는 한마음인 라 보에티와 자신의 끈을 찬미했고 프로테스탄트 집단들은 자식 사랑을 통해 초월을 발견했으며 가톨릭 지역에서든 프로테스탄트 지역에서든 많은 사람들이 전통적인 혼인 서약을 계속해서 채택했다. 열정은 뜨거웠고, 사랑에 대한 논쟁들은 동시에 하나님을 둘러싼 논쟁이기도 했다. 요컨대 사랑에 관한 그토록 많은 개념들이 꽃피우게 해준 바로 그 요인이 동시에 한 세기가 넘도록 지속된 종교 전쟁들을 초래하기도 한 것이다.

전쟁과 사랑? 그 둘은 결코 1960년대의 "전쟁이 아닌 사랑을 하자"라는 구호가 시사하는 만큼 그렇게 동떨어진 개념이 아니었다. 확실히 권력과 사랑, 섹스 사이의 연결고리들은 늘 선명했다. 플라톤과 아리스토텔레스는 윤리학과 정치학을 다루는 저술들을 통해 그것들을 탐색했다. 정의상 권력의 위계질서를 뜻하는 복종은 기독교 문화에, 하나님의 굽어 살피심 아래 '형제'인 수사들과 '아버지'인 수도원장이 함께 모여 사는 수도원에 고이 간직돼 있었다. 봉건적 주종 관계에도, 전통적 혼인 서약에도, 사랑 시인들이 부른 섬김의 노래에도 새겨져 있었다. 헤게모니와 섹스 사이의 연관은 이처럼 깊이 뿌리를 내려서, 아메리카 대륙을 정복한 유럽인들은 대륙을 '그녀'로, 자발적인 쾌락주의자로 상정했다.《위험한 관계》의 등장인물들은 사랑을 무기처럼 휘둘러 다른 이들을 조종하려 했다. 그런가 하면 광고주들이 "당신은 우리 시리얼과 사랑에 빠질 겁니다"라고 주장할 때, 그 단어는 거의 힘을 잃고 만다.

거의일 뿐, 완전히는 아니다. 열정을 표현하는 단어들은 늘 일상화되고 유용된다 해도, 동시에 진실될 수 있기 때문이다. 아니면 교활하면서 동시에 진실될 수도 있다. 이따금 자신이 무얼 추구하는지 연인 스스로도 잘 모를 수도 있다. 발몽이 뒤늦게 깨달았듯, 사랑은 등을 돌려 제 주인을 물어뜯을 수도 있다. 심지어 주인은 자신이 갑옷을 입고 있다고 생각하더라도 말이다.

오늘날 우리는 서구의 서사 전체를 넘어 아프리카, 아시아, 남아시아, 아메리카 원주민 집단들로부터 온 사랑의 전통들을 물려받았다. 하지만 사람들은 어느 한 판타지를 고수하면서 쉽사리 그것이 자신의 삶을 지배하게 만들곤 한다. 엘로이즈는 서로의 생각이 서로의 거울상처럼 동일한 연인들끼리 사랑을 자유롭게 주고받는 서사에 갇혔다. 단테는 어린 시절 베아트리체에게서 초월의 근원을 발견하곤 언제까지고 거기 매달렸다. 마조리 한센 셰비츠의 남편은 바깥 활동으로 바쁜 아내를 보면서 아내에게는 남편을 보살필 의무가 있다고 주장했다. 일찍이 남편을 잃은 베스 고닉은 남은 평생 남편의 추억에만 집착하고 거기서 벗어나지 못했다. 괴테는 파우스트가 마르가레테를 사랑함으로써(그리고 버림으로써) 구원 받았다고 상상했으니, "영원한 여성성"을 갈구하는 것이 남자의 본성이기 때문이다.

하지만 끊임없이 여자들 뒤꽁무니를 쫓았던 카사노바는 테레사와 결혼하기 위해 그 사랑의 서사를 기꺼이 내팽개쳤다. 두 사람의 결혼은 기독교 서약에서 이르는 평생 가는 사랑으로 결실을 맺지 못했다 해도, 적어도 카사노바는 거기에 개방적이었다. 사랑의 판타지는 오랜 기간에 걸쳐 방향을 바꾸고 재구상되고 전용됐다. 여기에는 해방의 가능성이 존재한다. 역사에는 두 가지 주된 쓰임새가 있다. 하나는 과거의 세상이 어땠는지를 보여주는 것이고 하나는 시간이 흐르면서 세상이 어떻게 변했는지를 보여주는 것이다. 이는 거리감과 시각을 제공한다. 이질적인 판타지들이 뒤엉켜 만들어낸 결과물인 사랑의 역사도 다르지 않다. 우리는 사랑을 떠받치는 모범과 이상, 희망과 상상력을 제대로 이해해야 한다. 그들의 변화와 현현을 제대로 파악하고 평할 수 있어야 한다. "사랑이란 뭘까?" 철학자 사이먼 메이는 자신의 저서 첫머리에서 이렇게 묻는다. 나는 그 대신 이렇게 묻겠다. "사랑이란 무엇이었을까?" 오늘날 사람들이 가진 판타지는 태초부터 존재했던 것처럼 보인다. 원래 그런 것, "자연스러운" 것처럼 보인다. 하지만 사랑의 역사를 살펴보면 그것이 가장 큰 오해를 초래하는 판타지임이 입증된다. "당신 사랑은 나를 계속해서 끌어올리네"라는 재키 윌슨의 노랫말은 한때 변화와 필멸성을 초월하고자 했던 한 철학자의 시도, 하나님에게로 올라가려던 중세 기독교도의 욕망, 피렌체 거리에서 시인이 한 여자아이의 모습에서 발견한 구원의 또 다른 변종처럼 들린다. 이는 아름다운 개념이지만, 충족되지 않는, 충족이 불가능한 기대를 설정한다면 폐기될 수 있다. 너무 큰 실망을 겪은 사람들은 앵거스와 그린버그가 내세운 것 같은, 각자의 개인적 경험을 바탕으로 각자가 매달리는 서사를 바꾸는 치료법에 의지하려 할 수도 있을 것이다.[2] 내 생각이지만, 우리는 사랑의 역사를 바로 앎으로써 영원히 진리로 못 박힌 듯 보이는 서사들로부터 스스로를 해방시킬 수 있을지도 모른다. 그리고 그런 이야기들이 유용하지 못하다면 새로운 서사를 찾아내거나 만들어낼 수도 있을 것이다.

내가 역사가가 된 데는 프로이트 이론의 한계에 저항하려는 목적도 어느 정도 있었다. 프로이트 이론은 (오이디푸스 콤플렉스 같은) 보편 요소들과 (아동기 판타지에서 억압된) 개인 신경

증의 상호작용에 관해서는 그토록 많은 것을 만들어냈지만 어떤 한 시대의 성향이나 상황이 우리에게 미치는 영향에 관해서는 아무것도 내놓지 못했다. 하지만 내가 이 책을 위해 연구하고 쓰면서 배웠듯, 역사 자체가 판타지를 제공한다. 판타지는 그것의 유의미성과 거기 담긴 경험들이 그렇듯 시간이 지남에 따라 변화를 겪는다. 그럼에도, 그 모든 것에도 불구하고, 판타지는 계속해서 우리를 끌어들이는 빛을 발한다. 판타지의 맥락과 변화무쌍한 궤적을 제대로 파악한다면, 우리는 그것의 독재로부터 해방되는 데 필요한 균형 잡힌 시각을 가질 수 있을 것이다.

참고문헌

Abelard and Heloise, *The Letters and Other Writings*, trans. William Levitan. Indianapolis, 2007.

Aelred of Rievaulx, *A Rule of Life for a Recluse*, trans. Mary Paul Macpherson, in *Treatises and The Pastoral Prayer* trans. Mary Paul Macpherson. Spencer, MA, 1971.

______, *Spiritual Friendship*, trans. Lawrence C. Braceland. Collegeville, MN, 2010.

Ambrose, Issac, *The Well-Ordered Family*. Boston, 1762.

Andreas Capellanus, *The Art of Courtly Love*, trans. John Jay Parry. New York, 1960.

Angus, L. E., and L. S. Greenberg, *Working with Narrative in Emotion-Focused Therapy: Changing Stories, Healing Lives*, Washington, DC, 2011.

Anonymous, *The Art of Courtship; or The School of Love*. London, ?1750.

Aretino, Pietro, *Dialogues*, trans. Raymond Rosenthal. Toronto, 2005.

______, *Epistolario aretiniano*, bks 1-2, ed. F. Erspamer. Milan, 1995.

______, "I modi," trans. Paula Findlen, "Humanism, Politics and Pornography in Renaissance Italy," in *The Invention of Pornography: Obscenity and the Origins of Modernity, 1500 – 1800*, ed. Lynn Hunt. New York, 1996.

Aristotle, *The Complete Works of Aristotle*, ed. Jonathan Barnes. Princeton, NJ, 2014.

______, *Nicomachean Ethics*, trans. Terence Irwin. 2nd edn, Indianapolis, 1999.

Augustine, *The Confessions of St. Augustine*, trans. Rex Warner. New York, 1963.

______, *Letters*, Vol. 2, trans. Wilfrid Parsons. Washington, DC, 1953.

______, *On the Trinity, Books 8–15*, ed. Gareth B. Matthews, trans. Stephen McKenna. Cambridge, 2002.

Baird, Ileana, ed., *Social Networks in the Long Eighteenth Century: Clubs, Literary Salons, Textual Coteries*. Newcastle upon Tyne, 2014.

Bauman, Zygmunt, *Liquid Love: On the Frailty of Human Bonds*. Cambridge, 2003.

Baxter, Richard, *A Christian Directory*, vol. 3. London, 1825.

Bernard of Clairvaux, *On the Song of Songs*, trans. Kilian Walsh, vols. 1 and 2. Kalamazoo, MI, 1971, 1976.

Bernart de Ventadorn, "It is no wonder if I sing" (Non es meravelha s'eu chan), in *Troubadour Poems from the South of France*, trans. William D. Paden and Frances Freeman Paden. Cambridge, 2007.

Béroul, *The Romance of Tristran*, ed. and trans. Norris J. Lacy. New York, 1989.

Bone, Drummond, ed., *The Cambridge Companion to Byron*. Cambridge, 2004.

Botton, Alain de, "Why You Will Marry the Wrong Person," *New York Times*, May 28, 2016, https://nyti.ms/2NopgCs.

Bourke, Joanna, *Fear: A Cultural History*. Emeryville, CA, 2005.

Bray, Alan, *The Friend*. Chicago, 2003.

Bruckner, Pascal, *Has Marriage for Love Failed?* trans. Steven Rendall and Lisa Neal. Cambridge, 2013.

Byron, [George Gordon], Don Juan, in *Lord Byron: The Major Works*, ed. Jerome J. McGann. Oxford, 1986.

Casanova, Giacomo, *History of My Life*, trans. William R. Trask, abridged Peter Washington. New York, 2007.

Castiglione, Baldesar, *The Book of the Courtier*, trans. Charles S. Singleton. Garden City, NY, 1959.

Catullus, *The Complete Poetry of Catullus*, trans. David Mulroy. Madison,

2002.

Chagall, Bella, *First Encounter*, trans. Barbara Bray. New York, 1983.

Chaucer, Geoffrey, *The Parliament of Fowls*, in *The Riverside Chaucer*, ed. Larry D. Benson. 3rd edn, Boston, 1987.

Chrétien de Troyes, *Erec and Enide*, trans. Dorothy Gilbert. Berkeley, 1992.

______, *Lancelot or, The Knight of the Cart*, ed. and trans. William Kibler. New York, 1984.

Christine de Pizan, *The Book of the City of Ladies*, trans. Earl Jeffrey Richards. Rev. edn, New York, 1998.

Cicero, *Laelius on Friendship*, in *De senectute, de amicitia, de divinatione*, trans. William Armistead Falconer. Cambridge, 1923.

______, *Letters to Atticus*, ed. and trans. D. R. Shackleton Bailey, vol 1: 68–59 BC. Cambridge, 1965.

______, *Selected Letters*, trans. P. G. Walsh. Oxford, 2008.

Cleland, John, *Memoirs of a Woman of Pleasure*, ed. Peter Sabor. Oxford, 1985.

Comtessa de Dia, "I have been in heavy grief" (Estat ai en greu cossirier), in *Troubadour Poems from the South of France*, trans. William D. Paden and Frances Freeman Paden. Cambridge, 2007.

______, "I'll sing of him since I am his love" (A chantar m'er de so qu'eu non volria), in *Troubadour Poems from the South of France*, trans. William D. Paden and Frances Freeman Paden. Cambridge, 2007.

Coontz, Stephanie, *Marriage, a History: How Love Conquered Marriage*. New York, 2005.

Cotti, Patricia, "Freud and the Sexual Drive before 1905: From Hesitation to Adoption," *History of the Human Sciences* 21/3 (2008): 26–44.

Counter, Andrew J., *The Amorous Restoration: Love, Sex, and Politics in Early Nineteenth-Century France*. Oxford, 2016.

Dante Alighieri, *The Divine Comedy*, trans. Charles S. Singleton, 3 vols. Princeton, NJ, 1970–5.

______, *Vita nuova*, trans. Dino S. Cervigni and Edward Vasta. Notre Dame, IN, 1995.

D'Ezio, Marianna, "Isabella Teotochi Albrizzi's Venetian Salon: A Transcultural and Transnational Example of Sociability and Cosmopolitanism in Late Eighteenth- and Early Nineteenth-Century Europe," in *Social Networks in the Long Eighteenth Century: Clubs, Literary Salons, Textual Coteries*, ed. Ileana Baird. Newcastle upon Tyne, 2014.

Dhuoda, *Handbook for William: A Carolingian Woman's Counsel for her Son*, trans. Carol Neel. Washington, DC, 1991.

Didion, Joan, "The White Album," in *We Tell Ourselves Stories in Order to Live: Collected Nonfiction*. New York, 2006.

Donne, John, "To His Mistress Going to Bed" [1654], Poetry Foundation, bit.ly/3396BAm.

Douglass, Paul, "Byron's Life and His Biographers," in Drummond Bone, ed., *The Cambridge Companion to Byron*. Cambridge, 2004.

Dunatchik, Allison, Kathleen Gerson, Jennifer Glass, Jerry A. Jacobs, and Haley Stritzel, "Gender, Parenting, and the Rise of Remote Work during the Pandemic: Implications for Domestic Inequality in the United States," *Gender and Society* 20/10 (2021): 1–12

Duncan, Anne, "The Roman Mimae: Female Performers in Ancient Rome," in Jan Sewell and Clare Smout, eds, *The Palgrave Handbook of the History of Women on Stage*. Cham, 2020.

Elliott [Belson], Mary, *My Father: A Poem Illustrated with Engravings*. Philadelphia, 1817.

Eustace, Nicole, *Passion Is the Gale: Emotion, Power, and the Coming of the American Revolution*. Chapel Hill, NC, 2008.

Ferrante, Elena, *My Brilliant Friend*, trans. Ann Goldstein. New York, 2012.

Findlen, Paula, "Humanism, Politics and Pornography in Renaissance Italy," in *The Invention of Pornography: Obscenity and the Origins of Modernity, 1500–1800*, ed. Lynn Hunt. New York, 1996.

Fisher, Helen E., Xiaomeng Xu, Arthur Aron, and Lucy L. Brown, "Intense, Passionate, Romantic Love: A Natural Addiction? How the Fields That Investigate Romance and Substance Abuse Can Inform Each Other,"

Frontiers in Psychology, May 10, 2016, doi: 10.3389/fpsyg.2016.00687.

Flaubert, Gustave, *Madame Bovary*, trans. Lowell Bair. New York, 1972.

______, *Sentimental Education*, trans. Robert Baldick, rev. Geoffrey Wall. London, 2004.

Folk, Kate, "Out There," *New Yorker*, March 23, 2020.

Frankfurt, Harry G., *The Reasons of Love*. Princeton, NJ, 2006.

Freeman, Kathleen, *The Murder of Herodes and Other Trials from the Athenian Law Courts*. Indianapolis, 1994.

Freud, Sigmund, *Observations on Transference-Love (Further Recommendations on the Technique of Psycho-analysis III)*, in *On Freud's "Observations on Transference-Love*," ed. Ethel Spector Person, Aiban Hagelin, and Peter Fonagy. London, 2013.

______, *Totem and Taboo: Resemblances between the Psychic Lives of Savages and Neurotics*, trans. A. A. Brill. New York, 1918.

______, *"Wild" Psycho-Analysis*. 1910, bit.ly/3iKCFyV. Gabb, Jacqui, and Janet Fink, *Couple Relationships in the 21st Century*. Basingstoke, 2015.

Galen, *Commentary on Epidemics 6*, trans. Uwe Vagelpohl in *Corpus Medicorum Graecorum, Supplementum Orientale*, vol. V 3: *Galeni in Hippocratis Epidemiarum librum VI commentariorum I–VIII versio Arabica*. Berlin, forthcoming.

Gálvez-Muñoz, Lina, Paula Rodríguez-Modroño, and Mónica Domínguez-Serrano, "Work and Time Use by Gender: A New Clustering of European Welfare Systems," *Feminist Economics* 17/4 (2011): 125–57.

Giacomo da Lentini, "Just like the butterfly, which has such a nature" (Sì como 'l parpaglion ch'ha tal natura), in *The Poetry of the Sicilian School*, ed. and trans. Frede Jensen. New York, 1986.

______, "My lady, I wish to tell you" (Madonna, dir vo voglio), in *The Poetry of the Sicilian School*, ed. and trans. Frede Jensen. New York, 1986.

Gibbs, Marion E., and Sidney M. Johnson, eds, *Medieval German Literature*. New York, 1997.

Giddens, Anthony, *The Transformation of Intimacy: Sexuality, Love and Eroti-*

cism in Modern Societies. Stanford, CA, 1992.

Glyn, Elinor, *The Philosophy of Love*. Auburn, NY, 1923.

Goethe, Johann Wolfgang von, *Faust: A Tragedy in Two parts with the Walpurgis Night and the Urfaust*, trans. John R. Williams. Ware, 2007.

______, *The Sorrows of Young Werther*, ed. David Constantine. Oxford, 2012.

Goldin, Frederick, ed. and trans., *German and Italian Lyrics of the Middle Ages: An Anthology and a History*. Garden City, NY, 1973.

The Good Wife's Guide: Le Ménagier de Paris, A Medieval Household Book, trans. Gina L. Greco and Christine M. Rose. Ithaca, NY, 2009.

Gornick, Vivian, *Fierce Attachments: A Memoir*. New York, 1987.

Goscelin of St Bertin, *The Book of Encouragement and Consolation [Liber confortatorius]*, trans. Monika Otter. Cambridge, 2004.

Gottfried von Strassburg, *Tristan*, trans. A. T. Hatto. Harmondsworth, 2004.

Gowing, Laura, Michael Hunter, and Miri Rubin, eds, *Love, Friendship and Faith in Europe, 1300 – 1800*. Basingstoke, 2005.

Gregory the Great, *Moralia in Job*, ed. Marcus Adriaen, in *Corpus Christianorum*. Series Latina. Vol. 143B. Turnhout, 1985.

Guinizelli, Guido, "Love seeks its dwelling always in the noble heart" (Al cor gentil rempaira sempre amore), in Frederick Goldin, ed. and trans., *German and Italian Lyrics of the Middle Ages: An Anthology and a History*. Garden City, NY, 1973.

Hale, Rosemary Drage, "Joseph as Mother: Adaptation and Appropriation in the Construction of Male Virtue," in *Medieval Mothering*, ed. John Carmi Parsons and Bonnie Wheeler. New York, 1996.

Hartley, Gemma, *Fed Up: Emotional Labor, Women, and the Way Forward*. New York, 2018.

Hartmann von Aue, *The Complete Works of Hartmann von Aue*, trans. Frank Tobin, Kim Vivian, and Richard H. Lawson. University Park, PA, 2001.

Heffernan, Thomas J., ed. and trans., *The Passion of Perpetua and Felicity*. Oxford, 2012.

Hesiod, *Theogony and Works and Days*, trans. Catherine M. Schlegel and Henry

Weinfield. Ann Arbor, MI, 2006.

Hochschild, Arlie Russell, *The Managed Heart: Commercialization of Human Feeling*. Berkeley, CA, 1983.

______, *Strangers in Their Own Land: Anger and Mourning on the American Right*. New York, 2016.

______, with Anne Machung, *The Second Shift: Working Families and the Revolution at Home*. New edn, New York, 2012.

Homer, *The Odyssey*, trans. Peter Green. Oakland, CA, 2018.

Hugh of Saint Victor, *On the Sacraments of the Christian Faith (De sacramentis)*, trans. Roy J. Deferrari. Cambridge, 1951.

Hume, David, *A Treatise of Human Nature*, ed. David Fate Norton and Mary J. Norton. Oxford, 2001.

Hunt, Lynn, ed., *The Invention of Pornography: Obscenity and the Origins of Modernity, 1500 – 1800*. New York, 1996.

Iacoboni, Marco, "The Human Mirror System and its Role in Imitation and Empathy," in *The Primate Mind: Built to Connect with Other Minds*, ed. Pier Francesco Ferrari et al. Cambridge, 2012.

Jääskeläinen, Iiro P., Vasily Klucharev, Ksenia Panidi, and Anna N. Shestakova, "Neural Processing of Narratives: From Individual Processing to Viral Propagation," *Frontiers in Human Neuroscience* 14 (2020), doi: 10.3389/fnhum.2020.00253.

Jacob, Margaret C., "The Materialist World of Pornography," in Lynn Hunt, ed., *The Invention of Pornography: Obscenity and the Origins of Modernity, 1500 – 1800*. New York, 1996.

Jaeger, C. Stephen, *Ennobling Love: In Search of a Lost Sensibility*. Philadelphia, 1999.

Karant-Nunn, Susan, and Merry Wiesner-Hanks, ed. and trans., *Luther on Women: A Sourcebook*. Cambridge, 2003.

Kaufmann, Jean-Claude, *The Curious History of Love*, trans. David Macey. Cambridge, 2011.

Kipnis, Laura, *Against Love: A Polemic*. New York, 2003.

Krafft-Ebing, Richard von, *Psychopathia sexualis*, trans. Franklin S. Klaf. New York, 2011.

Kramer, Larry, *Faggots*. New York, 1978.

Kurdek, Lawrence A., "The Allocation of Household Labor by Partners in Gay and Lesbian Couples," *Journal of Family Issues* 28 (2007): 132–48.

La Boétie, Étienne de, *Discourse on Voluntary Servitude*, in Montaigne, *Selected Essays*, trans. James B. Atkinson and David Sices. Indianapolis, 2012.

______, *Poemata*, ed. James S. Hirstein, trans. Robert D. Cottrell, in *Montaigne Studies* no. 3 (1991): 15–47. Laclos, Choderlos de, *Dangerous Liaisons*, trans. Helen Constantine. London, 2007.

Locke, John, ^*An Essay Concerning Human Understanding*, in *The Clarendon Edition of the Works of John Locke*, ed. Peter H. Nidditch. Oxford, 1975.

Love, Heather A., David P. Nalbone, Lorna L. Hecker, Kathryn A. Sweeney, and Prerana Dharnidharka, "Suicidal Risk Following the Termination of Romantic Relationships," *Crisis* 39/3 (2018): 166–74.

Lucretius, *On the Nature of Things*, trans. Martin Ferguson Smith. Indianapolis, 2001.

Lystra, Karen, *Searching the Heart: Women, Men, and Romantic Love in Nineteenth-Century America*. New York, 1989.

Maria de Ventadorn and Gui d'Ussel, "Gui d'Ussel, I am concerned" (Gui d'ussel, be.m pesa de vos), in *Troubadour Poems from the South of France*, trans. William D. Paden and Frances Freeman Paden. Cambridge, 2007.

May, Simon, *Love: A History*. New Haven, CT, 2011.

______, *Love: A New Understanding of an Ancient Emotion*. Oxford, 2019.

McCallum, Jamie K., *Worked Over: How Round-the-Clock Work is Killing the American Dream*. New York, 2020.

McMahon, Darrin M., *Happiness: A History*. New York, 2006.

Millot, Michel (?), *The School of Venus: The Ladies Delight, Reduced into Rules of Practice*, trans. Anonymous, 1680.

Missale ad usum ⋯ Sarum, ed. Francis H. Dickinson. Burntisland, 1861–83.

Molière, *Don Juan* , trans. Brett B. Bodemer, 2010. digitalcommons.calpoly.edu/lib_fac/54/.

Montaigne, Michel de, *The Complete Works*, trans. Donald M. Frame. New York, 2003.

______, *Les essais* [1595 edn], ed. Denis Bjaï, Bénédicte Boudou, Jean Céard, and Isabelle Pantin. Paris, 2001.

______, *Selected Essays with La Boétie's Discourse on Voluntary Servitude*, trans. James B. Atkinson and David Sices. Indianapolis, 2012.

Mozart, Wolfgang Amadeus, and Lorenzo Da Ponte, *Don Giovanni*, trans. William Murray. 1961, bit.ly/3jBZe9X.

Newman, Barbara, ed. and trans., *Making Love in the Twelfth Century: "Letters of Two Lovers" in Context*. Philadelphia, 2016.

Origen, *The Song of Songs: Commentary and Homilies*, trans. R. P. Lawson. Westminster, MD, 1957.

Ovid, *The Art of Love*, trans. James Michie. New York, 2002.

______, *Love Poems*, in *Love Poems, Letters, and Remedies of Ovid*, trans. David R. Slavitt. Cambridge, 2011.

Paden, William D., *Love and Marriage in the Time of the Troubadours*. forthcoming.

Paston Letters and Papers of the Fifteenth Century, Pt I, ed. Norman David. Oxford, 2004.

Person, Ethel Spector, Aiban Hagelin and Peter Fonagy, eds, *On Freud's "Observations on Transference-Love."* London, 2013.

Petrarch [Francesco Petrarca], *Petrarch's Lyric Poems: The* Rime sparse *and Other Lyrics*, ed. and trans. Robert M. Durling. Cambridge, 1976.

Plato, *Laws*, trans. Trevor J. Saunders, in *Plato: Complete Works*, ed. John M. Cooper. Indianapolis, 1997.

______, *Symposium*, trans. Alexander Nehamas and Paul Woodruff. Indianapolis, 1989.

Plutarch, *Advice to the Bride and Groom* and *A Consolation to His Wife*, ed. and trans. Sarah B. Pomeroy. New York, 1999.

The Poetry of the Sicilian School, ed. and trans. Frede Jensen. New York, 1986.

Porete, Marguerite, *The Mirror of Simple Souls*, trans. Ellen L. Babinsky. New York, 1993.

Proulx, Annie, *Brokeback Mountain*. New York, 1997.

Ralegh [Raleigh], Walter, *The Discovery of the Large, Rich and Beautiful Empire of Guiana* [1596]. London, 1848.

Reeder, Ellen D., *Pandora: Women in Classical Greece*. Princeton, NJ, 1995.

Richardson, Samuel, *Pamela, or Virtue Rewarded*. New York, 1958.

Roberd of Brunnè [Robert Mannyng], *Handlyng Synne with the French Treatise on Which it is Founded, Le Manuel des Pechiez*, ed. Frederick J. Furnivall. London, 1862.

Robertson, [Hannah], *The Life of Mrs. Robertson …A Tale of Truth as Well as of Sorrow*. Edinburgh, 1792.

Rose, Kate, *You Only Fall in Love Three Times: The Secret Search for Our Twin Flame*. New York, 2020.

Rosenwein, Barbara H., *Anger: The Conflicted History of an Emotion*. London, 2020.

______, ed., *Anger's Past: The Social Uses of an Emotion in the Middle Ages*. Ithaca, NY, 1998.

______, *Emotional Communities in the Early Middle Ages*. Ithaca, NY, 2006.

______, *Generations of Feeling: A History of Emotions, 600–1700*. Cambridge, 2016.

Rostowski, Jan, "Selected Aspects of the Neuropsychology of Love," *Acta Neuropsychologica* 7/4 (2009): 225–48.

Rotundo, E. Anthony, "Romantic Friendship: Male Intimacy and Middle-Class Youth in the Northern United States, 1800–1900," *Journal of Social History* 23 (1989): 1–25.

Rufus, Musonius, "What is the Chief End of Marriage?," in *Musonius Rufus: "The Roman Socrates,"* ed. and trans. Cora E. Lutz. New Haven, CT, 1947.

Ryan, Rebecca M., "The Sex Right: A Legal History of the Marital Rape Exemption," *Law and Social Inquiry* 20 (1995): 941–1001.

Sade, Marquis de, *Philosophy in the Bedroom*, in *The Complete Marquis de Sade*, trans. Paul J. Gillette, vol. 1. Los Angeles, 1966.

______, *The Marquis de Sade: The Crimes of Love: Heroic and Tragic Tales, Preceded by an Essay on Novels*, trans. David Coward. Oxford, 2005.

Schaefer, David Lewis, ed., *Freedom over Servitude: Montaigne, La Boétie, and* On Voluntary Servitude. Westport, CT, 1998.

Segal, Erich, *Love Story*. New York, 1970.

Seymour, Mark, *Emotional Arenas: Life, Love, and Death in 1870s Italy*. Oxford, 2020.

Shelley, Mary Wollstonecraft, *Frankenstein*. 1831, globalgreyebooks.com.

Smith-Rosenberg, Carroll, "The Female World of Love and Ritual: Relations between Women in Nineteenth-Century America," *Signs* 1 (1975): 1–29.

Stehling, Thomas, *Medieval Latin Poems of Male Love and Friendship*. New York, 1984.

Stendhal, *The Life of Henry Brulard*, trans. John Sturrock. New York, 1995.

______, *Love*, trans. Gilbert Sale and Suzanne Sale. London, 2004.

______, *The Red and the Black*, ed. Susanna Lee, trans. Robert M. Adams. New York, 2008.

Stopes, Marie Carmichael, *Married Love: A New Contribution to the Solution of Sex Difficulties*. London, 1919.

Taylor, Ann, "My Mother," in Doris Mary Armitage, *The Taylors of Ongar*. Cambridge, 1939, bit.ly/36ySdTR.

Thucydides, *History of the Peloponnesian War*, trans. Rex Warner. London, 1972.

Tirso de Molina, "The Trickster of Seville and His Guest of Stone," trans. Roy Campbell, in *Life is a Dream and Other Spanish Classics*, ed. Eric Bentley. New York, 1985.

Titone, Fabrizio, ed., *Disciplined Dissent: Strategies of Non-Confrontational Protest in Europe from the Twelfth to the Early Sixteenth Century*. Rome, 2016.

Treggiari, Susan, *Roman Marriage:* Iusti Coniuges *from the Time of Cicero to the Time of Ulpian*. Oxford, 1991.

______, "Women in Roman Society," in Diana E. E. Kleiner and Susan B. Matheson, eds, *I Claudia: Women in Ancient Rome*. New Haven, CT, 1996.

Tribolet (?), "Us fotaires qe no fo amoros" (A fucker who was not in love), in *Troubadour Poems from the South of France*, trans. William D. Paden and Frances Freeman Paden. Cambridge, 2007.

Troubadour Poems from the South of France, trans. William D. Paden and Frances Freeman Paden. Cambridge, 2007.

Venarde, Bruce L., ed. and trans., *The Rule of Saint Benedict*. Cambridge, 2011.

Vergil, *The Aeneid*, trans. Shadi Bartsch. New York, 2021.

Waddington, Raymond B., *Aretino's Satyr: Sexuality, Satire, and Self-Projection in Sixteenth-Century Literature and Art*. Toronto, 2004.

Walther von der Vogelweide, "Can anyone tell me what love is?" (Saget mir ieman, waz ist minne?), in Marion E. Gibbs and Sidney M. Johnson, eds, *Medieval German Literature*. New York, 1997.

Williams, Craig A., *Roman Homosexuality*. 2nd edn, Oxford, 2010.

Williamson, Adrian, "The Law and Politics of Marital Rape in England, 1945–1994," *Women's History Review* 26 (2017): 382–413.

Winock, Michel, *Flaubert*, trans. Nicholas Elliott. Cambridge, 2016.

Wright, Thomas, ed., *Autobiography of Thomas Wright, of Birkenshaw, in the county of York, 1736–1797*. London, 1864.

Xenophon, *Oeconomicus: A Social and Historical Commentary*, trans. Sarah B. Pomeroy. Oxford, 1994.

Zucchino, David, and Fatima Faizi, "After Losing His Legs to a Bomb, Afghan Veteran Is on a New Journey," New York Times, January 26, 2020, nyti.ms/3okgbsv.

주

머리말

1 Barbara H. Rosenwein, ed., Anger's Past: *The Social Uses of an Emotion in the Middle Ages* (Ithaca, NY, 1998).

2 Jonna Bourke, *Fear: A Cultural History(Emeryville, CA, 2005)*; Darrin M. McMahon, *Happiness: A History* (New York, 2006); Barbara H. Rosenwein, *Emotional Communities in the Early Middle Ages* (Ithaca, NY, 2006).

3 Barbara H. Rosenwein, *Generations of Feeling: A History of Emotions, 600-1700* (Cambridge, 2016).

4 Barbara H. Rosenwein, *Anger: The Conflicted History of an Emotion* (London, 2020).

5 Arlie Russell Hochschild, *Stranger in Their Own Land: Anger and Mourning on the American Right* (New York, 2016), pp. 6, 135.

6 L. E. Angus and L. S. Greenberg, *Working with Narrative in Emotion-Focused Therapy: Changing Stories, Healing Lives* (Washington, DC, 2011); Iiro and P. Jääskeläinen, Vasily Klucharev, Ksenia Panidi, and Anna N. Shestakova, "Neural Processing of Narratives: From Individual Processing to Viral Propagation," *Frontiers in Human Neuroscience* 14(2020), doi: 10.3389/fnhum.2020.00253; Joan Didion, "The White Album," in *We Tell Ourselves Stories in Order to Live: Collected Nonfiction* (New York, 2006), p. 185.

7 Maddie Dai, cartoon, *The New Yorker* (December 16, 2019), p. 37.

8 Simon May, *Love: A History*(New Haven, CT, 2011), p. 2.

1장

1 *Enlightened*, season 1, episode 6, at bit.ly/3kxjA4x.

2 Homer, *The Odyssey*, trans. Peter Green(Oakland, CA, 2018); 모든 인용은 책과 행을 기준으로 표기했음.

3 Ellen D. Reeder, *Pandora: Women in Classical Greece*(Princeton, NJ, 1995), p. 23.

4 Plato, *Laws* 8.836a–837d, trans. Trevor J. Saunders, in *Plato: Complete Works*, ed. John M. Cooper(Indianapolis, 1997), pp. 1498–9.

5 Plato, *Symposium*, trans. Alexander Nehamas and Paul Woodruff(Indianapolis, 1989), 섹션 번호로 인용.

6 Aristotle, *Nicomachean Ethics*, trans. Terence Irwin(2nd edn, Indianapolis, 1999), 섹션 번호로 인용.

7 Cicero, *Laelius on Friendship*, in Cicero, *De senectute, de amicitia, de divinatione*, trans. William Armistead Falconer(Cambridge, 1923), 챕터와 섹션 번호로 인용.

8 Craig A. Williams, *Roman Homosexuality*(2nd edn, Oxford, 2010)

9 Cicero, *Letters to Atticus*, ed. and trans. D. R. Shackleton Bailey, vol 1: 68–59 BC(Cambridge, 1965), no. 18, pp. 171–3.

10 Augustine, *The Confessions of St. Augustine*, trans. Rex Warner(New York, 1963), 권 번호와 섹션 번호로 인용.

11 Augustine, *On the Trinity, Books 8–15*, ed. Gareth B. Matthews, trans. Stephen McKenna(Cambridge, 2002), 권 번호와 섹션 번호로 인용.

12 Augustine, Letter 93 in *Letters*, Vol. 2(83–130), trans. Wilfrid Parsons(Washington, DC, 1953), p. 60.

13 Hildesheim letter collection, Letter 36(c. 1073–85), C. Stephen Jaeger, *Ennobling Love: In Search of a Lost Sensibility*(Philadelphia, 1999)에 인용, pp. 218–19.

14 Goscelin of St. Bertin, *The Book of Encouragement and Consolation [Liber confortatorius]*, trans. Monika Otter(Cambridge, 2004), pp. 19, 21.

15 Aelred of Rievaulx, *Spiritual Friendship*, trans. Lawrence C. Braceland(Collegeville, MN, 2010), 권 번호와 섹션 번호로 인용.

16 모음집 1권: Abelard and Heloise, *The Letters and Other Writings*, trans. William Levitan(Indianapolis, 2007), 레비탄의 쪽수로 인용; 모음집 2권, 익명이지만 아벨라르와 엘로이즈가 저자임이 분명하다: *Making Love in the Twelfth Century: "Letters of Two Lovers" in Context*, ed. and trans. Barbara Newman(Philadelphia, 2016), 뉴먼의 쪽수로 인용.

17 Michel de Montaigne, "Friendship," in *Selected Essays with La Boétie's Discourse on Voluntary Servitude*, trans. James B. Atkinson and David Sices(Indianapolis, 2012), pp. 74, 80, 81.

18 Michel de Montaigne, "Of Diversion," Essay 3.4 in *The Complete Works*, trans. Donald M. Frame(New York, 2003), p. 769.

19 Montaigne, "Friendship," p. 74.

20 David Lewis Schaefer, ed. *Freedom over Servitude: Montaigne, La Boétie, and* On Voluntary Servitude(Westport, CT, 1998).

21 Étienne de La Boétie, *Poemata*, ed. James S. Hirstein, trans. Robert D. Cottrell, *Montaigne Studies* no. 3 (1991): 15 –47, at p. 27.

22 La Boétie, *Discourse on Voluntary Servitude*, in Montaigne, *Selected Essays*, pp. 286, 289.

23 Appendix II: The Twenty-Nine Sonnets, trans. Randolph Paul Runyon, in *Freedom over Servitude*, pp. 224 –35.

24 Montaigne, "Friendship," p. 77.

25 Montaigne, "Being Presumptuous," in *Selected Essays*, p. 175.

26 Montaigne, *Les essais* [1595 edn], ed. Denis Bjaï, Bénédicte Boudou, Jean Céard, and Isabelle Pantin (Paris, 2001), pp. 25, 31, 43, 48.

27 Montaigne, "Friendship," p. 79.

28 David Hume, *A Treatise of Human Nature*, ed. David Fate Norton and Mary J. Norton (Oxford, 2001), 권, 챕터, 섹션 그리고 문단 번호로 인용.

29 Marco Iacoboni, "The Human Mirror System and its Role in Imitation and Empathy," in *The Primate Mind: Built to Connect with Other Minds*, ed. Pier Francesco Ferrari et al. (Cambridge, 2012), p. 42.

30 Jan Rostowski, "Selected Aspects of the Neuropsychology of Love," *Acta Neuropsychologica* 7/4 (2009): 240.

31 Alan Bray, *The Friend* (Chicago, 2003), p. 1.

32 Quoted in E. Anthony Rotundo, "Romantic Friendship: Male Intimacy and Middle-Class Youth in the Northern United States, 1800 – 1900," *Journal of Social History* 23/1 (1989): 1 – 25.

33 Laura Gowing, Michael Hunter, and Miri Rubin, eds, *Love, Friendship and Faith in Europe, 1300 – 1800* (Basingstoke, 2005), p. 3.

34 Annie Proulx, *Brokeback Mountain* (New York, 1997), pp. 12, 15, 53.

35 Rotundo, "Romantic Friendship," p. 15.

36 Carroll Smith-Rosenberg, "The Female World of Love and Ritual: Relations between Women in Nineteenth-Century America," Signs 1/1 (1975): 1 – 29, at p. 4.

37 Elena Ferrante, *My Brilliant Friend*, trans. Ann Goldstein (New York, 2012), pp. 1, 18.

38 David Zucchino and Fatima Faizi, "After Losing His Legs to a Bomb, Afghan Veteran Is on a New Journey," *New York Times* (January 26, 2020), at nyti.ms/3okgbsv.

39 Kate Rose, *You Only Fall in Love Three Times: The Secret Search for Our Twin Flame* (New York, 2020), p. 140.

2장

1 Jackie Wilson, "(Your Love Keeps Lifting Me) Higher and …". Lyrics by Raynard Miner, Billy Davis, and Gary Jackson, 1967 © Sony/ATV Music Publishing LLC, Warner Chappell Music, Inc., at bit.ly/31dL1c3. 유튜브 영상 링크 bit.ly/36wVNdq. 배경지식은 다음의 위키피디아 항목을 참고 bit.ly/31PYJ4S.

2 Bella Chagall, *First Encounter*, trans. Barbara Bray (New York, 1983), p. 228.

3 Plato, *Symposium*, trans. Alexander Nehamas and Paul Woodruff (Indianapolis, 1989), cited by section number.

4 Lucretius, *De rerum natura*, 3.894 – 6, in *Lucretius: On the Nature of Things*, trans. Martin Ferguson Smith (Indianapolis, 2001), p. 91.

5 Thomas J. Heffernan, ed. and trans., *The Passion of Perpetua and Felicity* (Oxford, 2012), pp. 127, 128, 130, 133.

6 Origen, *The Song of Songs: Commentary and Homilies*, trans. R. P. Lawson (Westminster, MD, 1957), pp. 24, 270.

7 Bruce L. Venarde, ed. and trans., *The Rule of Saint Benedict* (Cambridge, 2011), cited by chapter and line number.

8 Bernard of Clairvaux, *On the Song of Songs*, trans. Kilian Walsh, vols. 1 and 2 (Kalamazoo, MI, 1971, 1976), 권 번호와 쪽 번호로 인용. 영문 성경 인용은 이 번역판 기준.

9 Marguerite Porete, *The Mirror of Simple Souls*, trans. Ellen L. Babinsky (New York, 1993), pp. 198 – 9, 162, 181, 141, 134, 189, 190 – 1, 135, 109.

10 Dante Alighieri, *Vita Nuova*, trans. Dino S. Cervigni and Edward Vasta (Notre Dame, IN, 1995), pp. 47, 49, 51, 111.

11 Dante Alighieri, *The Divine Comedy*, trans. Charles S. Singleton, 3 vols (Princeton, 1970 – 5), Inferno II.72.

12 Purgatorio XXX.46 – 8; 128 – 9.

13 Paradiso I.68 – 9.

14 Ibid., XXXIII.80 – 1.

15 Quoted in *Luther on Women: A Sourcebook*, ed. and trans. Susan Karant-Nunn and Merry Wiesner-Hanks (Cambridge, 2003), p. 200.

16 Richard Baxter, *A Christian Directory*, vol. 3 (London, 1825), pp. 106 – 7.

17 Isaac Ambrose, *The Well-Ordered Family* (Boston, 1762), p. 13.

18 "Part of an Address, Written for One of the Maternal Associations of Newark," *Mother's Magazine* 7 (1839): 173 – 6, at 174; bit.ly/37gxdBJ.

19 Ann Taylor, "My Mother," in Doris Mary Armitage, *The Taylors of Ongar* (Cambridge, 1939), pp. 181 – 2; bit.ly/36ySdTR.

20 Mary Elliott [Belson], *My Father: A Poem Illustrated with Engravings* (Philadelphia, 1817).

21 *Autobiography of Thomas Wright, of Birkenshaw, in the County of York,*

1736 – 1797, ed. Thomas Wright (London, 1864), p. 313.

22 [Hannah] Robertson, *The Life of Mrs. Robertson …A Tale of Truth as Well as of Sorrow* (Edinburgh, 1792), pp. v, 26.

23 Simon May, *Love: A New Understanding of an Ancient Emotion* (Oxford, 2019), p. xvii.

24 Harry G. Frankfurt, *The Reasons of Love* (Princeton, NJ, 2006), pp. 42, 30, 87.

25 Stephen Sondheim and Leonard Bernstein, "Somewhere," lyrics © 1956, 1957, Amberson Holdings LLC and Stephen Sondheim, at www.westsidestory.com/somewherer.

26 hagall, *First Encounter*, p. 228.

3장

1 Erich Segal, *Love Story* (New York, 1970), pp. 131, 73.

2 Paul McCartney and John Lennon, "All You Need Is Love," lyrics © Sony/atv Tunes LLC (1967), at bit.ly/2QJE25N.

3 *Missale ad usum …Sarum*, ed. Francis H. Dickinson (Burntisland, 1861 – 83), 831 – 2*.

4 Zygmunt Bauman, *Liquid Love: On the Frailty of Human Bonds* (Cambridge, 2003).

5 Jean-Claude Kaufmann, *The Curious History of Love*, trans. David Macey (Cambridge, 2011).

6 Stephanie Coontz, *Marriage, a History: How Love Conquered Marriage* (New York, 2005).

7 Homer, *The Odyssey*, trans. Peter Green (Oakland, CA, 2018), 권 번호와 행 번호로 인용.

8 Hesiod, *Works and Days*, lines 1012 – 18, in *Theogony and Works and Days*, trans. Catherine M. Schlegel and Henry Weinfield (Ann Arbor, 2006), p. 4.

9 Plato, *Laws* 4.721a, trans. Trevor J. Saunders, in *Plato: Complete Works*, ed. John M. Cooper (Indianapolis, 1997), p. 1407.

10 Thucydides, *History of the Peloponnesian War* 2.44, trans. Rex Warner (London, 1972), p. 150.

11 Xenophon, *Oeconomicus*, trans. Carnes Lord, in *The Shorter Socratic Writings*, ed. Robert C. Bartlett (Ithaca, NY, 1996), 챕터와 섹션 번호로 인용.

12 Kathleen Freeman, *The Murder of Herodes and Other Trials from the Athenian Law Courts* (Indianapolis, 1994), p. 44.

13 Musonius Rufus, "What is the Chief End of Marriage?," in *Musonius Rufus: "The Roman Socrates,"* ed. and trans. Cora E. Lutz (New Haven, CT, 1947), p. 89.

14 Plutarch, *Advice to the Bride and Groom* 34.142, in *Plutarch's Advice to the Bride and Groom and A Consolation to His Wife*, ed. and trans. Sarah B. Pomeroy (New York, 1999), p. 10.

15 Cicero, *Selected Letters*, trans. P. G. Walsh (Oxford, 2008), p. 61.

16 Quoted in Susan Treggiari, *Roman Marriage:* Iusti Coniuges *from the Time of Cicero to the Time of Ulpian* (Oxford, 1991), p. 212.

17 Ibid., pp. 232–3.

18 Susan Treggiari, "Women in Roman Society," in Diana E. E. Kleiner and Susan B. Matheson, eds, *I Claudia: Women in Ancient Rome* (New Haven, CT, 1996), p. 121.

19 Anne Duncan, "The Roman Mimae: Female Performers in Ancient Rome," in Jan Sewell and Clare Smout, eds, *The Palgrave Handbook of the History of Women on Stage* (Cham, 2020), p. 39.

20 Hugh of Saint Victor, *On the Sacraments of the Christian Faith* (De sacramentis) 2.11.3, trans. Roy J. Deferrari (Cambridge, 1951), pp. 325–6.

21 Aelred of Rievaulx, *A Rule of Life for a Recluse*, in *Treatises and The Pastoral Prayer*, trans. Mary Paul Macpherson (Spencer, MA, 1971), pp. 80–1.

22 Rosemary Drage Hale, "Joseph as Mother: Adaptation and Appropriation in the Construction of Male Virtue," in *Medieval Mothering*, ed. John Carmi Parsons and Bonnie Wheeler (New York, 1996), p. 105.

23 Dhuoda, *Handbook for William: A Carolingian Woman's Counsel for her Son*, trans. Carol Neel (Washington, DC, 1991), p. 2.

24 Roberd of Brunnè [Robert Mannyng], *Handlyng Synne, with the French*

Treatise on Which it is Founded, Le Manuel des Pechiez, ed. Frederick J. Furnivall (London, 1862), p. 345.

25 *Paston Letters and Papers of the Fifteenth Century*, pt I, ed. Norman David (Oxford, 2004), p. 342.

26 *The Good Wife's Guide: Le Ménagier de Paris, a Medieval Household Book*, trans. Gina L. Greco and Christine M. Rose (Ithaca, NY, 2009), pp. 50, 108, 110.

27 Christine de Pizan, *The Book of the City of Ladies*, trans. Earl Jeffrey Richards (rev. edn, New York, 1998), pp. 11, 255.

28 Fabrizio Titone, "The Right to Consent and Disciplined Dissent: Betrothals and Marriages in the Diocese of Catania in the Later Medieval Period," in Fabrizio Titone, ed., *Disciplined Dissent: Strategies of Non-Confrontational Protest in Europe from the Twelfth to the Early Sixteenth Century* (Rome, 2016), p. 150, n. 40에 인용.

29 Anonymous, *The Art of Courtship; or The School of Love* (London, ?1750), pp. 1-5.

30 Nicole Eustace, *Passion Is the Gale: Emotion, Power, and the Coming of the American Revolution* (Chapel Hill, NC, 2008), p. 120.

31 John Donne, "To His Mistress Going to Bed" [1654], Poetry Foundation, bit.ly/3396BAm.

32 Charlotte Brontë, *Jane Eyre* (New York, 1899), p. 550.

33 Gustave Flaubert, *Madame Bovary*, trans. Lowell Bair (New York, 1972), pp. 31-5, 140, 147.

34 Karen Lystra, *Searching the Heart: Women, Men, and Romantic Love in Nineteenth-Century America* (New York, 1989), pp. 32, 14, 36, 197를 볼 것. 이 챕터의 모든 편지의 출처이다.

35 Marie Carmichael Stopes, *Married Love: A New Contribution to the Solution of Sex Difficulties* (London, 1919), pp. 93, 108.

36 Elinor Glyn, *The Philosophy of Love* (Auburn, NY, 1923), pp. 220-1, 226, 216.

37 미국 노동부 여성국. bit.ly/3nem7m6.

38 Arlie Russell Hochschild with Anne Machung, *The Second Shift: Working Families and the Revolution at Home* (new edn, New York, 2012), p. 4. Similar

statistics hold for Eastern and Western European countries: see Lina Gálvez-Muñoz, Paula Rodríguez-Modroño, and Mónica Domínguez-Serrano, "Work and Time Use by Gender: A New Clustering of European Welfare Systems," *Feminist Economics* 17/4 (2011): 125–57, at p. 137.

39 Lawrence A. Kurdek, "The Allocation of Household Labor by Partners in Gay and Lesbian Couples," *Journal of Family Issues* 28 (2007): 132–48.

40 Hochschild and Machung, *The Second Shift*, p. 7.

41 Arlie Russell Hochschild, *The Managed Heart: Commercialization of Human Feeling* (Berkeley, CA, 1983).

42 Gemma Hartley, *Fed Up: Emotional Labor, Women, and the Way Forward* (New York, 2018), p. 7.

43 Hochschild, *The Managed Heart*, p. 194.

44 Jamie K. McCallum, *Worked Over: How Round-the-Clock Work is Killing the American Dream* (New York, 2020), pp. 136, 147.

45 Hochschild, *Second Shift*, pp. 27–8에 인용.

46 Anthony Giddens, *The Transformation of Intimacy: Sexuality, Love and Eroticism in Modern Societies* (Stanford, CA, 1992), pp. 62–3, 94, 63, 137.

47 Jacqui Gabb and Janet Fink, *Couple Relationships in the 21st Century* (Basingstoke, 2015), esp. chap. 2.

48 Alain de Botton, "Why You Will Marry the Wrong Person," *New York Times* (May 28, 2016), at https://nyti.ms/2NopgCs. 자세한 설명은 다음 링크에. bit.ly/3yGZbSv.

49 Allison Dunatchik, Kathleen Gerson, Jennifer Glass, Jerry A. Jacobs, and Haley Stritzel, "Gender, Parenting, and the Rise of Remote Work during the Pandemic: Implications for Domestic Inequality in the United States," *Gender and Society* 20/10 (2021): 1–12, at p. 4.

4장

1 Vivian Gornick, *Fierce Attachments: A Memoir* (New York, 1987), pp. 76, 203.

2 가사 링크 bit.ly/3fdhl4u © Pronto Music, Mijac Music, Quinvy Music Publishing Co; 라이브 공연과 댓글 링크는 bit.ly/3d6AXGx. 곡의 인기를 다루는 위키피디아 항목 링크는 bit.ly/3cRLYgM.

3 Plato, *Symposium*, trans. Alexander Nehamas and Paul Woodruff (Indianapolis, 1989), cited by section number.

4 Aristotle [?], *Problems* 30.1 (954a 30), in *The Complete Works of Aristotle*, ed. Jonathan Barnes (Princeton, NJ, 2014).

5 Galen, *Commentary on Epidemics* 6, pt 8, lemma 62c, trans. from the Arabic (the original Greek has been lost) by Uwe Vagelpohl, in *Corpus Medicorum Graecorum, Supplementum Orientale*, vol. V 3: *Galeni in Hippocratis Epidemiarum librum VI commentariorum I–VIII versio Arabica* (Berlin, forthcoming).

6 Catullus, *The Complete Poetry of Catullus*, trans. David Mulroy (Madison, 2002), 시 번호로 인용.

7 Lucretius, *On the Nature of Things*, trans. Martin Ferguson Smith (Indianapolis, 2001), 4.1060–68, p. 129.

8 Ovid, *Love Poems* in *Love Poems, Letters, and Remedies of Ovid*, trans. David R. Slavitt(Cambridge, 2011), 권수, 시 번호와 행수로 인용.

9 Ovid, *The Art of Love*, trans. James Michie (New York, 2002), 3.97–8, p. 117.

10 Ovid, Letter 7, in *Love Poems, Letters, and Remedies of Ovid*, 행 번호로 인용.

11 Ovid, Letter 7, in *Love Poems, Letters, and Remedies of Ovid*, 행 번호로 인용.

12 Vergil, *The Aeneid*, trans. Shadi Bartsch (New York, 2021), 권 번호와 행수로 인용.

13 Bernart de Ventadorn, "It is no wonder if I sing" (Non es meravelha s'eu chan), in *Troubadour Poems from the South of France*, trans. William D. Paden and Frances Freeman Paden (Cambridge, 2007), pp. 80–1.

14 예컨대 폴저 콘소트Folger Consort의 영상 링크는 bit.ly/30DssOp.

15 La Comtessa de Dia, "I'll sing of him since I am his love"(A chantar m'er de so qu'eu non volria), in *Troubadour Poems from the South of France,* pp. 107-8.

16 이블린 터브, 마이클 필즈, 데이비드 해처의 공연 링크는 bit.ly/3fDyLtr.

17 Maria de Ventadorn and Gui d'Ussel, "Gui d'Ussel, I am concerned"(Gui d'ussel, be.m pesa de vos), in *Troubadour Poems from the South of France,* pp. 129-30.

18 Hartmann von Aue, *The Complete Works of Hartmann von Aue,* trans. Frank Tobin, Kim Vivian, and Richard H. Lawson (University Park, PA, 2001), pp. 46-7.

19 Walther von der Vogelweide, "Can anyone tell me what love is?" (Saget mir ieman, waz ist minne?), trans. Will Hasty, in Marion E. Gibbs and Sidney M. Johanson, eds, *Medieval German Literature* (New York, 1997), p. 271.

20 Giacomo da Lentini, "My lady, I wish to tell you" (Madonna, dir vo voglio), in *The Poetry of the Sicilian School,* ed. and trans. Frede Jensen (New York, 1986), p. 3.

21 Giacomo, "Just like the butterfly, which has such a nature" (Si como'l parpaglion ch'ha tal natura), ibid., pp. 36-7.

22 Guido Guinizelli, "Love seeks its dwelling always in the noble heart" (Al cor gentil rempaira sempre amore), in Frederick Goldin, ed. and trans., *German and Italian Lyrics of the Middle Ages: An Anthology and a History* (Garden City, NY, 1973), pp. 287-91.

23 Petrarch, "Aspro core et selvaggio et cruda voglia" (A harsh heart and wild cruel desire), in *Petrarch's Lyric Poems: The* Rime sparse *and Other Lyrics,* ed. and trans. Robert M. Durling (Cambridge, 1976), p. 434 (Poem 265); a Naxos recording of Willaert's setting is available at bit.ly/3lkXpio.

24 La Comtessa de Dia, "I have been in heavy grief" (Estat ai en greu cossirier), in *Troubadour Poems from the South of France,* p. 110.

25 Chretien de Troyes, *Erec and Enide,* trans. Dorothy Gilbert (Berkeley, CA, 1992), 행 번호로 인용.

26 Hartmann von Aue, *Iwein,* trans. Richard H. Lawson, in *The Complete Works of Hartmann von Aue,* cited by the first line number of the strophe.

27 Beroul, *The Romance of Tristran,* ed. and trans. Norris J. Lacy (New York, 1989), lines 2323-30

28 Gottfried von Strassburg, *Tristan,* trans. A. T. Hatto (Harmondsworth, 2004), p. 44.

29 Chretien de Troyes, *Lancelot or, The Knight of the Cart,* ed. and trans. William Kibler (New York, 1984), lines 4673-9.

30 Andreas Capellanus, *The Art of Courtly Love,* trans. John Jay Parry (New York, 1960), 168-70, 172, 184-6.

31 Geoffrey Chaucer, *The Parliament of Fowls,* in *The Riverside Chaucer,* ed. Larry D. Benson(3rd edn, Boston, 1987), lines 308-9.

32 Baldesar Castiglione, *The Book of the Courtier,* trans. Charles S. Singleton(Garden City, NY, 1959), pp. 15-16.

33 Quoted in Marianna D'Ezio, "Isabella Teotochi Albrizzi's Venetian Salon: A Transcultural and Transnational Example of Sociability and Cosmopolitanism in Late Eighteenth-and Early Nineteenth-Century Europe," in Ileana Baird, ed., *Social Networks in the Long Eighteenth Century: Clubs, Literary Salons, Textual Coteries*(Newcastle upon Tyne, 2014), p. 182.

34 Johann Wolfgang von Goethe, *The Sorrows of Young Werther,* ed. David Constantine(Oxford, 2012), 19, 12-14, 33, 46, 48, 68, 41, 73, 3, 93, 105.

35 Mary Wollstonecraft Shelley, *Frankenstein*(1831), p. 107; pdf at globalgreyebooks.com.

36 All the sources cited here in connection with this case are from Mark Seymour, *Emotional Arenas: Life, Love, and Death in 1870s Italy*(Oxford, 2020), pp. 21, 91-112. 모든 서신에 대해서는 명확성을 위해 필자가 문장부호를 첨가했다.

37 Heather A. Love, David P. Nalbone, Lorna L. Hecker, Kathryn A. Sweeney, and Prerana Dharnidharka, "Suicidal Risk Following the Termination of Romantic Relationships," Crisis 39/3(2018): 166-74

38 Helen E. Fisher, Xiaomeng Xu, Arthur Aron, and Lucy L. Brown, "Intense, Passionate, Romantic Love: A Natural Addiction? How the Fields That Investigate Romance and Substance Abuse Can Inform Each Other," *Frontiers in Psychology*(May 10, 2016), doi: 10.3389/fpsyg.2016.00687.

39 Kate Folk, "Out There," *New York*(March 23, 2020), at bit.ly/34L7VZF.

5장

1 Plato, *Symposium,* trans. Alexander Nehamas and Paul Woodruff(Indianapolis, 1989), cited by section number.

2 Gregory the Great, Moralia in Job, 3.45.89,ed. Marcus Adriaen,(*Corpus*

Christianorum. Series Latina 143B)(Turnhout, 1985). p. 1611

3 Origen, *The Song of Songs: Commentary and Homilies*, trans. R. P. Lawson(Westminster, MD, 1957)

4 Tribolet (?), "Us fotaires qe no fo amoros" (A fucker who was not in love), in *Troubadour Poems from the South of France*, trans. William D. Paden and Frances Freeman Paden(Cambridge, 2007.

5 see William D. Paden, *Love and Marriage in the Times of the Troubadours,* forthcoming.

6 John Donne, "To His Mistress Going to Bed,"[1654], Poetry Foundation, bit.ly/3396BAm.

7 Walter Ralegh[Raleigh], *The Discovery of the Large, Rich and Beautiful Empire of Guiana* [1596](London, 1848), p. 115.

8 Pietro Aretino, "I modi," sonnet 11, quoted and trans. Paula Findlen, in "Humanism, Politics and Pornography in Renaissance Italy," in Lynn Hunt, ed., *The Invention of Pornography: Obscenity and the Origins of Modernity, 1500-1800*(New York, 1996), pp. 69-70.

9 Pietro Aretino, Lettera 1.315[1537], in *Epistolario aretiniano,* bks 1-2, ed. F. Erspamer(Milan, 1995), at bit.ly/2GE8kVD; quoted and trans. in Raymond B. Waddington, *Aretino's Satyr: Sexuality, Satire, and Self-Projection in Sixteenth-Century Literature and Art*(Toronto, 2004), pp. 26, 115.

10 Pietro Aretino, *Dialogues,* trans. Raymond Rosenthal(Toronto, 2005), pp. 55, 64, 52, 27, 42, 107, 161.

11 Michel Millot(?), *The School of Venus: The Ladies Delight, Reduced into Rules of Practice,* trans. Anonymous(1680), pp. 55, 11, 17, 28.

12 Margaret C. Jacob, "The Materialist World of Pornography," in Lynn Hunt, ed., *The Invention of Pornography: Obscenity and the Origins of Modernity, 1500-1800*(New York, 1996), pp. 157-282.

13 Samuel Richardson, *Pamela, or Virtue Rewarded*(New York, 1958), pp. 91. 476.

14 Adrian Williamson, "The Law and Politics of Marital Rape in England, 1945-1994," *Women's History Review 26*(2017): 382-413; Rebecca M. Ryan, "The Sex Right: A Legal History of the Marital Rape Exemption," *Law and Social*

Inquiry 20(1995): 941-1001.

15 John Locke, *An Essay Concerning Human Understanding* 2.20.4, in *The Clarendon Edition of the Works of John Locke,* ed. Peter H. Nidditch (Oxford, 1975), at www.oxfordscholarlyeditions.com: "Anyone reflecting upon the the thought he has of the delight that any present or absent thing is apt to produce in him has the idea we call love."

16 John Cleland, *Memoirs of a Woman of Pleasure,* ed. Peter Sabor (Oxford, 1985), pp. 116, 11-12, 22, 25, 108, 80, 64.

17 Choderlos de Laclos, *Dangerous Liaisons,* trans. Helen Constantine (London, 2007), pp. 201, 104, 148, 181, 180, 349, 352.

18 Sade, *Philosophy in the Bedroom* in *The Complete Marquis de Sade,* trans. Paul J. Gillette, vol. 1 (Los Angeles, 1966), pp. 208, 209.

19 Sade, *The Marquis de Sade: The Crimes of Love: Heroic and Tragic Tales, Preceded by an Essay on Novels,* trans. David Coward (Oxford, 2005), pp. xl-xlv.

20 Sade, *Philosophy in the Bedroom*

21 Johann Wolfgang von Goethe, *Faust: A Tragedy in Two parts with the Walpurgis Night and the Urfaust*, trans. John R. Williams (Ware, 2007), cited by line number.

22 Tirso de Molina, "The Trickster of Seville and His Guest of Stone," trans. Roy Campbell, in *Life is a Dream and Other Spanish Classics,* ed. Eric Bentley (New York, 1985), pp. 152, 163, 173.

23 Moliere, *Don Juan*, trans. Brett B. Bodemer, 2010, at digitalcommons.calpoly.edu/lib_fac/54/.

24 W. A. Mozart and Lorenzo Da Ponte, *Don Giovanni,* trans. William Murray (1961), at bit.ly/3jBZe9X.

25 [George Gordon] Byron, *Don Juan,* in *Lord Byron: The Major Works,* ed. Jerome J. McGann (Oxford, 1986), cited by canto and stanza number.

26 Quoted in Paul Douglass, "Byron's Life and His Biographers," in Drummond Bone, ed., *The Cambridge Companion to Byron* (Cambridge, 2004), pp. 7-26, at p. 11.

27 Giacomo Casanova, *History of my Life,* trans. William R. Trask, abridged Peter

Washington (New York, 2007), pp. 199, 192, 211, 16–17, 20, 22.

28 *Commonwealth v. Sharpless,* 2 Serg.&Rawle 91 (Sub. Pa. 1815), at https://cite.case.law/sergrawle/2/91/.

29 *Roth v. U.S.*, 354 U.S.476 (1957).

30 Stendhal, *The Red and the Black,* trans. Robert M. Adams, ed. Susanna Lee (New York, 2008), pp. 75, 250.

31 Stendhal, *Love*, trans Gilbert and Suzanne Sale (London, 2004).

32 Stendhal, *The Red and the Black,* p. 417.

33 Andrew J. Counter, *The Amorous Restoration: Love, Sex, and Politics in Early Nineteenth-Century France* (Oxford, 2016), p. 13.

34 Stendhal, *The Life of Henry Brulard* [i.e. stendhal], trans. John Sturrock (New York, 1995), pp. 19–20.

35 Gustave Flaubert, *Sentimental Education,* trans. Robert Baldick, rev. Geoffrey Wall (London, 2004), p. 8.

36 Michel Winock, *Flaubert*, trans. Nicholas Elliott (Cambridge, 2016), pp. 32, 77, 425, 427–8.

37 Richard von Krafft-Ebing, *Psychopathia sexualis,* trans. Franklin S. Klaf (New York, 2011), pp. 42, 35.

38 See Patricia Cotti, "Freud and the Sexual Drive before 1905: From Hesitation to Adoption," *History of the Human Sciences* 21/3 (2008): 26–44, at p. 32.

39 Sigmund Freud, *"Wild" Psycho-Analysis* (1910), pp. 222, 226; at bit.ly/3iKCFyV.

40 Sigmund Freud, *Observations on Transference-Love (Further Recommendations on the Technique of Psycho-Analysis III)* in Ethel Spector Person, Aiban Hagelin, and Peter Fonagy, eds, *On Freud's "Observations on Transference-Love"* (London, 2013), p. 24.

41 Simund Freud, *Totem and Taboo: Resemblances between the Psychic Loves of Savages and Neurotics,* trans. A. A. Brill (New York, 1918), p. 167.

42 Simund Freud, *Observations on Transference-Love,* p. 19.

43 Laura Kipnis, *Against Love: A Polemic* (New York, 2003), p. 27.

44 Pascal Bruckner, *Has Marriage for Love Failed?*, trans. Steven Rendall and Lisa Neal (Cambridge, 2013).

45 Grace Gelder, "Adventures in Self Marriage," TED talk(2016), at bit.ly/3loO9d3.

46 Larry Kramer, *Faggots*(New York, 1978), pp. 16, 20, 316, 349-51, 335, 363, 362.

맺음말

1 Stendhal, *The Red and the Black,* trans. Robert M. Adams, ed. Susanna Lee(New York, 2008), pp. 286-7.

2 L. E. Angus and L. S. Greenberg, *Working with Narrative in Emotion-Focused Therapy: Changing Stories, Healing Lives*(Washington, DC, 2011)

찾아보기

• 가나다순으로 정렬했다.
• 찾아보기 쉽도록 본문에 표기된 이름대로 정렬했으며(가령 '요한 볼프강 폰 괴테'는 '괴테'로만 표기했다), 저작은 (가나다순과 상관없이) 저자 아래에 표기했다.

ㅇ